하루하루 살아가기에 바쁘다 보니 가장 중요한 것을 놓치기가 너무나도 쉽다. 《존 비비어의 구원》은 오늘의 삶을 의미가 있게 살라고 촉구하고, 그렇게 살도록 도와준다.

크레이그 그로쉘_ 라이프처치(Life.Church) 목사

이 책은 목적 있는 삶을 추구하는 사람들에게 주는 답으로, 이 중요한 메시지는 현재의 삶 너머를 생각하게 해 준다. 꼭 읽어야 한다!

존 맥스웰_《리더십의 법칙 2.0》저자

삶을 그저 하루하루 의미 없이 보내서는 안 된다는 것을 생생하게 일깨워 주는 책이다. 다 읽고 나면 당신의 삶에 하나님이 주신 소명이 있음을 기억하게 될 것이며, 평안과 소망이 찾아올 것이다.

스티븐 퍼틱_ 엘리베이션교회(Elevation Church) 목사

존 비비어는 우리가 사는 동안 영원을 바라보는 마음가짐이 얼마나 중요한지를 성경의 관점에서 설명해 준다. 어떻게 하면 영원에 초점을 맞추고 살 수 있을까? 이 책을 읽는다면, 영원에 초점을 맞추는 삶이 무엇인지 깨닫고, 또 영원에 초점을 맞출 수 있는 지혜를 얻을 수 있으리라 확신한다.

조이스 마이어_《말을 바꾸면 삶이 바뀐다》저자

이 책은 인간 존재의 가장 큰 미스터리 가운데 하나인 영원의 문제와 용감하게 씨름한다. 존 비비어는 이번에도 역시 특유의 명료하고 사려 깊은 글로 성경이 이 주제를 어떻게 다루는지 파헤친다. 읽다 보면 나 자신을 넘어 영원을 바라보는 삶을 살고 싶은 마음이 절로 생긴다.

브라이언 휴스턴_ 힐송교회(Hillsong Church) 담임목사

영원한 유산을 쌓고 하나님 나라를 넓히기를 원하는 사람이라면 매년 최소한 한 번씩은 읽어야 할 책이다. 존 비비어는 영원한 나라에서 가장 큰 상을 받을 수 있도록 가장 귀한 자원인 이 땅에서의 시간을 최대한 활용하라고, 성경을 강력한 근거로 들어 우리에게 촉구한다. 고전이라 불려도 손색이 없는 책이다!

크리스 호지스_ 하이랜즈교회(Church of the Highlands) 담임목사

존 비비어는 영원의 신비를 풀고, 오늘 우리가 내리는 결정의 여파가 우리의 마지막 숨 이후까지 뻗어 나가는 이유를 명쾌하게 설명해 준다. 절대 놓쳐서는 안 되는 책이다.

마크 배터슨_ 내셔널커뮤니티교회(National Community Church) 담임목사

존 비비어는 항상 영원의 관점에서 살라고 촉구한다. 그는 정말 좋은 친구다. 이 책을 추천할 수 있어 얼마나 영광인지 모른다.

젠센 프랭클린_ 프리채플(Free Chapel) 담임목사

이 책은 시간을 바라보는 관점과 시간을 어떻게 사용할지에 관한 생각을 근본적으로 변화시킨다. 존 비비어는 일시적인 현실을 초월한 목적으로 매일을 살게 해 주는 성경의 진리들을 명쾌하게 풀어 준다.

T. D. 제이크스_ TDJ 엔터프라이스(Enterprises) 대표

와! 강력한 충격을 주어 정신이 번쩍 들게 만드는 책이다. 다 읽을 때까지 손에서 놓을 수 없었다. 이 책을 세상 모든 사람들이 읽었으면 좋겠다. 제발 시간을 내서 꼭 읽어 보라!

빌 맥카트니_ 프라미스 키퍼스(Promise Keepers) 설립자

영원을 위해 살고자 지칠 줄 모르고 수고하는
모든 이들에게 이 책을 바칩니다.
힘을 내 추구하기를 바랍니다.
그분은 틀림없이 다시 오시며,
오실 때에 상을 가지고 오십니다.

영생은 곧 유일하신 참 하나님과
그가 보내신 자 예수 그리스도를 아는 것이니이다
요한복음 17장 3절

존 비비어의
구원

지은이 | 존 비비어
옮긴이 | 윤종석
초판 1쇄 발행 | 2007. 11. 15
개정1판 1쇄 발행 | 2021. 9. 27
등록번호 | 제1988-000080호
등록된 곳 | 서울특별시 용산구 서빙고로65길 38
발행처 | 사단법인 두란노서원
영업부 | 2078-3333 FAX | 080-749-3705
출판부 | 2078-3332

책값은 뒤표지에 있습니다.
ISBN 978-89-531-4060-8 03230

독자의 의견을 기다립니다.
tpress@duranno.com www.duranno.com

두란노서원은 바울 사도가 3차 전도 여행 때 에베소에서 성령 받은 제자들을 따로 세워 하나님의 말씀으로 양육
하던 장소입니다. 사도행전 19장 8-20절의 정신에 따라 첫째 목회자를 돕는 사역과 평신도를 훈련시키는 사역,
둘째 세계선교™와 문서선교단행본·잡지 사역, 셋째 예수문화 및 경배와 찬양 사역, 그리고 가정·상담 사역 등을 감
당하고 있습니다. 1980년 12월 22일에 창립된 두란노서원은 주님 오실 때까지 이 사역들을 계속할 것입니다.

DRIVEN BY ETERNITY

선택받은 자들의
영원한 축복

존 비비어의

구원

존 비비어 지음

윤종석 옮김

두란노

차 례

Part 1

알아야 할 진실,
'이미 늦은 때'가 닥치기 전에

Part 4

그 나라 셈법은

다르다

Part 5

천국 비전,

소명을 힘 있게 북돋다

Part 6

시시했던 날들이
영생의 은혜를 입어

※ 일러두기

이 책에 실린 성경 말씀은 《성경전서 개역개정판》(대한성서공회)을 기본으로 사용했다. 《메시지》(복있는사람)나 《성경전서 새번역》(대한성서공회)을 사용할 경우에는 성구마다 "메시지 성경", "새번역"이라고 별도 표기했다. AMP(AMPC; The Amplified Bible, Classic Edition), KJV(King James Version), NIV(New International Version), NLT(New Living Translation), NKJV(New King James Version), TEV(Today's English Version; Good News Bible이라 불린다), TLB(The Living Bible) 역본을 사용할 경우 이 책의 옮긴이가 직접 번역하고 별도 표기했다.

개정증보판을 펴내며

우리 모두가 하나님 앞에 서는 날이 올 것이다. 문제는, 과연 우리가 그분 앞에 설 준비가 되었는지다. 성경은 권고한다. "형제들아 더욱 힘써 너희 부르심과 택하심을 굳게 하라"(벤후 1:10). 여기서 눈여겨볼 단어는 "굳게"로, 이는 '확신할 수 있도록'이라는 뜻이다.

뭔가를 확신했다가 그것이 착각이었던 경험을 해 본 적이 있는가? 나는 그럴 때면 확 짜증이 난다. 많은 남성들이 그렇듯 나 역시 길 찾기나 제품 사용법, 어떤 일의 절차나 방식 등을 틀림없다고 확신했다가 엉뚱한 동네로 들어서거나 크게는 프로젝트를, 작게는 제품 조립을 처음부터 다시 해야 할 때가 많았다. 그럴 때마다 얼마나 짜증이 났는지! 시간과 돈을 허비했으니 말이다. 나는 안다고 '확신했지만' 실상은 전혀 알지 못했던 것이다.

'영원'과 관련해서는 같은 실수를 하고 싶지 않았다.

많은 책을 썼지만 이 책을 쓰면서 개인적으로 가장 많은 영향을 받았다. 또한 10여 년 전 이 책을 출간한 후로 나와 우리 사역 팀은 이 책을 읽고 나서 삶이 변화되었다는 이야기를 수없이 들었다. 그리고 언제부터인가 팀 내에서 이 책을 개정해서 재출간해야 한다는 논의가 오갔다. 나는 이 작업이 아무리 힘들어도 반드시 해야 한다고 판단했다. 이 책에 담긴 메시지가 너무도 시급하고 중요하다는 생각이 뇌리를 떠나지 않았다. 복음의 청지기로서 다른 사람들이 영원을 잘 준비하도록 은혜와 진리로 돕는 일보다 더 큰 부르심은 우리에게 없다. 부디 당신이 영원을 '확신'하기를 바란다.

정말 두려운 사실은, 우리가 일단 창조주 앞에 서면 그때는 이미 '다시 시작하기에는 너무 늦다'는 것이다. 당신이 이 책을 읽거나 다시 읽는 동안 영원한 천국을 바라보며 그 방향으로 나아갈 수 있도록 성령이 도우시길 간절히 기도하고 소망한다. 하나님의 은혜와 자비로 당신이 변화되기를 소망한다.

존 비비어
2016년 5월

11

Eternity

영원,
우리 마음속
깊은 갈망

"영원"(eternity)이라는 단어에 무엇이 있기에 수많은 사람의 시선과 마음을 끌다 못해 한 나라 전체를 움직였을까? 호주에 살았던 아서 스테이스라는 사람의 이야기다. 19세기 말에 태어난 그의 삶은 절망적이었다. 그는 제1차 세계대전과 대공황 사이 시대에 건달로 살면서 자잘한 범죄와 알코올에 찌들어 지냈다. 그러다가 1930년 8월 6일에 예수님을 만났고, 얼마 후 "시드니의 거리거리마다 영원을 외칠 수 있다면 좋겠다!"는 한 목사의 부르짖음을 듣고서부터 인생 전체가 바뀌었다. 그는 그 부르짖음이 현실이 되게 해야 한다는 거룩한 부담을 느꼈다.

아서는 날마다 아침 일찍 일어나서 한 시간 정도 기도한 뒤, 새벽 5시에서 5시 반 사이에 집을 나서서 아무 데고 하나님의 인도하심이 느껴지는 곳으로 갔다. 그다음에는 몇 시간이고 다니면서 시드니의 인도 위에 약 30미터 간격을 두고 "영원"이라는 단어를 썼다.

그는 이 일을 20년이나 했고, 언제부터인가 사람들 사이에서는 이 일이 미스터리로 오르내렸다. "바삐 지나가는 수많은 사람들의 발길을 붙들어, 아주 가까이 있으면서도 멀게 느껴지는 영원의 참의미를 생각해 보게 하는 이 단어는 도대체 누가 쓴 것일까? 이 미스터리한 인물은 이 단어가 가진 엄청난 위력을 알았던 것일까?" 수수께끼는 1956년에 가서야 비로소 풀렸다.

시간이 흘러 1967년, 아서 스테이스가 세상을 떠나고 2년 후에 시드니의 시인 더글러스 스튜어트가 이런 시를 써서 이 길거리 낙서 설교자의 단어에 불멸의 생명을 입혀 주었다.

신비에 싸인 수줍은 시인 아서 스테이스,

작품이라고는 묵직한 단어 하나뿐이지만.

그는 시공의 가장 깊은 심연을 걸었고

거기서 이 한 단어가 그에게 들려왔다.

영원, 영원, 종소리처럼 그를 때렸다.

천국의 감미로운 소리로, 지옥의 음울한 소리로.

한 단어짜리 설교가 온 나라를 감동시켰다. 건축가 리들리 스미스는 이후 세대에 그의 메시지를 전하고자 시드니 광장 분수대 근처 동판에 "영원"이라는 글자를 새겨 넣었다. 훗날 전 세계 40억이 넘는 사람들이 텔레비전 중계로 시드니 올림픽 개막식을 볼 때 그것을 보았고, 새 천 년이 시작되기 전날 밤 시드니 하버브릿지에서 불꽃놀이를 할 때도 그것이 색색으로 물드는 장면을 수많은 사람들이 지켜보았다.

영원은 온 인류의 관심사다. 인종과 민족과 성별을 떠나 그 누구라도 영원이 끌어당기는 힘을 뿌리칠 수 없다. 우리는 마음속에 영원을 사모하는 존재로 지음받았다. 또한 영원히 살도록 지음받았음을 내면에서부터 감지한다. 그러므로 우리 창조주께서 영원에 관해 하시는 말씀을 깊이 탐구하는 것은 더없이 지혜로운 일이다. "영원부터 영원까지 나는 하나님이니 나의 행하는 일을 막을 자가 없도다"(사 43:13, TLB). 당신이 이 책을 펴 든 이유도 바로 그것이고, 당신의 선택은 아주 현명했다.

시작하기 전에 함께 이렇게 기도하자. 기도할 당신을 기대하며 나도 지금 큰 소리로 기도했다.

만물의 창조주요 우주의 주인이신 사랑하는 영원의 하나님, 하나님의 아들 예수 그리스도의 이름으로 하나님께 나아옵니다. 하나님의 종 존 비비어와 한마음으로 기도합니다. 오늘 하나님께서 제게 기름을 부으셔서 눈으로 보게 하시고, 귀로 듣게 하시며, 이 메시지를 통해 제게 주시려는 말씀을 마음으로 듣고 깨닫게 하소서. 성령께서 도와주셔야만 제 삶을 향한 하나님의 뜻과 길을 알 수 있습니다. 제 평생, 나아가서 영원무궁토록 하나님을 기쁘시게 하는 것이 소원입니다. 하나님의 길뿐만 아니라 하나님의 마음을 제게 보이셔서 하나님을 알게 하소서. 하나님을 나의 하늘 아버지로 친밀하게 아는 것이 영생이라고 하셨습니다. 하나님의 말할 수 없는 신실하심과 은혜와 자비에 감사드립니다.

우리 힘으로는 얻을 수 없는 통찰과 이해를 성령께서 주시리라 믿고, 이제 떠나 보자. 얼마나 흥미진진한 여행인가!

DRIVEN BY ETERNITY

PART 1

알아야 할 진실,
'이미 늦은 때'가
닥치기 전에

1

오늘의 내 열심,
의미 있는 수고였을까?

우리의 시간을 최대한 활용하도록 가르치소서. ……
우리의 수고가 성공하게 하소서. 부디 우리의 수고가 성공하게 하소서!

시편 90편 12, 17절, NLT

아무리 선하고 고결하고 강하고 질긴 것처럼 보일지라도
결국은 끝나게 되어 있다. 하지만 그분은 변하지 않으신다.
영원 자체가 그분 안에 있다.

-

사람이라면 누구나 인생을 의미 있게 살고 싶은 법이다. 이것은 정당하고 경건한 갈망이다. 시편 90편을 보면 모세도 그렇게 간구했다. 그는 우선 시간을 최대한 활용할 수 있는 지혜를 달라고 구했다. 인생의 많은 것들은 잃어도 되찾을 수 있지만 시간만큼은 한번 잘못 써 버리면 영영 되돌릴 수 없다. 서산에 해가 지면 그걸로 그날은 영원히 지나간 것이다.

모세는 "우리의 수고가 성공하게 하소서"라고 기도를 끝맺는다. 똑같은 말이 반복되는데, 이는 모세의 문법이나 기억력에 문제가 있어서가 아니다. 이것은 히브리 저작에서 볼 수 있는 문학 양식으로, 반복은 강조의 한 형태다. 영어에서 어떤 단어나 문구의 중요성을 강조하려면 여러 가지 방법이 있다. 그 부분을 고딕체로 하거나 이탤릭체로 하거나 밑줄을 긋거나 전부 대문자로 바꾸거나 느낌표를 붙여서 강조할 수 있다. 이 모두가 독자들에게 이 부분이 아주 중요하다는 사실을 환기시키는 방법들이다. 그러나 히브리인들은 같은 단어나 문구를 두 번 써서 강조 효과를 냈다. 그들은 과장법을 헤프게 사용하지 않았고 어휘 사용에 늘 주의를 기울였다. 그런데도 성경에서 이 말을 두 번 반복했다는 사실은 우리가 성공하는 것이 하나님의 뜻일 뿐만 아니라, 그분이 그것을 간절히 바라신다는 표시다. 이 부분을 강조하신 분은 바로 그분이다.

우리는 성공하도록 지음받았고, 하나님은 우리의 인생이 의미 있기를 바라신다! 이는 우리의 소원이 아니라 본래 하나님의 소원이었다. 그분은 성경 곳곳에서 그것을 밝히신다. 그중 두 가지만 보자. "주 너의 하나님께서 네가 하는 모든 일에 성공하게 하시리라"(신 30:9, NLT). 어떤 일만이 아니라 "모든 일"이라고 말씀하신다. 또 하나는 이 말씀이다. "이 율법책을 네 입에서 떠나지 말게 하며 주야로 그것을 묵상하여 그 안에 기록된 대로 다 지켜 행하라 그리하면 네 길이 평탄하게 될 것이며 네가 형통〔성공, NKJV〕하리라"(수 1:8).

성공을 누리려면 경건한 지혜가 필요하다. "지혜를 사랑하는 자는 자신에게 가장 복된 길을 사랑하며 그리하여 성공하리라"(잠 19:8, TLB). 지혜는 우리에게 제때에 올바른 선택을 내릴 수 있는 지식과 능력을 준다. 참된 지혜는 머리가 똑똑한 사람들에게 주어지는 것이 아니라, 여호와를 경외하며 그리스도 안에 있는 모든 사람들의 것이다. 영원히 의미 있는 인생을 살려면 당신은 경건한 지혜로 말미암아 그리해야 한다. 그것이 이 메시지에 담긴 핵심이다.

지혜는 성공을 낳고, 성공은 길이길이 만족과 보상을 가져다준다. "네가 만일 지혜로우면 그 지혜가 네게 유익할〔보상을 줄, NIV〕 것"이다(잠 9:12). 주님은 당신의 성공을 바라실 뿐만 아니라 성공한 당신에게 상을 주시기를 간절히 원하신다. 성경에 "날마다 주께서 경건한 자들의 선행을 보시고 그들에게 영원한 상을 주신다"(시 37:18, TLB)라는 말씀이 있다.

최근 교계 전반에서 하나님이 우리의 성공을 바라신다는 사실을 강조해 왔고, 마땅히 그래야 한다. 그러나 우리는 성공을 하나님의 시각이 아니라 사회에서 정의하는 식으로 볼 때가 많다. 성공을 영원의 눈이 아니라 한시적인 눈으로 보는 것이다. 그래서 관점이 모호해지고, 그 결과 엉뚱한 것을 추구하게 된다. 어느 날 우리 모두 우주의 재판장이신 예수 그리스도 앞에 설 텐데, 경건한 지혜로 인생을 의미 있게 살았다면 우리는 영원한 상을 받을 것이다. 반면 엉뚱한 일에 힘썼다면 벌을 받거나 영원한 손해를 볼 것이다. 그러므로 이 책을 통해 그분이 찾으시는 것이 무엇인지 알아볼 앞으로의 여정은 당신 인생에서 가장 중요하고도 가치 있는 투자가 될 것이다.

당신의 인생을 오늘뿐만 아니라 영원토록 의미 있게 하라. 그것이 이 책이 전하려는 핵심 내용이다. 성경에 그 방법을 명확하게 기록해 놓았다. '영원'이 우리 삶의 동기가 되게 하려면 우선 그 의미부터 알아야 한다.

영원, 머리로 알 수 없는 것

다음 성경 말씀을 잘 읽어 보라.

영원을 조금이라도 알 수 있는 사람이 없느니라(욥 36:26, TLB).

하나님이 …… 사람들에게는 영원을 사모하는 마음을 주셨느니라(전 3:11).

영원. 영원이란 무엇인가? 어떤 사전에서는 "무한한 시간"[1]이라고, 어떤 사전에서는 "시간의 바깥에 존재하는 상태"[2]라고 정의한다. 어떻게 이 사전에는 영원을 시간이라는 양태 안에 존재하는 것으로 정의하고, 저 사전에서는 시간을 벗어나서 존재하는 것으로 정의할 수 있을까? 그리고 왜 우리는 여태껏 그것을 따져 보지 않은 것인가? 두 권의 과학 서적에 이 세상의 어떤 것이 서로 다른 상태로 존재한다고 되어 있다면 당연히 이의를 달지 않을까? 예를 들어 이 책에서는 물고기를 수중 척추동물이라 정의했고, 저 책에서는 물고기를 물 없는 환경에서 사는 동물이라고 적어 놓았다고 하자. 아마도 당장 둘 중 하나가 틀렸다고 결론짓고 내다 버릴 것이다. 그런데 왜 우리는 영원의 사전적 정의가 이토록 다른데도 가만히 두는 것일까?

사실 영원이란 우리 머리로 알 수 없는 것이다. 우리의 사고는 유한해서 영구적 내지 영속적인 개념들을 이해하지 못한다. 예를 들어 보자. 우주의 끝이 어디인지 잠시 상상해 보라. 그 맨 끝 가장자리를 생각해 보라. 그게 가능하다면, 그 가장자리는 무엇일까? 벽? 그렇다면 그 벽은 무엇으로 되어 있는가? 얼마나 두꺼운가? 그 벽이 정확히 우주의 끝점인가? 그렇다면 벽 바깥에는 무엇이 있는가? 그 이상의 공간? 그렇다면 그것은 우주의 연속이 아닌가? 끝은 어디인가? 우주의 변치 않음을 당신의 머리로 소화할 수 있는가? 잠시 멈추어 생각해 보라.

무저갱(계 9:2)은 어떤가? 어떤 구덩이로 추락하는데 그 추락이 영영 멈추지 않는 상태를 상상할 수 있는가? 영영 바닥에 닿지도 않고 바닥이 보이지도 않는다. 그냥 영원히 추락하고 또 추락할 뿐이다. 여기서 한 가지도 아니고 두 가지가 우리 머리의 논리를 비켜 간다. 첫째는 바닥이 없다는 것, 둘째

22

는 추락하는 시간에 끝이 없다는 것이다. 통 이해가 안 간다. 공상과학 소설에나 나오는 개념 같지만, 성경에서 그런 곳을 일곱 번이나 언급한다.

인간의 창조주이신 하나님 자신은 어떤가? 잠시 멈추고 그분의 시작을 생각해 보라. 아니 "시작 없음"이라고 말해야 하나? 성경에서는 그분이 "영원부터 영원까지" 계신다고 선포한다. 그분이 태어나신 적도 없고 아무도 그분을 창조하지도 않았다면 그분의 존재는 어떻게 시작되었을까? 그분은 어떻게 진화하셨을까? 사실 그분은 신으로 진화하신 것이 아니다. 시편 기자는 "산이 생기기 전, 땅과 세계도 주께서 조성하시기 전 곧 영원부터 영원까지 주는 하나님이시니이다"(시 90:2)라고 선포한다. 잠시 묵상해 보라. 하면 할수록 당신의 지적인 논리가 벽에 부딪칠 것이다. 그래서 욥도 "영원을 조금이라도 알 수 있는 사람이 없느니라"라고 썼다.

우리 마음에 영원을 심어 주시다

머리로는 능히 헤아릴 수 없다고 선포된 그 영원을 창조주께서는 우리 마음속에 두셨다. 우리는 영원을 마음으로 안다. 그것은 모든 인간에게 주어진 천성이다. "어리석은 자는 그의 마음에 이르기를 하나님이 없다"(시 14:1)고 한다. 성경에 "어리석은 자는 그 머리로 이르기를"이라고 하지 않은 것에 주목하라. 하나님의 존재를 힘주어 부인하는 무신론자들이 많지만, 그들도 마음속으로는 그분이 존재하심을 안다. 그분이 그들의 마음속에 영원을 심어 두셨기 때문이다. 마음은 아직 완전히 변질된 상태로까지 굳어지지 않은 사람이 많다.

내 친구 하나는 몇 년 전까지만 해도 골수 무신론자였다. 본인은 그렇게 생각했다. 누가 자기에게 전도라도 할라치면 그는 절대로 가만 두지 않았다. 한번은 그가 자신에게 복음을 전하는 직장 동료의 손에서 성경책을 잡아채서는 찢어서 바닥에 내동댕이치고 밟으면서 그 사람과 성경을 저주한 적도 있다. 그는 그 그리스도인이 나약하고 우매하다며 비난했다.

그렇게 오랜 세월 무신론자로 자처하던 그가 어느 날 갑자기 심한 가슴 통증에 시달리는 일이 일어났다. 의사들은 검사를 위해 그의 흉부를 절개했다가 곧바로 다시 닫았다. 그리고 그에게 앞으로 살 시간이 24시간도 남지 않았다고 선고했다.

그날 밤 병상에 누워서 그는 자신이 곧 영원한 처소로 갈 텐데 그곳이 전혀 자신이 원하는 종착점이 아님을 깨달았다. 여태까지 성경에 대해서라면 아무도 입도 뻥끗 못하게 했던 그가 그것을 어떻게 알았을까? 성경이 말한 것처럼 그의 마음속에 영원이 심겨 있었을까? "하나님에 대한 진리가 그들에게 본능적으로 알려져 있음이라. 하나님이 그들의 마음속에 그 지식을 두셨느니라"(롬 1:19, NLT).

그날 밤 그의 심장이 멎었다. 그는 몸과 분리되어 깊은 어둠으로 내려갔다. 어둠이 어찌나 짙은지 꼭 자신이 어둠을 입고 있는 기분이었다. 빛이라고는 한 줄기도 보이지 않았다. 그렇게 얼마를 떨어졌을까. 고통당하는 영혼들이 겁에 질려 내지르는 비명이 들려왔다. 어떤 강한 힘에 떠밀려 지옥의 문들 바로 앞에까지 갔을 그때에 그는 갑자기 자기 몸으로 돌아올 수 있었다. 다시 살아난 것이다.

이튿날 아침에 그는 자기가 아는 유일한 그리스도인을 불렀다. 그의 친구가 와서 예수 그리스도로 말미암는 구원의 기쁜 소식을 선포했다. 일단 그가 예수 그리스도를 구주로 자기 삶에 영접하고 나자 친구는 그의 치유를 위해 기도했다. 3주 뒤, 그는 병원에서 멀쩡히 걸어 나왔고 수십 년을 더 살았다. 그는 걸어 다니는 기적이었다.

그는 무신론자로서 하나님이 없다고 선언했지만 사실 그의 마음속에는 이미 영원이 심겨 있었다. 반면에 앞서 말한 "어리석은 자"(시 14:1)는 하나님을 머리로만 부인하는 것이 아니라 "양심이 화인(火印)을 맞"기까지(딤전 4:2) 마음으로 저항하는 자다. 그는 구제 불능이다. 어떤 신념을 지적으로 고수하는 것은 때에 따라 바뀔 수 있다. 그러나 심령이 강퍅해지는 것은 완전히 다른 문제다. *The New Unger's Bible Dictionary*(웅거 새 성경 사전)에 이런 정의가 나온다. "성경에서 '어리석은 자'란 하나님을 경외하는 마음을 버리는 사람, 하나님의 공의의 영원한 원리들을 무시하고도 무사할 수 있을 것처럼 생각하고 행동하는 사람을 주로 말한다."[3]

어리석은 자는 마음에서부터 그분의 존재를 부인하며 그것이 삶에서 여실히 드러난다. 하나님을 두려워하는(경외하는) 마음이 있으면 아직은 우리의 심령이 성령의 반경 내에 있다. 그러나 마음까지 잃고 나면 우리는 더 이상 가망이 없다. 바울은 "형제들아 아브라함의 후손과 너희 중 하나님을 경외하는 사람들아 이 구원의 말씀을 우리에게 보내셨거늘"(행 13:26)이라고 썼다. 하나님을 경외하는 사람들만이 영생의 말씀을 들을 수 있다.

인생의 가장 확실한 기초

머리로는 영원을 이해하기가 불가능하지만 그럼에도 영원은 우리 마음속에 심겨 있다. 그러므로 영원을 정의하려면 마음으로 들어야 한다. 사실 이 책에서 유익을 얻고자 해도 똑같은 자세가 필요하다. 어떻게 그럴 수 있을까?

첫째, 성령께서 당신을 도와주셔야만 함을 인정하고 그분의 도움을 구하라. 우리는 이미 앞에서 그렇게 했다('들어가며' 참조). 그분은 당신의 머리가 아니라 가장 깊은 속사람과 교통하실 것이다.

둘째, 진리의 말이 당신의 마음을 휘젓거나 사로잡거든 잠시 멈추어 생각하고 묵상하라. 이 책은 급히 읽지 말라. 그렇게 읽으면 당신이 누릴 유익이 적어진다. 하나님의 영원한 말씀이 당신에게 미칠 위력을 충분히 다 받으려면 이 두 가지를 적용하라. 그러면 당신은 영원히 변화될 것이다. 다윗은 "내가 주께 범죄하지 아니하려 하여 주의 말씀을 내 마음에 두었나이다"(시 119:11)라고 했다. 그냥 지식을 얻을 생각으로만 읽지 말라. 그러면 금방 잊어버리거나 놓칠 수 있다. 묵상하고 기도하면서 그분의 말씀을 당신의 마음에 두도록 하라.

영원은 말 그대로 영원하다. 끝이 없다. 그러나 영원은 단지 끝없는 시간의 문제만이 아니다. 영원은 시간의 구애를 받지 않기 때문이다. 영원은 시간을 초월한다. 영원을 단지 '항구적인 존속'이라는 차원에서만 말한다면 전체 그림을 놓치는 것이다. 영원의 그림을 가장 잘 담으려면 하나님을 보아야 한다. 몇 가지만 예로 들자면, 하나님은 능력, 지식, 지혜, 이해, 모든 영광에 한이 없으시다. 그분은 스스로 계시며, 영원히 계셨고, 영원히 계실 것이다. 그분은 "영존하시는 아버지"(사 9:6)이시다. 로버트 영은 그것을 "영원의 아버지"⁴라고 직역했다. 그분은 또 "영원의 왕"(딤전 1:17, AMP)이시다. 모든 영원한 것은 그분 안에 있다. 사실 영원 자체가 그분 안에 있다. 그분 밖에 있는 것은 모두 한시적이며 변할 수밖에 없다. 아무리 선하고 고결하고 강하고 질긴 것처럼 보일지라도 결국은 끝나게 되어 있다. 심지어 땅과 우주도 변하지만 그분은 변하지 않으신다.

> 또 주여 태초에 주께서 땅의 기초를 두셨으며 하늘도 주의 손으로 지으신 바라 그것들은 멸망할 것이나 오직 주는 영존할 것이요 그것들은 다 옷과 같이 낡아지리니 의복처럼 갈아입을 것이요 그것들은 옷과 같이 변할 것이나 주는 여전하여 연대가 다함이 없으리라 하였으나(히 1:10-12).

그분은 끝이 없으실 뿐 아니라 영원토록 동일하시다. 성경은 이렇게 선포한다.

> 그러므로 모든 육체는 풀과 같고 그 모든 영광은 풀의 꽃과 같으니 풀은 마르고 꽃은 떨어지되 오직 주의 말씀은 세세토록 있도다 하였으니 너희에게 전한 복음이 곧 이 말씀이니라(벧전 1:24-25).

그분은 영원하시다. 따라서 그분이 하시는 말씀도 영원하다. 그분은 거짓말하실 수 없고 한번 하신 말씀은 바뀔 수도 없다. 만일 그렇지 않다면 모든 것이 캄캄한 어둠 속으로 무너지고 말 것이다. 그분은 빛이시며 만물을 말씀으로 붙들고 계신다. 그분이 하시는 말씀은 절대로 변할 수 없다. 그렇지 않다면 그분은 더 이상 영원하지 않으시다. 이것이야말로 우리의 인생을 쌓아 올릴 수 있는 확실한 기초다.

수시로 변하는 것 위에 인생을 짓는 사람들

오늘날 많은 사람들이 영원한 것(하나님의 말씀) 위에 인생을 짓지 않는다. 대신 하나님이 어떤 분이신지와 관련한 문화적인 생각, 전통, 가정, 감정적인 느낌 위에 자기 인생을 짓는다. 이는 비단 불신자들만의 이야기가 아니라 많은 신자들도 마찬가지 모습을 보인다. 한시적인 것을 영원한 진리인 양 믿는 것은 두려운 일이다. 그렇게 되면 기초가 위태로워져서 그들의 추락은 불 보듯 뻔하다. 그들은 거짓을 믿고, 미혹된 상태로 살아가게 된다.

내가 만나는 사람들 가운데 인생의 기초를 영원하지 않은 것에 두는 이들이 얼마나 많은지 깜짝 놀랄 정도다. 어떤 사람들은 나에게 하나님을 말하고 그분의 아들을 믿는다고 말하겠지만, 그들이 말하는 분은 말씀에 계시된 그분이 아니다. 미혹은 아주 깊다. 어떻게 그저 자기 머릿속으로 상상해 낸 존재를 믿을 수 있단 말인가? 그들의 마음과 생각은 이미 하나님의 속성에 어긋난다고 선포된, 사회가 빚어낸 산물이 아니던가? 예수님은 말씀하셨다.

나를 저버리고 내 말을 받지 아니하는 자를 심판할 이가 있으니 곧 내가 한

그 말이 마지막 날에 그를 심판하리라 내가 내 자의로 말한 것이 아니요 나를

보내신 아버지께서 내가 말할 것과 이를 것을 친히 명령하여 주셨으니(요 12:48-49).

창세부터 정해진 심판 날이 있다(행 17:31). 그 날은 진리의 새로운 계시가 임하는 날이 아니라, 이미 계시하신 말씀으로 모든 것을 평가하는 날이다. 현재 우리가 아는 그분의 말씀이 그 마지막 날에 우리를 심판할 것이다. 그것은 영원하며, 또한 최종판이다. 예외나 변개나 개정이 없다. 그분의 말씀을 넘겨짚지 말고 바로 알고 그대로 사는 것이 우리에게 유익하지 않겠는가?

그 날 이루어질 심판은 영원한 것이라고 했다(히 6:2). 그 날의 결정은 우리의 인생을 그분의 영원한 말씀에 어떻게 맞추었는지를 기준으로 내려질 터인데, 우리의 남은 영원을 보낼 방식이 그것으로 정해진다. 그 결정은 절대 달라질 수 없다. 그래서 영원한 심판이다.

잘 알아보지도 않고는 그 정해진 심판을 자기도 모르게 재촉하는 사람들이 신자 불신자 할 것 없이 얼마나 많은지 모른다. 그들은 성경에 없는 개념들에 엉뚱한 희망을 건다. 어떤 사람들은 하나님이 자기들의 모든 선행을 참작하실 것이며, 선행이 악행보다 많으면 은총을 얻을 것이라고 생각한다. 자신이 거듭났다고 고백하는 어떤 사람들은 예수님이 자신의 구주이시므로 자신은 재판장이신 그분 앞에는 서지 않는다고 생각한다. 그들은 모든 형태의 심판을 면제받으리라 믿는다. 누구보다도 그들이 그 날에 가장 놀랄 것이다. 그런가 하면 모든 것이 다 잘될 거라고 생각하는 사람들도 있다. 비성경적인 자비를 의지하는 것이다.

이런 개념들은 성경이 계시하고 가르치는 바가 전혀 아니다. 이런 생각들을 비롯해서 사람들이 자기네 상상 속에서 만들어 낸 다른 많은 개념들은 영원하지 않고 한시적이며, 그 날에 서지 못할 것이다. 그 날 크게 놀라 쓰러질 사람들이 있을 것이다. 개인적인 생각이지만, 심판 날에 충격을 받을 사람들 중에는 불신자보다 신자가 더 많으리라.

심판 날에 우리를 담대하게 하는 것

우리는 두려움으로 떨며 심판에 나아갈 필요가 없고 오히려 담대함으로 맞이할 수 있다.

> 이로써[우리가 하나님 안에 거함으로써, NLT] 사랑이 우리에게 온전히 이루어진 것은 우리로 심판 날에 담대함을 가지게 하려 함이니 주께서 그러하심과 같이 우리도 이 세상에서 그러하니라(요일 4:17).

"이로써[우리가 하나님 안에 거함으로써, NLT] 사랑이 우리에게 온전히 이루어진 것은"이라는 말을 눈여겨보라. 심판 날에 우리에게 담대함을 줄 열쇠는 우리 안에서 온전해지고(성숙해지고) 있는 하나님의 사랑이다. 바로 여기가 많은 교인들이 흔들리는 부분이다. 그들은 하나님의 사랑을 영원이 아닌 한시적인 것에 비추어서 본다. 우리가 몸담은 사회와 많은 교인들이 흠모하는 사랑과 선(善) 가운데 인간의 기준으로 정해지고 하나님의 사랑에는 어긋나는 것들이 있다. 몇 가지 흔한 예를 살펴보자.

"우리는 서로 너무나 사랑하며 그래서 곧 결혼할 예정이다." 연인이 혼전 성관계를 맺으면서 흔히 하는 주장이다. 하지만 혼전 성관계는 설령 그 말대로 그들이 결혼한다고 해도 죄일 뿐만 아니라, 그렇게 말해 놓고 결국 결혼하지 않는 사람들을 나는 많이 보았다. 그들은 "모든 사람은 결혼을 귀히 여기고 침소를 더럽히지 않게 하라 음행하는 자들과 간음하는 자들을 하나님이 심판하시리라"(히 13:4)라는 분명한 경고를 무시했다. 하나님께서 "교회에 다니지 않는 자들 중에 음행하는 자들과 간음하는 자들"이라고 말씀하시지 않았다. 그런 방식으로 살아가는 사람들은 누구나 다 해당된다.

"사실과 다른 내용인 줄은 알지만 계약 성사(또는 판매)에 도움이 된다. 대신 앞으로 공정한 처우에 만전을 기할 것이다." 사업하는 사람들은 거래를 성사시킬(또는 판매를 할) 요량으로 이런 말을 예사로 한다. 비록 자신이 사람들에게 유익한 거래라고 진정 믿는다고 해도, 고객을 끌려면 사실을 약간 왜곡시켜야 한다. 이것은 거짓말하는 죄일 뿐 아니라 사실은 그렇게 말하는 사람이 그 거래에서 더 이익을 챙기는 경우가 태반이다. 그들은 "거짓말하는(알면서 말이나 행동으로 허위를 전하는, AMP) 모든 자들은 불과 유황으로 타는 못에 던져지리니"(계 21:8)라는 경고를 잊었단 말인가?

"그냥 있는 그대로 사실을 말한 것뿐이다." 사람들이 친구나 직장 동료나 상사에 대해 부정적으로 말하면서(험담이나 비방) 흔히 하는 말이다. 마치 사랑하거나 걱정해 주는 것처럼 행세할지 모르나 그래도 여전히 비방은 비방이다. 사실 영원한 기준에 따르면 당신은 100퍼센트 옳으면서도 여전히 틀릴 수 있다. 생각해 보면 노아의 막내아들 함은 아버지가 만취해 벌거벗은 걸 보고는 형들에게 그대로 전했다. 그가 그렇게 아버지를 욕되게 한 탓에 그의 혈통에 저주가 임했고 결국 대대로 이어졌다. 험담하고 비방하는 사람들은 신자들에게 준 성경의 권고를 잊었단 말인가? "형제들아 서로 원망하지 말라 그리하여야 심판을 면하리라 보라 심판주가 문 밖에 서 계시니라"(약 5:9).

예를 들자면 한이 없다. 공통점은 그것들이 하나님의 영원한 뜻에 어긋난다는 것이다. 두려운 사실은, 이런 식으로 살면서 겉보기에 무해해 보이는 말들을 하는 많은 사람들이 교회에 다니고, 상투적으로 아주 친절하며, 모범 시민으로 추앙받을 수 있다는 것이다. 하지만 영원의 잣대로 재면 그들은 어떤가? 요한은 서신 앞부분에서 어떻게 하면 하나님의 사랑이 온전해지는지(성숙해지는지) 답을 내놓았다.

> 그를 아노라(예수 그리스도에 대한 지각, 인식, 이해, 면식이 있노라) 하고 그의
> 계명(가르침)을 지키지 아니하는 자는 거짓말하는 자요 (복음의) 진리가 그 속에
> 있지 아니하되 누구든지 그의 말씀을 지키는(중시하는) 자(그분의 계율을 마음에
> 새기는 자, 그분의 메시지 전체에 순종하는 자, AMP)는 하나님의 사랑이 참으로 그 속에서
> 온전하게 되었나니 이로써 우리가 그의 안에 있는 줄을 아노라(요일 2:4-5).

재판장 앞에 설 담대함을 우리에게 주는 것이 온전해진(성숙해진) 하나님의 사랑임을 잊지 말라. 하나님의 사랑은 세상의 시선으로 보기에 좋은 방식으로 행동할 때가 아니라, 그분의 계명을 지킬 때에 온전해진다고 요한은 말한다. 하와가 선악을 알게 하는 나무의 악 쪽에 끌린 것이 아니라 선 쪽에 끌렸다는 사실을 명심하라! "여자가 보니 나무가 무척 아름답고 그 열매는 먹기에 아주 좋아 보였다"(창 3:6, TEV). 단, 인간의 이성은 하나님의 영원한 사랑에 반(反)하는 형태의 아름다움과 선함을 만들어 낼 수 있다.

성경은 또한 우리가 하나님의 계명을 일부만 지키고는 심판 날에 담대

함을 얻을 줄로 알아서는 안 된다고 말한다. 하나님의 사랑이 온전해지려면 우리가 그분의 말씀을 전부 지켜야 한다. 그래서 하나님은 우리에게 은혜를 주신다. 그분이 받으실 만하게 그분의 말씀에 온전히 순종할 수 있는 힘이 은혜에서 온다. "그러므로 우리가 흔들리지 않는 나라를 받았은즉 은혜를 받자 이로 말미암아 경건함과 두려움으로 하나님을 기쁘시게 섬길지니"(히 12:28).

이 사회나 인간의 논리에 좋아 보이는 것이 아니라 왕께서 원하시고 찾으시는 것이 무엇인지 아는 것이 관건이다. "너희는 이 세대를 본받지 말고 오직 마음을 새롭게 함으로 변화를 받아 하나님의 선하시고 기뻐하시고 온전하신 뜻이 무엇인지 분별하도록 하라"(롬 12:2). 우리 문화에 좋아 보일 수 있는 것이 하나님의 바람(영원의 차원)에는 오히려 욕이 될 수 있다.

예를 들어 보겠다. 지금 나는 싱가포르의 한 호텔 방에 있다. 이번 주말에 나는 여기서 2만 명에 가까운 사람들에게 말씀을 전하기로 되어 있다. 나는 이 나라에 여러 번 왔다. 그리고 네덜란드에서도 몇 차례 복음을 전한 적이 있다. 네덜란드에서는 대마초를 소지하거나 피우는 것이 불법이 아니다. 그곳 사람들은 아무런 걱정 없이 합법적으로 대마초를 피울 수 있다. 그러나 싱가포르에서는 일정량(그것도 소량)의 마약을 소지하고 있다가 적발되면 즉시 체포되어 중벌을 받는다. 특정 마약을 소지하고 있다가 적발되면 교수형에 처해질 수도 있다. 비행기를 타고 싱가포르에 들어가면 입국 신고서에 "마약 거래상들은 싱가포르 법에 의거해 사형에 처해진다"는 문구가 적혀 있다.

자, 평소 대마초를 피우는 어느 네덜란드 청년이 싱가포르에 가서 싱가포르 현지인들한테 자신의 대마초를 나누어 준다고 한번 상상해 보라.

그는 새로 사귄 친구들에게 신이 나서 말한다. "여러분, 이거 아주 좋은 겁니다. 마음이 차분해지고 황홀한 도취감이 들면서 스트레스가 확 날아가거든요. 좀 드릴까요?"

그는 당장 체포당하고 충격에 빠진다. "어째서 나를 체포하는 거죠?" 그가 경찰들에게 맨 먼저 하는 질문이다.

재판 날이 되고 그는 법정에 출석해 판사 앞에 선다. 그의 입장에서는 아무리 생각해도 이해할 수 없는 상황이다. 판사는 망설임 없이 그에게 유죄 판결을 내리고 형을 선고한다.

청년은 충격에 빠져서 말한다. "판사님, 우리 나라에서는 친구들한테 대마초를 주는 건 죄가 아닙니다."

그러자 판사가 말한다. "여기는 네덜란드가 아니라 싱가포르이고 이 나라에서는 그와 같은 행위는 불법입니다!"

네덜란드 청년의 담대함은 간곳없다. 그는 딛고 설 땅이 없다. 그 나라 최고 법정 앞에 서서 그는 아무것도 의지할 것이 없다. 변명의 여지조차 없이 운명이 결정된다.

몇 년 전에 내가 싱가포르에 있을 때에 어떤 미국 청년이 자동차를 부순 죄로 체포되었다. 그는 체포되어 유죄 판결을 받고 로탄이라는 태형 몇 대를 선고받았다. 이는 화학약품 처리를 한 대나무를 도구로 써서 사람의 후부(後部)를 때리는 형벌로, 몸에 영구적인 손상을 입힌다. 판결은 너무 심해 보였다. 이 청년의 형을 줄여 보려고 미국 대통령까지 나서 보았지만 성과가 없었다. 청년은 싱가포르 법을 어겼고 따라서 형을 치러야 했다.

우리도 다 온 우주에서 가장 우선하는 법정 앞에 설 것이다. 이 법정에서 내리는 결정은 영원히 최종 판결이다. 당신은 준비되어 있는가? 하나님의 말씀에 따르면 우리는 담대함을 가지고 우주의 재판장 앞에 나아갈 수 있다. 그리고 이 책이 당신의 준비를 도울 것이다. 그 네덜란드 청년이 시간을 내서 싱가포르 입국 관련 정보를 배우고 준비했더라면 중벌을 면했을 것이다. 우리가 심판 날 받을 결정은 영원할 터이니 얼마나 더 중요한 문제인가.

영원한 상급을 위한 수고

영원에서 심판은 한 가지 이상이다. 불신자들을 위한 심판과 신자들을 위한 심판이 있고 심지어 천사들을 위한 심판도 있다. 내려질 결정도 다양하다. 손해와 벌도 있고 상급도 있다. 그 내용은 앞으로 차차 살펴보겠지만, 한번 결정이 내려지면 그대로 영원하다는 점을 다시 한 번 짚어 두고 싶다. 이것은 아무리 강조해도 지나치지 않다(끝이 없다는 것을 다시 한 번 머리로 이해하려고 해 보라). 우리가 이것을 미리 알고 상급을 받도록 수고하는 것이 하나님의 뜻이다. 바울은 말한다.

> 운동장에서 달음질하는 자들이 다 달릴지라도 오직 상을 받는 사람은
> 한 사람인 줄을 너희가 알지 못하느냐 너희도 상을 받도록 이와 같이
> 달음질하라 이기기를 다투는 자마다 모든 일에 절제하나니 그들은 썩을
> 승리자의 관을 얻고자 하되 우리는 썩지 아니할 것(영원한 축복의 면류관)을
> 얻고자 하노라 그러므로 나는 달음질하기를 향방 없는 것같이(분명한 목표 없이)
> 아니하고 싸우기를 허공을 치는 것같이 아니하며 내가 (권투선수처럼) 내 몸을

쳐〔거칠게 다루고 고생스럽게 훈련하여, AMP〕복종하게 함은 내가 남에게 전파한 후에 자신이 도리어 버림을 당할까 두려워함이로다(고전 9:24-27).

그는 "나는 달음질하기를 향방 없는 것같이(분명한 목표 없이) 아니하고"라고 분명히 말한다. NLT 역본에는 "그래서 나는 한 발 한 발 뜻을 품고서 목표점을 향해 똑바로 달린다"고 되어 있다. 인간은 누구나 그래야 한다. 이기려는 확실한 목적을 가지고 달려야 한다. 우리의 경쟁 상대는 다른 사람들이 아니라 오직 자신이다.

내 삶의 길잡이와 동력은 무엇인가

그저 막연히 심판대 앞에 서면 모든 것이 다 잘될 거라는 생각만으로는 부족하다. 하나님이 그분의 뜻을 우리에게 밝혀 주셨으므로 우리는 핑계댈 수 없다. 우리 스스로 비교 대상으로 삼은 주위의 누군가에 비해서는 잘했을지도 모르나, 삶의 방향과 동력을 '영원'에서 얻은 것은 아닐 수 있다. 그래서 이 책 제목이 "영원이 이끄는 삶"(Driven by Eternity; 원제-편집자)이다.

이끈다는 말은 "추진한다"는 뜻이다. 또 "길잡이가 되다, 통제하다, 지도하다"라는 뜻도 있다. "원동력을 제공하다"라고 정의한 데도 있다. 이 땅에서 우리 삶의 길잡이와 동기가 되는 것은 무엇인가? 영원한 것인가, 아니면 한시적인 것인가? 하나님의 지혜에 기초한 것인가, 아니면 우리는 자신을 다른 사람들과 비교하고 있거나 혹은 어떤 강단이나 학교에서 선포되는 듣기 좋게 꾸민 말이나, 전통, 신화에 귀를 기울여 왔던가? 우리가 삶의 기초로 삼아 온 그것이 그분이 계시는 심판대 앞에서 유효할 것인가, 아니면 우리의 수고는 영원히 무용지물이 될 것인가? 재판의 기준이 무엇이 될지 우리가 이미 알고 있다는 사실을 잊지 말라. "내가 한 그 말이 마지막 날에 그를 심판하리라"(요 12:48).

심판 날에 예수 그리스도 앞에 서면 충격에 빠질 가짜 그리스도인들이 많을 것이다. 그중 대다수는 불신자가 아니라 신자들일 것이다. 그렇다. 그들은 신약의 가르침 일부를 자신의 안전 대책으로 삼았으나 전체 그림을 주의 깊게 살피는 일은 소홀히 한 사람들이다.

당신에게 묻고 싶다. "영원한 결정이 이미 내려져서 돌이키기에는 너무 늦은 다음에야 진리를 찾아내고 싶은가, 아니면 당신이 받을 심판의 기준을 지금 알고 싶은가?"

다음 장과 그다음 장에서는 우화를 하나 소개할 것이다. 주의 깊게 읽고 세부 내용을 기억해 두기 바란다. 그 이후로도 그 이야기로 자주 돌아갈 것이다. 그러다가 8장에서 그 이야기를 매듭짓고, 9장부터 핵심 진리들을 다루고자 한다. 이 책은 이 우화를 중심으로 돌아간다. 그러니 다시 당부하는데 대강 읽지 말라. 교훈을 기술하는 동안 뒤로 돌아가서 다시 살펴보는 것도 좋다.

이 책에 담긴 내용은 대부분 하나님이 나를 개인적으로 깊이 다루신 것들이다. 그렇다 보니 성령께서 그분의 진리의 현미경으로 정밀 검사하신 내 약점들을 많이 나누게 될 것이다. 그것이 자극이 되어 당신도 성경을 주의 깊게 살피게 되고, 그리하여 심판 날에 딛고 설 견고한 기초를 얻기를 바란다.

사람들을 자신이 구주로 고백하는 그분과 점점 멀어지게 만드는 우리

사회의 잘못된 생각들 몇 가지도 나누고자 한다. 당신은 때로 충격도 받고 떨리고 질책도 듣겠지만, 그 모든 것 뒤에 약속과 희망과 위로가 따를 것이다.

용기를 내 진리를 사모하며 하나님께 마음을 드릴 용의가 있다면, 이제부터 시작해 보자. 그러기를 잘했다는 생각이 들 것이다. 다음 권고의 말씀을 마음에 새기라.

우리로 그의 은혜를 힘입어 의롭다 하심을 얻어 영생의 소망을 따라 상속자가 되게 하려 하심이라 이 말이 미쁘도다 원하건대 너는 이 여러 것에 대하여 굳세게 말하라 이는 하나님을 믿는 자들로 하여금 조심하여 선한 일을 힘쓰게 하려 함이라 이것은 아름다우며 사람들에게 유익하니라(딛 3:7-8).

2

누구에게나 이 땅에서의 삶을
마치는 날이 온다

이에 예수께서 여러 가지를 비유(진리와 병치하여 진리를 설명하는

예화나 빗댄 이야기, AMP)로 가르치시니

그 가르치시는 중에 그들에게 이르시되.

마가복음 4장 2절

마지막 날이 되었다. 심판 대상자들은 머지않아 불시에
그 날이 오리라는 것을 알고 있었다.
하지만 그렇게 빨리 올 줄은 아무도 상상하지 못했다.
그 날의 시작은 여느 날과 같았으나 끝은 아주 달랐다.
-

옛날에 우리 세계와 비슷하면서도 여러 면에서 다른 어떤 세계가 있었
다. 이 세계에는 오직 애퍼벨이라는 큰 나라 하나만 있었다. 이 나라는 알
려진 세계 전체에 뻗어 있었지만 수도는 하나뿐이었고 거기서 모든 통치
가 이루어졌다. 수도의 이름은 애퍼벨의 큰 도성(도시)이지만 여기서는 그
냥 애퍼벨이라고 할 것이다.

홀륭한 왕 젤린이 이 매혹적인 도성을 다스렸다. 백성들은 젤린왕을
흠모했고 그를 칭송했다. 그에게서는 다함이 없어 보이는 깊은 사랑이 흘
러나왔다. 그는 강인하고 현명했으며, 동시에 친절하고 잘 웃었다. 젤린
은 왕의 위용을 갖추었으면서 친근감까지 안겨 주었다. 그와 함께 있으면
누구나 선(善)의 분위기에 푹 파묻혔다. 그가 곁에 있으면 삶의 모든 면들
이 한 차원 높아졌다. 그는 통찰력과 선견지명이 뛰어났고, 사람들의 행동
을 넘어서 마음의 동기를 꿰뚫어 보는 비상한 능력이 있었다.

애퍼벨을 창건한 젤린의 아버지는 건국왕으로 알려져 있었다. 일단 질
서가 확립되고 나자 그는 모든 통치권을 아들에게 넘겨주었다. 이 큰 도성

의 주민들은 잴린의 통치를 도와서 도성에서 멀리 떨어져 있는 영토들을 관리했다. 그곳 또한 수도의 위계적인 권위와 통치 제도를 적용해 관리했다.

그 도시는 면적이 520제곱킬로미터쯤 되는 광대한 땅이었다. 계획이 아주 잘되어 있어서 인구가 조밀한데도 전혀 혼잡하게 느껴지지 않았다. 그곳에는 일반 주택, 전원주택, 저택들이 함께 어우러져 있었다. 애퍼벨 서쪽 끝으로 뻗은 평지에 자리한 주택들은 노동자들이 사는 수수한 집들이었다(그 수수한 집들도 지금의 우리 세계에서는 호화 저택으로 통할 것이다). 이곳 주민들은 비록 힘써 노동을 해야 했지만 왕의 도성에 거주한다는 것만으로도 감사했다. 북쪽과 남쪽 국경의 산지는 장인(匠人)들의 터전으로, 그들은 음악, 문필, 공예, 설계 등 창작 예술에 숙련된 자들이었다. 이곳의 집들은 경관이 아름답고 노동자들의 집보다 더 널찍했다.

도시에서 가장 멋있는 구역은 아름다운 저택들이 즐비하게 들어선 동쪽 지역이었다. 여기는 리글 센터(Regal Center)라고 불렸다. 이 널따란 동네는 왕이 기거하면서 대부분의 시간을 보내는 곳이었고, 왕의 최측근에서 일하는 사람들도 그곳에 살았다. 왕의 각료들과 공동 통치자들이 바로 여기서 함께 교제하고 함께 일했다. 리글 센터는 큰 바다의 해안이 굽어보이는 절벽 위에 보석처럼 박혀 있었다. 쪽빛 바다에서 늘 산들바람이 불어와 도시를 청량하게 해 주었다. 바닷물은 태곳적 신비를 간직한 깨끗한 해변에 에워싸여 있었는데, 이 해변의 아름다움을 능가할 만한 풍경은 왕실 정원들밖에 없었다. 그 정원들은 리글 센터 전역에 걸쳐 자리해 도시에 색채와 활기를 더해 주었다. 의심할 나위 없이 이 지역은 애퍼벨에서 가장 매력적인 주거지였다. 각 집들은 오직 왕궁으로 인해 우아함이 넘쳐 났다.

애퍼벨 한가운데에는 생명나무가 서 있었다. 그 신기한 실과를 함께 먹을 수 있는 특권은 왕의 백성들에게만 주어졌다. 실과는 그저 맛있고 보기 좋은 정도가 아니라 그 향기로운 과육 안에 기적의 힘마저 들어 있었다.

엔델 공동체

애퍼벨 평지 서쪽으로 바깥 광야가 있는데 광야는 큰 강인 아동가강까지 거의 100킬로미터나 뻗어 있었다. 아동가강을 건너면 나라의 다른 부분인 엔델이라는 곳이 나온다. 애퍼벨 시민들의 자녀들은 태어나서 생후 일주일이 지나기 전에 바로 엔델성(省)으로 옮겨졌고, 왕의 보모들이 그 아이들을 보살폈다. 엔델의 어린 시민들은 다섯 살이 되면 엔델학교에 들어가서 10년 동안 교육을 받았다. 거기서 그들은 애퍼벨과 잴린대왕의 법도를 익혔다. 왕의 보모들과 학교 교사들만 잴린을 만나는 기회를 누렸다. 잴린은 5년쯤에 한 번씩 은밀히 엔델을 방문해 학교와 아이들에게 자신의 마음을 주었다. 그가 한 번도 자신의 존재를 모두에게 알린 적이 없는데도, 온 엔델에는 그의 선(善)이 공동체의 모든 면면에 확연히 드러났다.

학생들을 엔델학교에서 10년 동안 보살피고 교육하는 까닭은, 앞날의 삶을 준비시키기 위한 것이었다. 15세가 되면 그간 배웠던 모든 것을 적용하는 짧은 기간이 그들에게 주어졌다. 그 기간 동안 그들에게 재물과 책임을 분량대로 맡겼다. 각자의 청춘과 자원을 청지기로서 어떻게 관리하느냐에 따라서 그들이 남은 인생을 어디서 어떻게 보낼지가 결정되었다. 그들의 세계에서는 총 인생이 150년이었다. 시험 기간은 정확히 5년이었지만 학생들은 그 기간을 아무도 몰랐다. 그들이 듣는 말은 그 기간이 10년을 넘지 않는다는 것뿐이었다. 그 기간이 끝나면 각자 왕 앞에 나와서 자기가 내렸던 삶의 선택들을 보고해야 했다.

그들의 충정이 이 시험 기간에 밝혀졌다. 잴린의 법령들을 말과 행동으로 따른 사람들은 그의 통치권을 인정한 사람들로, 그들은 애퍼벨 주민으로 받아들여졌다. 그들의 선택은 옳았고 그에 따른 상을 받았다. 그러나 시험 기간 중에 반항하고 자기 방식대로만 산 사람들은 고립의 땅으로 쫓겨났다. 그곳은 칠흑같이 캄캄한 황무지로, 외로움과 절망이 다스리는 곳이었다. 거기서 그들은 평생 동안 그곳에 갇혀 고통을 당했다.

그 황무지로 맨 처음 추방당한 사람은 다곤이었다. 그는 고립의 땅을 세운 음흉한 영주가 되었다. 그가 잴린에게 반역한 것은 오래전 일이었으나 아직도 엔델의 나라에는 그의 영향력이 잔재해 있었다. 잴린의 주권을 인정한 엔델의 거민들은 다곤의 음흉한 세력에서 벗어났다. 그러나 잴린을 섬기기를 거부한 사람들은 여전히 이 타락한 영주의 지배 아래에 있었다.

나라에 더 이상 어둠이 침투하지 못하게 막기 위해서 잴린대왕은 애퍼벨의 순수성과 사회 인프라를 보호할 법령을 제정해야 했다. 말과 행위로 잴린을 왕으로 인정하지 않고 다곤의 길을 따른 사람들은 모두 남은 생애 동안 고립의 땅으로 추방되었다.

우리의 이야기는 이렇게 시작된다. 지금부터 우리는 엔델학교에서 성장한 다섯 학생의 삶을 추적할 것이다. 이름은 각각 독립, 미혹, 겁쟁이, 이기심, 참사랑이고, 여학생 둘 남학생 셋이다. 한 사람씩 만나 보자.

독립 Independent

독립은 늘 애퍼벨의 존재를 의심한다. 만난 적도 없고 본 적도 없는 왕 잴린이 자기에게 충정뿐 아니라 갖가지 규율을 지키라고 요구한다는 사실을 그는 도저히 받아들일 수 없다. 자신을 비롯한 모든 학생들을 교사들의 통제하에 묶어 두려는 수법인 것만 같다. 경멸하는 마음까지 생겨 그는 수업에도 가지 않고 이 가상의 나라에 관해 배우지도 않는다.

독립은 그런 허튼소리를 믿는 다른 학생들을 비웃는다. 그는 잴린의 법에서 벗어나 마음 내키는 대로 살려고 한다. 단, 잴린의 칙령들이 자기한테 득이 될 때만은 예외다. 그때는 그도 지키지만 어디까지나 자기 뜻에 맞아서 따르는 것뿐이다. 그는 다른 사람의 뜻에 자신의 삶을 바칠 생각이 없음을 거리낌 없이 모두에게 알린다.

미혹 Deceived

미혹은 애퍼벨의 존재를 의심하지 않는다. 그는 잴린왕을 믿으며 그가 내놓은 약속들을 즐거워하기까지 한다. 또한 왕의 가르침과 정책에 말과 생각으로 동의한다. 하지만 그의 생활 방식은 다분히 그 가르침에 어긋난다. 그는 왕과 왕의 가르침에 자신이 얼마나 충정을 다하는지 공표하고 또 학교 행사가 즐거울 때면 참여하기도 한다. 그러나 자기에게 이익이 없어 보이면 입장을 금세 바꾼다. 그의 생활 방식은 잴린을 진정으로 따르는 사람의 방식과 정반대이며, 성격이 강하다 보니 그는 다른 사람들까지 은근히 그 방식으로 끌어들인다. 그는 눈앞에 닥친 시험은 물론이요 곧 다가올 심판을 한 번도 진지하게 생각해 본 일이 없다.

미혹은 잴린의 존재에 대해서 의견이 다른데도 독립과 잘 지낸다. 미혹이 재미있는 사람이고 또 둘 다 관심사가 비슷하다 보니 독립도 미혹과 어울리는 것을 좋아한다.

겁쟁이 Faint Heart

겁쟁이는 전교생 중에서 가장 열심이다. 그녀는 수업 시간에 발표도 자주 하고 성적도 늘 최상위권이다. 아주 활동적이며, 학생들의 지역사회 참여를 증진시키고자 방과후 활동을 주도한다. 누구라도 학생들을 평가한다면 겁쟁이야말로 잴린의 대의에 가장 열정적인 사람이라고 말할 것이다.

이기심 Selfish

이기심도 잴린과 그의 가르침을 믿는다. 그는 애퍼벨의 존재를 의심하지 않으며 역시 늘 제 목소리를 내는 편이다. 그는 잴린이 아주 훌륭한 왕이고 인자한 심판자라서 누구든 충정을 고백하는 사람에게는 은혜를 베풀 것으로 믿는다. 다만 그는 잴린의 가르침과 성품을 자신의 제한된 인식으로만 받아들인다. 그는 잴린이 사랑과 자비의 왕 못지않게 또한 공의롭고 거룩한 왕이라는 것을 진작 잊었다. 그래서 이기심에게는 잴린의 실체에 대한 왜곡된 시각이 생겨났다. 그는 미혹과 겁쟁이와 참사랑도 모두 틀림없이 이 영광스런 나라의 일원이 되리라 믿는다. 독립이 노골적으로 내보이는 반항만을 약간 미심쩍어 할 뿐이다.

이기심은 누구든지 잴린을 말로 시인하고 삶으로 중대한 법을 어기지만 않으면 애퍼벨에 들어갈 거라고 믿는다. 그러나 이름답게 그는 다분히 이기적이며 선을 행할 때도 대개 자신의 이익을 먼저 따진다. 긍휼이 동기가 될 때도 있긴 하지만 그러다가도 궁지에 몰리면 여지없이 자신의 이익을 챙긴다.

참사랑 Charity

마지막으로 참사랑이라는 학생은 잴린왕의 모든 법을 마음에 새기고 지키는 사람이다. 그녀는 그의 원리들을 배운 데서 그치지 않고 각 법령에 담긴 그의 마음을 알려고 한다. 그녀는 잴린의 뜻을 알고 이해하려고 많은 시간을 들여 공부한다. 실제로 공부도 오랜 시간 많이할 뿐만 아니라 그 공부한 내용에 따라 엔델의 학교와 지역사회의 유익을 위해 자신을 아낌없이 내준다는 뜻이다. 일단 자신의 나이가 열다섯이 되면, 엔델에서 위대한 왕의 소원을 받들어 행할 시간이 얼마 남지 않으리라는 것을 그녀는 안다. 그녀의 목표는 온전히 잴린의 영광을 위해 사는 것이며, 그래서 그녀는 자신의 사리사욕이 주된 목표를 방해하도록 그냥 두지 않는다.

참사랑은 잴린을 사랑하며, 그를 만날 날을 사모한다. 그녀는 그에게 온전히 순종하며, 다른 사람들에게 그의 선(善)을 자주 말한다. 그것 때문에 비웃음과 따돌림을 당할 때도 많다. 일편단심 잴린의 법에 충성한다는 소신 때문에 고생하지만, 왕에게 품은 그녀의 충심을 막을 수 있는 것은 아무것도 없다.

졸업생들, 드디어 세상 속으로

이들 엔델의 다섯 사람은 마침내 모두 열다섯 살이 되었다. 정해진 날이 되어서 그들은 다른 학생들 2천 명과 함께 졸업했다. 각자가 특정한 임무와 그에 상응하는 액수의 돈을 받았다. 그 액수는 잴린이 미리 정해 둔 것으로, 졸업과 함께 교장이 나누어 주었다.

다섯 학생이 분배받은 위탁금은 다음과 같다. 독립은 55,000 위탁금을 받았고, 미혹과 겁쟁이는 각각 4만, 이기심은 가장 많은 액수인 75,000, 마지막으로 참사랑은 25,000 위탁금을 받았다. 돈을 받아 든 젊은 시민들은 마지막 몇 가지 지침을 듣고서 해산했다.

세일즈맨, 독립

독립은 당장 새로 얻은 자유를 자축하는 술판부터 벌였다. 그는 수업 시간에 출석한 적이 별로 없는데도 아직도 그 내용이 자신의 머릿속에 남아 있는 것만 같았다. 겨우 몇 번이었지만 그는 학교에 갈 때면 잴린의 법에 관해 들었다. 간혹 그는 그것이 사실이 아닐까 하는 의문이 들었다. 만일 그렇다면 자신의 못된 행동이 졸업할 때에 받을 액수에 영향을 미치지 않을까 하는 의문도 있었다.

독립은 자신이 학교 정책들을 어겼는데도 아주 많은 돈을 받아서 놀랐다. 그는 겁쟁이보다 15,000 위탁금을 더 받았고 참사랑보다는 무려 두 배도 더 받은 터였다. 그는 이런 생각이 들었다. '무슨 낭비람! 참사랑과 겁쟁이는 쓸데없는 수업을 듣느라 시간을 들이고, 수업 시간 이외의 시간까지 왕창 쏟아붓고도 결과가 고작 이것 아닌가!'

이런 경험은 잴린이 존재하지 않는다는 독립의 신념을 사실상 확증해 주었다. 그는 그 돈이 오래전에 떠나간 자기 부모가 자신 몫으로 남겨 둔 것이라고 추론했다. 이 모두가 그들의 젊은 삶을 통제해서 그들을 독립적이고 자유롭게 사고하는 사람이 되지 못하게 만들려는 사기극이라는 그의 소신이 그로써 한층 더 굳어졌다.

두어 주 동안 축하 판을 벌이다가 독립은 문득 사업을 시작해야겠다는 생각이 들었다. 그는 자동차 대리점을 차렸고, 자신이 훌륭한 세일즈맨임을 알게 되었다. 사업은 굉장히 잘되었다. 새 졸업생들 가운데 다수가 밑천의 일부로 독립의 대리점에서 중고차나 새 차를 샀다. 재정이 불어나자 독립은 다른 벤처 사업들로 확장했는데, 거기서도 성공했다. 재산이 늘면서 그의 생활 방식도 달라졌고, 누리는 생활 수준도 높아졌다. 그는 돈이 영향력을 만들어 내는 대단한 출처임을 금세 깨달았다. 돈의 힘으로 행복까지 살 수 있을 것 같았다. 그의 부와 재력은 여자들을 끌어들이는 힘이 있었고, 그래서 삶은 더욱더 신이 났다.

독립은 매주 있는 지역사회 모임에 나가지 않았다. 그런데도 대다수 사람들은 그를 아주 훌륭한 시민으로 여겼다. 지역사회의 이런저런 사업에 그가 후원해 주는 것을 고맙게 여겼기 때문이다. 열심히 일하는 이 엔델 사람에게 인생은 더없이 좋아 보였다.

건축업자 · 토지 개발업자, 미혹

미혹도 두어 주 동안 자축 잔치를 벌였다. 그는 비록 자신이 돈을 남들만큼 많이 받지는 못했어도 참사랑보다는 많이 받아서 다행이었다. 이 역시 쟬린이 무궁무진한 자비의 왕이라서 어떤 이슈들은 사실상 중요하지 않다는 그의 왜곡된 시각을 굳혀 주었다. 예컨대 그는 엔델학교에서 배운 내용에 어긋나는데도 불구하고 학교에서 사귄 두 여자와 성적으로 마음껏 즐겼다. 그러면서도 그는 그런 삶에서 아무런 문제도 느끼지 못했다. 자신이 쟬린과 그의 나라를 굳게 믿었기 때문이다.

그는 나름대로 정립한 인생관이 있었다. "쟬린에 대한 충정을 계속 시인하고 남에게 아주 심각한 피해를 입히지만 않으면 나는 왕 앞에서 입지가 확실할 것이다."

그는 사람은 누구나 욕구가 있고 완벽한 사람은 없다는 것을 쟬린도 잘 알리라고 생각했다. 심판 날에 그의 모든 잘못은 쟬린의 자비와 은혜로 용서받으리라 여겼다. 그가 전심으로 쟬린을 믿었으니 말이다.

졸업하고 몇 주 뒤 미혹도 독립처럼 사업을 시작했다. 그는 주택 건축업자가 되었다. 처음에는 고객을 찾기가 힘들었다. 그의 모델하우스는 모든 면에서 탁월했으나 왠지 사겠다는 사람들이 나서지 않았다. 가격이 너무 높다는 사람들도 있었고, 형편상 그런 좋은 집을 살 수 없다는 사람들도 있었다. 다급해진 미혹은 값을 내렸다.

미혹은 여전히 좋은 모델하우스를 사용해 손님들을 끌었다. 이전에 했던 약속들도 계속 고수했다. 다만 그는 이전에 선전하고 약속했던 것보다 훨씬 낮은 수준의 자재를 사용했다. 심지어 그 자재 중에는 엔델의 기준과 법규에 위반되는 것들도 있었다. 그는 입법자들이 걱정이 지나쳐서 그런 기준을 정한 것이라고 합리화했다. 그는 자신이 선택한 자재들이 어떤 압력이나 악천후에도 견뎌 낼 것이라고 확신했다. 미혹의 주택들이 꽤 괜찮은 가격의 매물처럼 보였으므로 관심 있는 엔델 사람들이 계약서에 서명하기 시작했다. 그 속도가 어찌나 빠른지 주택을 짓는 속도가 미처 따라갈 수 없을 정도였다. 사업은 번창했다.

몇 년 후 미혹은 토지 개발 쪽으로 분야를 전환했다. 불평하는 고객들에게 질렸던 것이다. 토지는 한번 팔고 나면 그걸로 끝일 거라는 생각이 들었다. 보증 대상 품목들을 수리해 주느라 더 이상 골머리를 앓을 필요도 없으리라.

미혹은 4천 제곱미터에 천 위탁금쯤 하는 토지를 우연히 보았다. 너무 좋아서 믿어지지 않을 정도였다. 그런데 좀 더 조사해 보니 그곳은 수위가 높을 때면 물에 잠기는 땅이었다. 이 정보를 아는 사람은 몇몇뿐이었고 모두 그의 친구였다. 그는 기본적인 지질 검사도 하지 않은 채 자신이 세운 개발 공사 계획을 승인해 달라고 어느 시의원을 설득했다. 그는 바로 독립의 친구였다. 어쨌거나 미혹이 사는 동안에는 홍수가 한 번도 없지 않았던가. 거래는 문제없이 성사되었다. 그 후로 이 젊은 사업가에게 인생은 탄탄대로처럼 느껴졌다.

보조 교사, 겁쟁이

겁쟁이는 졸업하자마자 몇몇 여자 친구들과 모여서 주말에 쇼핑을 나갔다. 그녀는 그것이 두 가지 이유에서 좋다고 생각했다. 첫째, 친한 친구들과 함께 축하의 시간을 보낼 수 있었다. 둘째, 새로운 직장생활에 필요한 옷과 액세서리를 살 수 있었다. 겁쟁이의 가장 깊은 소원은 엔델학교 보조 교사가 되는 것이었다. 마침 취업 면접이 다음 주 금요일로 잡혀 있었다.

쇼핑 이틀째에 겁쟁이의 친구인 험담이 그녀에게 이런 말을 했다. 그들 둘의 친구인 비방이 교장에게, 겁쟁이가 어떤 남학생과 같이 잤다고 말했다는 것이다. 이렇게 되면 그녀가 보조 교사로 채용될 수 있는 가능성이 희박해질 수 있었다. 게다가 그것은 새빨간 거짓말이었다. 그녀는 학창시절 내내 순결을 지켰다. 그녀는 비방이 순전히 시기심에서 그리고 어쩌면 증오심에서 그랬을 것이라는 확신이 들었다.

겁쟁이는 화가 났고 속이 상할 대로 상했다. 남은 주말 내내 그녀의 생각은 친구의 배신에서 헤어나지 못했다. 그녀는 비방에게 그가 한 행동의 대가를 치르게 만들겠다고 다짐했다.

면접 날이 되었다. 겁쟁이는 그날 바로 채용이 되었다. 교장은 그녀에게 자신도 그 소문을 듣기는 들었으나 조사해 보니 사실이 아니라는 확신이 섰다고 말했다. 그녀는 채용되었을 뿐만 아니라 자신이 가장 좋아하는 교사를 돕는 보조 교사로 배정되었다. 그의 이름은 이중생활이었다. 그는 엔델학교에서 재능이 뛰어난 교사에 속했다. 겁쟁이는 자기가 그런 평판 좋은 교사와 함께 일하도록 뽑혔다는 사실이 놀라웠다. 학기가 시작되어 모든 일이 일사천리로 풀려 나갔다. 그러나 이전에 친구 비방에게 품었던 괘씸한 마음이 여전히 그녀를 따라다녔다. 일이 아무리 잘되도 그녀는 비방의 배신을 도무지 떨칠 수 없을 것만 같았다.

상황은 좋아 보였지만 표면 밑에서는 문제가 부글거렸다. 이중생활의 이름은 그의 됨됨이를 그대로 보여 주었다. 그는 교사로서 살아가는 방식과 사생활이 전혀 딴판이었다. 그는 교사로서 젤린을 직접 보는 특권을 누려 왔으므로 그가 받을 심판은 가장 무거울 것이었다.

하루는 그들이 저녁 때에 단둘이 함께 있는데 이중생활이 겁쟁이에게 수작을 걸었다. 그녀는 충격과 격분에 휩싸여 즉시 자리를 떴다. 그러나 이중생활은 포기하지 않고 몇 주 동안 집요하게 접근했다. 그가 아주 훌륭하고 박식한 남자였으므로 어느새 겁쟁이는 오히려 자신의 반응에 의문을 품으며 그의 설득에 귀를 기울이기 시작했다. 그녀는 그에게 특별한 관심을 받는 것이 좋았다. 그는 부드럽고 자상했으며 그 지역에서 몇 안 되는 잘생긴 남자 중의 하나로 통했기 때문이다. 결국 그녀는 그에게 자신의 순결을 바쳤다. 겁쟁이는 여태 어떤 관계에서도 그런 황홀한 격정과 사랑을 느껴 보지 못했다. 이후 그를 볼 때마다 그녀는 숨이 막힐 것만 같았다. 약속한 저녁마다 그를 다시 만난다는 생각이 그녀를 설레게 했다. 당장은 묻혔지만 그래도 여전히 품고 있던 비방에 대한 악감정도 그런 생각 때문에 한동안 뒷전으로 밀려났다.

그러나 4개월 뒤 이중생활은 갑자기 그녀를 버렸다. 망연자실해진 그녀는 이유를 알아야만 했다. 그는 그녀가 전에 동료 학생과 동침했다는 비방의 말을 다른 사람들한테서 전해 들었다고 말했다. 하지만 진짜 이유는 그게 아니었다. 그는 그저 겁쟁이에게 흥미를 잃었을 뿐이다. 이미 그는 그 지역에 사는 다른 여성에게 집적거리고 있었다. 젊은 여성들은 이 특출한 교사의 유혹과 설득의 힘을 여간해서 뿌리치지 못했다.

겁쟁이는 격분했다. '이제 그를 날마다 어떻게 볼 것인가?' 그녀는 즉시 학교 일을 그만두었다. 며칠간 부루퉁하게 있다가 그녀는 자신이 맡은 4만 위탁금 가운데 남은 돈으로 미용실을 차렸다. 잴린의 말에 그의 백성과 함께하는 모임을 버리지 말라고 되어 있었지만, 그녀는 매주 있는 학교 모임에 더 이상 나가지 않았다. 위선자들과 어울리고 싶지 않았고, 그들 가운데 대다수가 위선자 같았다.

그녀는 날이 갈수록 마음이 강퍅해졌다. 학교나 잴린을 입에 담는 일도 거의 없었다. 전에 그녀가 대화중에 그토록 막힘없이 표현했던 열정은 사라졌다. 다만 누가 물으면 그녀는 잴린에 대한 자신의 충정을 고백하곤 했으나, 마음 깊은 곳에서는 그런 못된 남자를 학교 교사가 되도록 허용한 잴린을 비난했다. 시험 기간이 끝날 즈음에는 그녀는 분노와 원한에 찬 여자가 되어 있었다. 그러나 누가 물으면 그녀는 그것을 완강히 부인했다. 그녀는 자신에게 그토록 깊은 상처를 입힌 사람들에게 복수를 다짐하면서 남은 기간을 다 보냈다.

엔델 시장, 이기심

이번에는 이기심 차례다. 그는 자기가 받은 돈의 액수를 보고 자못 놀랐다. 그도 자축했으나 잴린의 가르침을 알 만큼 아는지라 술자리는 피했다. 며칠 쉰 뒤에 그는 투자에 들어갔다. 그의 거래는 매번 이익을 내서 밑천이 어느새 몇 배로 늘었다. 돈이 많아질수록 그는 동료들에게 꾸준히 인기도 높아졌다.

그는 가장 좋은 동네에 집을 사서는 영향력 있는 세력가들을 자기 집으로 초대했다. 정부 관리들, 프로 운동선수들, 기업 간부들, 기타 명사들이 그가 베푸는 호화로운 접대를 즐겼다. 그는 어느새 지역사회에서 인맥이 매우 넓은 사람이 되어 가고 있었다.

3년 후에 그는 엔델 시장에 출마했는데, 재력과 사회적인 인맥에 힘입어 쉽게 당선되었다. 시장이 되고 보니 결정해야 할 일들이 많았다. 그중 하나는 엔델학교와 관련된 것이었다. 학생 수가 많이 늘어나 학교 공간을 넓혀야 했다. 그러려면 토지를 매입하고, 업자들을 선정하고, 건축비를 조달하고, 기타 학교에 필요한 비품을 공급해야 했다. 첫 단계는 지역사회가 기금을 모금하는 것이었다. 매주 열리는 시 모임에서 이기심은 기금이 더 필요하다는 말을 들었다. 기금 마련 행사가 끝날 즈음에 그는 고작 천 위탁금도 안 되는 돈을 내놓았다.

그 뒤에 결정하기 힘든 일이 생겼다. 학교는 마침내 어느 특정한 토지를 매입할 자금이 생겼다. 아주 좋은 거래였고 가격도 학교 예산에 맞았다. 그러나 똑같은 땅을 매입하고 싶어 하는 어느 대형 백화점이 있었다. 시의회는 의견이 갈렸다. 학교는 비영리기관인 만큼 세수입이 전혀 없을 것이었다. 반면에 백화점은 대규모 세수입을 낼 것이고, 주민들을 위한 일자리도 늘어날 것이었다. 의회의 입장이 반반이었으므로 시장이 결정적인 한 표를 던져야만 했다. 이기심은 갈등이 되었다. 백화점 소유주들은 자신의 선거운동을 적극 지지해 거액의 돈을 기부했을 뿐 아니라 자신을 위해 영향력을 행사해 주었다. 그의 집을 자주 찾던 손님이기도 했다.

이기심은 백화점 쪽에 유리하게 표를 던졌다. 그러고는 그것이 엔델 시민들의 전체적인 유익을 위한 일이었다며 대중 앞에서 자신의 선택을 정당화했다. 자신이 취업할 수 있는 기회를 늘리는 길을 닦았을 뿐 아니라, 시의 세수(稅收)를 증가시켰다며 자랑했다. 그는 학교 측에 기존 시설을 확장하는 방안들을 알아보라고 권고했는데, 사실은 그것이 실현 불가능한 일이라는 것을 자신도 알고 있었다. 그의 선택은 잴린을 신실하게 따르는 사람들에게 실망을 안겨 주었으나 지역사회 전체는 그의 결정에 박수를 보냈다.

그의 2년 임기가 거의 다 되어 재선 시기가 왔다. 본인은 모르고 있었지만 이기심의 시험 시간은 바야흐로 끝나 가고 있었다. 이기심은 약간 후회하는 마음이 들어서 엔델학교에 자기 돈 5천 위탁금을 기부했다. 그러면서 그는 학교를 지을 다른 적절한 부지를 찾아보겠다고 공약했다. 그 덕에 그는 잴린을 따르는 사람들 중 다수의 신임을 다시 얻었다. 이 젊은 지도자는 쉽게 재선될 것처럼 보였다.

식당 주인, 참사랑

참사랑은 졸업 후 자신의 25,000 위탁금 가운데 3천 위탁금을 엔델학교 부지 마련 기금으로 냈다. 그녀는 그간 교사들한테 배운 것들이 모두 고마웠고, 그래서 그것을 표현하고 싶었던 것이다. 남은 22,000 위탁금으로 참사랑은 식당을 개업할 수 있었다. 그녀는 요리와 관련된 거라면 무엇이든 좋았다. 거기에 그녀의 사업 수완이 뛰어나다는 사실까지 더해지자

식당은 그녀의 재능을 활용해 지역사회를 섬길 수 있는 최고의 길로 보였다. 그녀는 나라에서 으뜸가는 요리사 몇을 영입할 수 있었고, 그들의 지식을 종합해 훌륭한 식단을 개발했다. 식당은 금방 성공했다.

참사랑이 운영하는 식당은 여러 상을 받았으나 그녀는 늘 성공의 공을 잴린의 지혜에 돌렸다. 인터뷰를 할 때마다 그녀는 자신을 가르쳐 준 은사(恩師)들에게 거듭 감사했고 자신과 함께 일하는 훌륭한 직원들을 칭찬했다. 그녀는 성공을 자신의 공으로 돌리거나 자신의 수고를 자랑하지 않았다. 그것이 오직 잴린 덕분임을 그녀는 알았다.

참사랑은 자신의 혈통을 기반으로 삼아 지역사회와 엔델학교를 도왔다. 그녀는 가난한 사람들을 위한 학교 급식소에 음식을 제공했다. 저녁 시간을 따로 떼어 직접 그곳에 가서 일할 때도 많았다. 그녀는 가난한 사람들에게 따뜻한 식사를 베푸는 것이 즐거웠다. 그녀는 식당 수익의 25퍼센트를 학교에 내기로 작정했다. 5년 만에 그녀가 기부한 돈이 20만 달러가 넘었다.

일은 열심히 하지만 여전히 먹고살기가 힘든 사람들이 있었는데 참사랑은 늘 그들을 도왔다. 재정적인 도움 외에도 그녀는 잴린의 지혜와 성공 원리를 가르쳐 주곤 했다. 자신이 돕는 사람들에게 그녀는 잴린이 아니었다면 자기가 결코 성공하지 못했을 거라고 입버릇처럼 말했다.

식당이 성공했음에도 불구하고 참사랑은 이기심의 집에서 열리는 사교 모임에 초청된 적이 없었다. 지역사회의 지도자 역할에 동참해 달라는 부탁도 없었다. 잴린에 대한 충정에다가 그녀가 여자라는 사실까지 더해져서, 사람들은 그녀를 지나친 극단론자로 치부했다. 하지만 인기 있고 영향력 있는 엔델 사람들 사이에 끼지 못해도 참사랑은 꺾이거나 낙심하지 않았다. 그녀는 형편이 어려운 사람들에게 다가가는 일에 주력했다. 그녀는 매주 있는 학교 모임을 아주 좋아했고, 물질을 베풀거나 이런저런 일을 맡아 섬김으로 늘 도움을 주었다. 참사랑은 내면이 충만한 사람이었다.

정해진 심판 날이 오다

시험 마지막 날이 되었다. 처음 5년이 이미 지났으므로 심판 대상자들은 그 날이 머지않아(다음 5년 중에) 불시에 오리라는 것을 알았다. 하지만 그렇게 빨리 올 줄은 아무도 상상하지 못했다. 그 날의 시작은 어느 날과 같았으나 끝은 아주 달랐다. 밤늦게 애퍼벨 왕실 호위대가 졸업생 2천 명을 전부 데려갔다. 이들의 은밀한 이동은 다른 사람들이 잠든 사이에 벌어졌다.

이들 2천 명의 젊은 시민들은 비밀 통로로 안내되었다. 아동가강 밑을 지나는 깊은 터널이었다. 터널을 지나서도 그들은 황량한 광야를 가로질러 이틀을 더 갔다. 이동하는 내내 호위대장은 양식과 물과 보급품이 갖추어진 창고에서 그들이 쓸 것 전부를 공급했다. 호위대원들은 친절했으나 말을 아꼈다. 그들은 수행 중인 업무에만 충실했다. 그들은 어떤 질문에는 답해 주었으나 엔델 사람들은 그들이 답하지 못하도록 되어 있는 질문들도 던졌다. 그런 질문들에 그들은 하나같이 "곧 다 알게 될 것이다"라고만 대응했다. 그럴수록 길손들의 궁금증은 더 커져만 갔다. 오랫동안 기다려 온 큰 도성으로 가느라고 황무지에 머무르면서도 그곳의 불편을 느끼지 못할 정도였다. 사흘째 날이 밝을 무렵 그들은 어느 야트막한 산에 올랐다.

거기 웅장한 도시가 아침 햇살을 받아 실루엣처럼 그 자태를 드러냈다. 애퍼벨은 그들이 상상했던 것보다도 훨씬 더 장관이었다.

도성에 가까워질수록 그 경이로운 계시는 더 깊어지고 넓어졌다. 평지 쪽에서 보는데도 분명히 그 도성은 비할 데가 없었다. 이 도시 외곽에만 비해도 지금껏 그들이 살던 엔델은 너무 작았다. 엔델의 남녀들은 도성 중심부로 들어가면서 애퍼벨에서는 모든 것이 생생하게 살아 있음을 깨달았다. 얼마나 신비한 곳인지 새들은 그냥 지저귀기만 하는 것이 아니라 말하는 능력이 있었다. 새들은 신기하고 아름다운 노래들로 눈앞의 장관을 설명해 주었고 도성의 영광을 한층 드높여 주었다. 그러잖아도 이들 엔델 사람들은 호위대장의 말(馬)들이 나누는 말을 이미 들었던 터라 말하는 새들을 보고 그리 놀라지는 않았다. 귀티를 풍기는 말들은 자기들끼리 말할 뿐만 아니라 타고 있는 주인과도 대화했다. 말들과 주인 사이에 애정 어린 관계가 있는 것이 분명했다. 애퍼벨의 모든 생물들은 말하는 능력과 애정과 기쁨을 느끼는 능력이 있다는 것이 이제 확실해졌다.

엔델의 젊은이들은 고개를 어느 방향으로 돌려도 기막힌 절경이 눈에 들어왔다. 그들은 애퍼벨의 위용에 매료되었다. 공기부터가 기운을 돋우었다. 공기는 생각이 맑아지게 했고 여행에 지친 몸에 힘을 주었다. 도시를 관통해 흐르는 물은 그들의 호기심을 자아냈다. 그 물은 마치 생명으로 반짝이기라도 하듯이 어딘지 더 진품 같아 보였다. 매혹적인 음악의 선율이 대기 속에 스며들어 그들의 설레는 영혼을 잔잔한 평안으로 어루만져 주었다. 가장 작은 식물에서 공기 자체에 이르기까지 모든 것이 그냥 살아 있는 정도가 아닌 것 같았다. 생명을 주는 능력까지 가지고 있었던 것이다. 이 기적의 땅에서는 모든 것이 차고 넘쳤다.

58

젊은 시민들은 큰 도성의 중앙 광장을 지나가면서 무엇이든 손 닿는 거리에 있는 것이면 손을 내밀어 만지지 않을 수 없었다. 그들은 자유로이 뛰어다니며 탐색하고 싶었지만 왠지 지금은 그래서는 안 된다는 것을 알았다. 그들은 거대한 강당과 같은 널찍한 대기실 안으로 곧장 인솔되었다. 여기서 남녀가 갈렸다. 그들은 개운하게 향긋한 목욕이나 샤워를 할 수 있었고, 왕을 알현할 준비로 옷도 받았다. 엔델의 먼지투성이 옷을 그들은 다 즐거이 버렸다. 입고 있던 옛 옷들은 이상하게 이 빛나는 도시에 어울리지 않고 어색해 보였다.

이 도시에 살고 싶은 깊은 갈망이 그들의 뼛속까지 파고들었다. 마치 집에 온 것 같은 아주 이상한 기분이 들었다. 목욕하고 옷을 입은 후에 그들은 다시 다 같이 모여서 식사를 했다. 이 조찬 연회는 멋진 안마당에 마련되었는데 거기서 그들은 잠시 동안 먹으며 교제를 나눌 수 있었다.

식사 후에 일행은 이번에는 이름별로 다시 갈렸다. 참사랑과 이기심과 500여 명의 다른 사람들은 오른쪽에 인접한 홀로 안내되었고, 겁쟁이와 미혹과 독립은 남은 1,500명과 함께 왼쪽의 다른 홀로 인솔되었다. 각각 홀에 들어가면서 그들은 문지방에 붙은 이름을 보았다. 이름은 낯설었고 엔델의 젊은이들이 모르는 언어로 되어 있었다. 한쪽의 이름은 "생명의 홀"이었고 다른 쪽은 "공의의 홀"이었다.

공의의 홀, 생명의 홀

독립은 문지방을 건너가면서 거의 공포에 질릴 정도로 마음이 불편했다. 그는 학교에서 있었던 추억들을 더듬으면서 그때 잴린에 관해 잠시 들었던 말들로 위안을 삼으려고 했다. 모든 것이 너무 혼란스러웠다. 그는 수업에 너무 많이 빠졌던 자신의 태도를 어느새 후회하고 있었다. 도시도 있고 왕도 있으니 그의 생각이 틀렸던 것이 분명했다. 그는 솟구치는 두려움을 누르고 잴린의 사랑과 자비로운 성품이 어떠했는지 그 기억에 집중하려고 했다. 그 순간 그는 잴린의 공의와 거룩함은 생각하고 싶지 않았다. 그 두 가지가 모두 지금 그의 주목을 끌려고 싸우고 있었음에도 말이다. 자신이 선량한 시민이었고 지역사회의 자원봉사 활동을 후원했다는 것으로 그는 자신을 달래려고 했다.

한 차례 심호흡을 한 독립은 자신이 어떤 사람들과 함께 있나 보려고 주변을 둘러보았다. 순간 그는 자신이 엔델의 가장 못된 사람들 틈에 섞여 있음을 알아챘다. 도둑들, 사기꾼들, 술주정뱅이들이 눈에 들어왔다. 일하지 않고 빈둥거리던 사람들도 있었고, 모든 일을 사리사욕을 위해서 한 사람들도 있었다. 그의 두려움은 더해만 갔다. 공포가 그를 삼킬 것 같은 바로 그때에 겁쟁이가 그의 눈에 들어왔다. 그는 눈을 감고 안도의 한숨을 쉬었다. 그는 그녀가 자기네 반에서 가장 열성으로 잴린을 따르던 사람 가운데 하나임을 대번 기억했다. 그녀는 또 엔델학교에서 일도 했다지 않은가. 그녀가 그와 함께 이 홀에 있다면 아무래도 결과가 그에게 좋은 쪽으로 나올 확률이 높았다.

겁쟁이 쪽으로 가다가 독립은 미혹과 부딪쳤다. 또 하나의 좋은 징조였다. 비록 겁쟁이를 놓치기는 했지만 독립은 미혹이 확실한 신자임을 알았다. 그들은 함께 잴린을 두고 변론도 했었다. 옛 친구를 끌어안으면서 독립의 기분은 완전히 변했다. 미혹의 태도는 명랑하고 긍정적이었다. 둘이 대화를 나누는 사이에 두려움은 싹 가셨다. 잴린의 자비는 그들이 알았던 것보다도 훨씬 큰 것이 분명했다. 독립의 생각에 도무지 이곳에 올 수 없을 것 같던 사람들까지도 잴린이 얼마나 후하게 용서해 주셨는지 두 눈으로 보았으니 말이다. 게다가 훌륭한 교사 이중생활도 저만치 조금 뒤에 있지 않은가? 이제 독립은 다 잘될 거라는 확신이 더욱 들었다.

그러나 참사랑과 이기심이 없다는 것이 못내 걸렸다. 또 하나 무시하기 어려운 것은 홀 구석구석에서 울며 통곡하는 사람들이었다. 그 모습을 보면서 어쩌면 그들은 잴린의 선(善)에 감격해 있는지도 모른다고 마음을 다잡았다.

반대편 홀에도 여러 감정들이 넘쳐 나고 있었다. 졸업 후에 연락이 끊겼던 친구들은 다시 만나서 마냥 기뻤다. 그러나 곧 잴린을 보리라는 설렘이 무엇보다도 압도적이었고 그것이 이내 모든 대화를 지배했다. 드디어 그들이 자신의 진정한 목적과 약속된 운명에 들어갈 때가 온 것이었다.

그들은 그 도시의 경이로움에 놀라 모두들 떠들썩했다. 그곳이 엔델보다 나은 곳일 줄이야 늘 알았지만 그들이 받은 첫인상은 그들의 기대를 훨씬 뛰어넘었다. 도무지 소화할 수 없는 차원이었다. 그들이 이런 영광스러운 곳에서 남은 인생을 보낸다는 것이 정말 사실일까? 그런 영예를 누릴 수만 있다면 그들은 하나같이 바닥 청소라도 기꺼이 감수할 것 같았다.

이 홀에서 기다리는 사람들은 모두 자신이 그간 잴린을 따른 것을 알면서도 그의 의로운 심판의 결과가 어떻게 나올지 의문이었다. 시간이 흐를수록 엄숙한 공기가 장내를 에워쌌다. 그들은 충실했던가? 잠시 후면 알게 될 것이다. 이렇게 설렘과 어느 정도의 두려움이 교차되는 가운데 이들 겸손한 종들은 왕을 뵙기를 기다리고 있었다.

실제로 먼저 심판받은 쪽은 생명의 홀에서 기다리던 사람들이었다. 그러나 이 대목은 조금 나중에 살펴보겠다. 지금은 우선 공의의 홀에 있던 사람들의 이야기를 따라가 보자.

마침내 심판의 순간

한낮이었다. 공의의 홀에 있던 사람들은 다 잘될 거라는 위안과 자신감이 드는 수준까지 마음을 추슬렀다. 혼란스럽거나 앞뒤가 안 맞아 보이는 것은 무조건 젤린의 자비나 그의 신비로운 방식 탓으로 돌렸다. 그런 논리는 그들에게 위안이 되었다.

1,500명의 엔델 사람들 가운데 맨 먼저 독립이 불려 나갔다. 네 명의 왕실 호위대가 와서 그를 심판 대전(大殿)으로 호송했다. 엄숙한 분위기를 가볍게 해 볼 심산으로 그는, 마침 방을 나서면서 자기와 눈이 마주친 한 호위대원에게 미소와 윙크를 보냈다. 아무 반응이 없어서 흠칫 놀랐다. 뒤로 문이 철커덕 하고 닫히는 순간 그의 의문들이 다시 되살아났다. 심장이 북처럼 둥둥 소리를 내며 뛰었다. 그 소리가 어찌나 큰지 호위대원들에게 들릴 것만 같았다. 하지만 혹시 들렸다고 해도 그들은 아무런 내색도 하지 않았다. 그는 미혹이 곁에 있지 않아 아쉬웠다. 그는 곧 재판장 앞에 설 터인데, 혼자 서고 싶지 않았다. 독립은 속속 자신감을 잃고 있었다.

대전에 입실하기 전에 한 호위대원이 그에게 의전(儀典)을 간략히 설명해 주었다. 독립은 들은 내용이 기억나지 않을까 봐 두려웠지만 어쨌든 고개를 끄덕였다. 그의 맥박 소리는 이제 그의 귓속을 내달리며 고막을 찢어

놓을 것만 같았다. 호위대원은 독립이 의전을 이해했음을 인정하는 표시로 고개를 끄덕였다. 그러자 대전의 큰 문들이 활짝 열렸다.

대전 안으로 첫 발을 떼면서 그는 자신의 몸이 떨리고 있음을 느꼈다. 평소 차갑던 그의 이마 위로 구슬땀이 흘렀다. 그는 완전히 혼란에 빠졌다. 눈앞에 펼쳐진 광경에 정신이 멍해졌다.

3

그 날에 내 이름,
생명책에 없다면?

예수께서 이 모든 것을 무리에게 비유로 말씀하시고
비유가 아니면 아무것도 말씀하지 아니하셨으니
이는 선지자를 통하여 말씀하신 바 내가 입을 열어 비유로 말하고
창세부터 감추인 것들을 드러내리라 함을 이루려 하심이라.

마태복음 13장 34-35절

젤린이 그의 눈을 똑바로 쳐다보며 물었다. "네 청지기 일을 셈하라."
홀로그램으로 그가 엔델에서 살았던 삶이
첫날부터 바로 어제까지 다시 펼쳐졌다.
모든 행위와 말과 동기가 증인들 무리 앞에 낱낱이 드러나고 밝혀졌다.
_

이 우화를 계속 이어 가기 전에 다가올 심판에 관한 예수님의 말씀을 다시 강조하고 싶다. 요한복음 12장 48절에서 예수님은 이렇게 선포하셨다. "내가 한 그 말이 마지막 날에 그를 심판하리라." 우리는 예수님의 보좌 앞에서 무엇을 기준으로 심판을 받을지 이미 알고 있다. 그 기준은 바로 성경이다. 젤린의 말은 주로 이 이야기에 등장하는 인물들에게 적용되는 성경 구절들로 이루어져 있다. 이 점을 염두에 두고 애퍼벨 나라로 가보자.

예수를 구주로 믿지 않는다면

대전은 독립이 접하리라고 상상했던 그 무엇보다도 더 웅장했다. 아직 기다리고 있는 1,500명의 다른 사람들에게 이 경험을 말해 줄 기회가 혹시 주어졌다면 그는 그 장관을 묘사할 말이나 기준이 전혀 없었을 것이다. 그

건축술을 보니 그가 엔델에서 알았던 것은 다 구닥다리에 지나지 않았다. 대전은 족히 10만 명은 될 청중들로 꽉 들어차 있었다. 이렇게 많은 인파가 한꺼번에 한자리에 있는 것을 그는 처음 보았다.

더 가까이 다가가자 독립의 눈에 애퍼벨 시민들이 들어왔다. 우선 얼굴에 광채가 나는 것이 그들의 모습은 마치 왕 같았다. 바로 이어서 독립은 그들의 놀라운 아름다움에 화들짝 놀랐다. 그들은 마치 딴 세상에서 온 사람들 같았다(이 변화는 그들 모두에게 생명나무 열매를 먹는 것이 허락되었기 때문이다). 이들이 정말로 한때 엔델 사람들이었을까 싶을 정도였다. 그때 그가 아는 사람이 눈에 띄었다. 그녀의 이름은 양선(良善)이었다. 그녀는 독립보다 나이가 몇 살 더 많았는데, 외모가 못생겼다고 늘 조롱받던 일이 기억났다. 그런데 지금은 눈이 부시게 멋졌다. 생김새는 똑같아서 여전히 알아볼 수 있었으나 신기하게도 이제 그녀는 여태까지 독립이 엔델에서 알았던 그 누구보다도 아름다웠다. 사실, 가장 덜 아름다운 사람까지 통틀어서 그곳의 모든 사람들은 여태까지 그가 고향에서 보았던 그 누구보다도 훨씬 매력 있었다.

그가 충격에서 벗어나서 잘 보니 모든 청중들이 앞쪽 어느 한곳에 집중하고 있었다. 여태까지 그는 그런 것을 본 적이 없었다. 그것은 보좌였다. 하지만 어떤 그 어떤 말로도 표현하기 모자랐다. 그만큼 극히 영광스러운 보좌였던 것이다. 그는 그 위에 앉아 있는 이를 유심히 보았다. 그 순간 독립은 이 도시의 모든 위엄이 어디서 나오는지 알았다. 모든 것이 그에게서 나왔다. 독립은 그가 곧 잴린이다 싶었다. 갑자기 독립은 여태까지 자신이 그토록 강경히 부인했던 그를 깊이 믿게 되었다.

잴린의 생김새는 준수하면서도 엄한 인상을 풍겼다. 적어도 그 순간에는 그랬다. 아주 멋있으면서도 무서웠다고 하는 것이 더 정확한 표현이리라. 그의 전체 용모는 매혹적이었으나 독립은 그에게 한 발짝씩 더 가까워질 때마다 마음속에 두려움이 점점 더 커졌다. 한때 있었던 자신감은 이제 온데간데없이 사라졌다. 이제 그는 어찌될 것인가? 독립은 자기가 지금 자비로운 왕에게 다가가고 있다고 스스로 되뇌면서 평정을 유지하려고 했다. 그는 혼란스러웠다. 자신이 과연 유리한 심판을 받을 것인지 의심이 들기 시작했기 때문이다.

그가 계속 다가가고 있는데, 중간쯤에 있는 좁다란 단 위에 그대로 서 있으라는 명이 떨어졌다. 그의 위로는 잴린이 높은 보좌에 앉아 있었다. 잴린은 결의에 찬 단호한 모습으로 회중들에게 말했다.

> 모든 교회가 나는 사람의 뜻(생각, 감정, 의중)과 [가장 은밀한] 마음을 살피는 자인 줄 알지라 내가 너희 각 사람의 행위대로[그에 합당한 상으로, AMP] 갚아 주리라(계 2:23).

독립도 다른 사람들과 함께 듣고 있는데 갑자기 잴린이 그의 눈을 똑바로 쳐다보며 물었다. "네 청지기 일을 셈하라"(눅 16:2, NKJV).

독립이 뭐라고 말을 꺼내기도 전에 홀로그램으로 그가 엔델에서 살았던 삶이 학교 첫날부터 바로 어제까지 그대로 다시 펼쳐졌다. 모든 행위와 말과 동기가 이 증인들 무리 앞에 낱낱이 드러나고 밝혀졌다. 잴린에 관해 이제야 알게 된 다음과 같은 계시에 그는 오싹 두려워졌다. "지으신 것이 하나도 그 앞에 나타나지 않음이 없고 우리의 결산을 받으실 이의 눈앞에 만물이 벌거벗은 것같이 드러나느니라"(히 4:13).

미련하고 악하고 이기적인 자신의 모습이 재현되는 것을 보노라니 독립은 몸이 움츠러들었다. 이렇게 많은 회중 앞에서 이 모두를 접하게 될 줄은 예상치 못한 일이었고, 창피하고 충격이었다. 엔델에서는 대수롭지 않고 심지어 무해해 보이던 것들이 이제 이 영광스러운 재판장과 애퍼벨의 왕 같은 시민들 앞에서는 섬뜩해 보였다. 그는 자신의 행동에 기겁했다. 어쩌면 그렇게 길을 잘못 들고, 둔감하고, 어리석을 수 있었단 말인가? 그는 한 줄기 희망이라도 잡으려고 애썼다. 그래도 자신의 선행이 악행보다는 횟수가 더 많다고 느껴졌던 것이다.

인생의 재현이 끝나자 그는 안도했다. 비록 무서운 책망과 모종의 벌이 예상되기는 했지만 말이다. 그는 이 회중의 가장 말단이 된다고 해도 기쁠 것 같았다. 그는 자신의 선이 악보다 많았던 것을 잴린이 보아 주리라는 심중이 생겼다.

그때 잴린이 서기장에게 물었다. "독립의 이름이 생명책에 있느냐?"

서기장은 망설일 것도 없이 대답했다. "주여, 없나이다."

그러자 잴린이 말했다. "독립아, 너는 악한 본성을 택하는 죄를 범했다. 이제 너는 버려진 고립의 땅으로 쫓겨나서 극한 어두움과 절망과 외로움의 고통 속에서 남은 평생을 보낼 것이다."

독립은 충격을 받아서 부르짖었다. "주여, 왜입니까?"

잴린이 대답했다. "너는 나를 믿지 않았다. 네 교사들은 '너희가 만일 내가 그인 줄 믿지 아니하면 너희 죄 가운데서 죽으리라'(요 8:24)고 가르쳤다. 그리고 또 '다른 이로써는 구원을 받을 수 없나니 천하 사람 중에 구원을 받을 만한 다른 이름을 우리에게 주신 일이 없음이라'(행 4:12)고 가르쳤다."

독립은 물러서지 않았다. "하지만 주 잴린이시여, 제 선행은 어찌됩니까? 그것이 악보다 많지 않습니까?"

주 잴린이 대답했다. "이것은 네가 율법을 얼마나 적게 혹은 얼마나 많이 어기느냐의 문제가 아니다. 그래서 '누구든지 온 율법을 지키다가 그 하나를 범하면 모두 범한 자가 되나니'(약 2:10)라고 했다."

독립은 용기를 짜내 항변했다. "그러면 사람이 어떻게 구원받을 수 있습니까?"

잴린은 이 질문에 즉시 답하지 않고 애퍼벨의 한 여자 시민에게 눈길을 보냈다. 비슷하지만 좀 더 작은 보좌에 앉아 있는 것으로 보아서 그녀는 잴린 수하의 통치자인 것 같았다. 여자가 말했다. "네 교사들이 네게 '너희는 그 은혜에 의하여 믿음으로 말미암아 구원을 받았으니 이것은 너희에게서 난 것이 아니요 잴린의 선물이라 행위에서 난 것이 아니니 이는 누구든지 자랑하지 못하게 함이라'라고 말해 주지 않았더냐?"

그녀의 말에 잴린이 뒤를 이었다. "오래전에 나는, 시민들이 이미 어겼고 장차 어길 율법들의 대가를 대신 치렀다. 누구든지 내게 죄를 짓지 않거나 자신을 반역에서 스스로 구원한다는 것은 불가능한 일이다. 하지만 내가 모든 사람들을 사랑하기에 직접 값을 치렀다. 나의 구원은 노력으로 얻을 수 없는 선물이다. 네가 선행을 아무리 많이 한다 해도 애퍼벨의 시민권을 얻을 수는 없다. 그것은 나를 믿음으로 말미암아 온다. 그런데 너는 내가 네 생명을 구원하려고 이룬 일을 거부했다."

독립은 기겁하여 할 말을 잃었다가 잠시 후에 엄숙하게 대답했다. "알겠습니다."

그는 절망의 바다에 빠져 죽을 것만 같았다. 그러다 지푸라기라도 붙잡는 심정으로 그는 물었다. "그럼 제가 한 일은 다 소용없는 것인가요?"

젤린이 대답했다. "또 기록되었으되 '죽은 자들은 아무것도 모르며 그들이 다시는 상을 받지 못하는 것은 그들의 이름이 잊어버린 바 됨이니라 그들의 사랑과 미움과 시기도 없어진 지 오래이니 해 아래에서 행하는 모든 일 중에서 그들에게 돌아갈 몫은 영원히 없느니라'(전 9:5-6)라고 했다. 그리고 또 '대저 행악자는 장래가 없겠고 악인의 등불은 꺼지리라'(잠 24:20)고 했다."

독립은 젤린의 말에 당황해 말문이 막혔다. 그는 수업을 빼먹었던 일들이 너무도 후회스러웠다. 수업에만 갔더라도 어쩌면 진리를 들었을 터이고 자신의 인생으로 이런 치명적인 실수는 범하지 않았을지도 몰랐다.

이어진 침묵의 순간에 또 다른 생각이 떠올랐다. 하루 종일 그가 위안으로 삼은 생각이었다. 그는 다시 용기를 냈다. "예, 지금까지 하신 말씀이 다 옳습니다. 하지만 젤린이시여, 당신은 자비의 왕입니다! 아무리 그렇다고 해도 당신이 어떻게 저를 쫓아내실 수 있습니까?"

젤린이 대답했다. "나는 자비의 왕이다. 바로 그래서 너를 쫓아내는 것이다. 너는 엔델의 세월을 그렇게 보내기로 선택했고, 그리하여 영원히 네 본성을 선택했다. 음흉한 영주 다곤의 본성을 선택한 것이다. 네 부정한 본성으로 이 위대한 도성이 더럽혀지도록 그냥 둔다면 어찌 내가 자비롭고 참되고 사랑 많은 자일 수 있겠느냐? 애퍼벨의 무죄한 자들을 해치는 꼴이 될 것이다. 네가 선택한 본성은 곧 겉으로 드러나서 수많은 순결한 생명들을 더럽힐 것이다. 너는 네 길을 선택했다. 네가 따른 자인 다곤과 똑같이 너도 그 선택에 대가를 치를 것이다. 내가 다곤에게 준 것보다 네게 덜 준다면 나는 불의한 왕이 될 것이다. 나는 불의한 왕이 아니다!"

이어서 젤린은 자신의 아버지가 하신 옛 말씀을 인용해 전체 회중들에게 말했다. "말씀을 멸시하는 자는 자기에게 패망을 이루고 계명을 두려워하는 자는 상을 받느니라"(잠 13:13).

곧이어 벌어진 사건에 회중은 숙연해졌다. 왕은 호위대장에게 명했다. "그 손발을 묶어 바깥 어두운 데에 내던지라 거기서 슬피 울며 이를 갈게 되리라 …… 청함을 받은 자는 많되 택함을 입은 자는 적으니라"(마 22:13-14).

호위대장이 독립을 결박해 대전 옆문으로 끌고 가는 동안 공포스런 비명과 두려운 고뇌가 그를 사로잡았다. 수많은 사람들은 쥐 죽은 듯이 고요했다. 그들은 그토록 미련하게 인생을 허비한 사람이 평생의 벌로 끌려 나가는 모습을 슬프게 지켜보았다.

일단 건물 밖으로 나온 독립은 다른 큰 대기실로 왔다. 작은 창살이 쳐진 감방들이 수없이 많았는데, 추방형을 선고받을 사람들의 수가 다 차기까지 유죄 판결을 받은 사람들을 수용하는 곳이었다. 그곳 입구 위에 이런 말이 적혀 있었다.

> 자기 두루마기를 빠는〔그의 계명을 행하는, NKJV〕 자들은 복이 있으니 이는 그들이
> 생명나무에 나아가며 문들을 통하여 성에 들어갈 권세를 받으려 함이로다
> 개들과 점술가들과 음행하는 자들과 살인자들과 우상 숭배자들과 및
> 거짓말을 좋아하며 지어내는 자는 다 성 밖에 있으리라(계 22:14-15).

독립은 그 말을 노려보았다. 그의 안에 분노가 부글거렸다. 이제 그는 자신의 본성의 완전한 영향력 아래 있었다. 이전에 그의 성품 속에 조금이라도 있던 선(善)은 이제 자신이 선택한 그 도덕적 본성에 완전히 삼켜져

버렸다. 그의 행동은 미친개가 하듯 급속히 악화되고 있었다. 왕의 영향력이 거두어지자 그는 타락한 마음에 완전히 내어 버려졌다.

행함으로 주를 시인하지 않는다면

몇 시간이 흘렀다. 이미 많은 사람들이 공의의 홀에서 불려 나갔다. 아직 기다리는 수백 명의 사람들 가운데 미혹과 겁쟁이와 이중생활이 있었다. 미혹은 여전히 낙관적이었고, 그의 그런 거동 때문에 다른 사람들도 희망을 품고 있었다.

문들이 열리면서 4인조 왕실 호위대가 다시 나타나더니 이번에는 미혹을 불렀다. 드디어 그의 차례가 온 것이다. 그는 잔뜩 긴장하여 떨기 시작했다. 하지만 그는 평소처럼 능숙하게 불안을 감추려고, 아직 남아 있는 사람들에게 말했다. "바야흐로 내 운명의 시간이 왔도다!"

의전에 대한 간단한 설명을 듣고 나니 심판 대전 문들이 활짝 열렸다. 미혹은 중앙 통로를 따라 호송되었다. 그도 독립과 비슷한 감정들을 경험했다. 그 역시 대전의 규모와 위용 그리고 시민들의 용모를 보았다. 통로를 걸어가면서 그는 엔델학교에서 알았던 몇몇 사람들을 알아보았다. 그보다 한두 해 먼저 졸업한 선배들이었다. 미혹은 학교 모임에 빠진 적이 거의 없었으므로 독립보다 더 많은 시민들을 알아볼 수 있었다.

그가 알아본 사람들 가운데 수업에 나오지 않은 무자비라는 남자가 있었다. 그는 지역사회에서 꽤 악명 높은 악당으로 알려져 있었다. 미혹은 이자가 여기서 뭘 하고 있나 궁금해서 그 자리에 멈추어 섰다. 호위대장은 미혹에게 그 남자에게 말을 걸어도 좋다는 신호를 보냈다.

미혹은 그에게 걸어가서 물었다. "당신 무자비 맞습니까?"

남자가 대답했다. "한때는 무자비로 알려져 있었지만 주 잴린께서 심판대에서 내 이름을 화해로 바꾸어 주셨습니다."

미혹은 불쑥 내뱉었다. "도대체 당신이 어떻게 여기에 들어왔습니까? 우리 지역사회 사람들 대부분이 당신을 악당으로 알았는데 말입니다. 당신은 학교에 다닌 적도 없고 내가 아는 누구보다도 더 잴린을 대적했습니다."

화해가 대답했다. "네, 맞아요. 하지만 나는 내 그런 모습과 행동이 싫었습니다. 나는 학교에 다니지 않아서, 인생을 바꾸어 주는 잴린의 말씀을 들은 적이 없었지요. 그러다 심판 날 일주일 전에 참사랑이 운영하는 식당으로 식사를 하러 갔습니다. 그런데 참사랑은 내 삶이 엉망인 것을 바로 알아챘고 내 고통도 용케 감지했어요. 그녀는 내게 저녁 식사를 무료로 주면서 한 가지 조건을 걸었습니다. 남아서 자기와 이야기를 하자는 것이었어요. 그리고 그녀는 두 시간 동안 내게 잴린과 그의 선과 구원 그리고 이곳 애퍼벨에 관해 말해 주었습니다."

화해는 말을 이었다. "그녀는 아직 늦지 않았으니 내 인생을 이 위대한 왕께 드리라고 설명해 주더군요. 나는 무조건 용서받을 수 있으며 그 나라의 시민으로 받아들여질 수 있다고도 했어요. 나는 잴린의 사랑에 감격했고, 내 남은 생을 그분의 주권에 바쳤습니다. 비록 엔델에서 그분을 섬길 수 있는 시간이 일주일밖에 남지 않았지만 나는 전심으로 그분을 섬겼습니다. 나는 내가 못살게 굴었거나 내게 물건을 도난당했던 사람들을 찾아가서 진심으로 용서를 구했어요. 그리고 내가 취한 것 이상으로 돌려주었습니다."

미혹은 할 말을 잃었다. 고개를 돌려 호위대원을 보니 그가 맞다는 뜻
으로 고개를 끄덕여 보였다. 화해는 곧 자기 자리로 물러났고 미혹은 보좌
쪽으로 나아갔다.

가면서 그는 방금 들은 말을 곱씹지 않을 수 없었다. 잴린이 얼마나 자
비로운지 그도 익히 들었지만 방금 그는 기막힌 방식으로 그것을 목격했
다. 그 남자는 여태까지 미혹이 알았던 아주 나쁜 사람들 가운데 하나였
다. 그런 그가 이제 다른 사람들처럼 왕의 자태를 하고 있다. 순간 미혹은
자기가 잴린의 눈에 들리라는 확신이 어느 때보다도 강해졌다. 자기는 잴
린을 아주 확실히 믿었기 때문이다.

보좌 앞에 선 미혹은 독립과 똑같은 명령을 받았다. "네 청지기 일을
셈하라."

독립과 마찬가지로 미혹도 학교 첫날부터 바로 어제까지 자신의 인생
을 3차원 홀로그램으로 보았다. 학교에 성실하게 출석하고 모임 때 앞장
서서 잴린을 옹호하는 모습을 보노라니 여간 안도가 되는 것이 아니었다.
그러나 그는 곧 오싹해졌다. 그의 생활 방식이 그를 고소했던 것이다. 그
는 자신의 길을 정당화했으나 그것이 이 위엄 있는 재판장과 도덕적으로
순전한 증인들 앞에 훤히 드러나자 그는 창피하고 부끄러웠다. 자신의 문
란한 성생활이 이 왕 같은 회중들 앞에 밝혀지는 순간에는 쥐구멍에라도
들어가서 숨고 싶었다.

그의 행위들만 아니라 의도와 동기들까지도 낱낱이 드러났다. 잴린은
이런 것들을 어떻게 아는 것일까? 아무도 모르는 일들인데 어떻게 미혹을
심판할 수 있는 것일까? 잴린 앞에서는 미혹의 가장 깊은 비밀들까지도

더 이상 비밀이 아니었다. 사업 거래, 주택 매매, 토지 개발 등에서 사욕을 챙기던 그의 탐심을 온 회중들이 보았다. 그가 습관적으로 비방과 험담을 동원해 자신이 원하는 것을 얻어 내던 것도 그들은 보았다. 끝없는 물욕이 그의 모든 행동의 동기인 것 같았다. 그는 모든 일마다 자기 방식을 고집했고 무엇이든 자기밖에 몰랐다. 변론의 여지가 없는 사실들이었다. 그러나 그는 자기가 잴린을 믿었고 그에게 충정을 고백했기에 그런 것들은 사실 하나도 중요하지 않다고 스스로 위안을 삼았다.

그의 인생을 다 돌아보고 나서 잴린은 서기장을 보며 물었다. "미혹이 생명책에 있느냐?"

서기장이 대답했다. "주여, 없나이다."

잴린이 공표했다. "미혹아, 너는 나를 부인하는 죄를 범했다. 이제 너는 버려진 고립의 땅으로 쫓겨나 극한 어두움과 절망과 외로움의 고통 속에서 남은 평생을 보낼 것이다."

미혹은 큰 충격에 휩싸여 그 자리에 얼어붙었다. 이런 생각이 머릿속을 훑고 지나갔다. "아냐, 이건 실수야. 있을 수 없는 일이야! 나는 잴린을 믿는 신자야. 그를 부인하다니, 그게 무슨 말이야?"

그는 불쑥 내뱉었다. "제가 어떻게 당신을 부인했습니까?"

그러자 잴린이 말했다. "네 교사들이 '잴린을 시인하나 행위로는 부인하는'[2] 자들에 관해 경고할 때에 너는 듣지 못하였느냐?"

미혹은 다시 항변했다. "하지만 위대한 왕이시여, 나는 당신의 학교에 다녔습니다. 성실하게 수업도 빼먹지 않았고 많은 활동에도 참여했습니다. 당신을 주라고 부르기까지 했습니다!"

잴린이 즉시 말했다. "너희는 나를 불러 주여 주여 하면서도 어찌하여 내가 말하는 것을 행하지 아니하느냐(눅 6:46). 너는 내가 한 말을 듣지 못하였느냐? '나더러 주여 주여 하는 자마다 다 애퍼벨에 들어갈 것이 아니요 다만 하늘에 계신 내 아버지의 뜻대로 행하는 자라야 들어가리라 그 날에 많은 사람이 나더러 이르되 주여 주여 우리가 주의 이름으로 선지자 노릇 …… 하지 아니하였나이까 하리니 그때에 내가 그들에게 밝히 말하되 내가 너희를 도무지 알지 못하니 불법을 행하는 자들아 내게서 떠나가라 하리라.'"[3]

미혹은 흥분이 극에 달했다. "하지만 나는 믿음이 있었습니다. 당신을 믿었습니다. 그러니 당신 말씀에 따라 나는 마땅히 구원받아야 합니다!"

잴린은 인내심을 보였지만 단호했다. 그는 전에 그 학교 교사였다가 지금은 작은 보좌에 앉아 있는 회중의 한 시민에게 눈길을 돌렸다. "네가 수업 시간에 가르쳤던 내용을 미혹에게 읽어 주어라."

그 시민은 성전(聖典)을 읽었다. "내 형제들아 만일 사람이 믿음이 있노라 하고 행함이 없으면 무슨 유익이 있으리요 그 믿음이 능히 자기를 구원하겠느냐 …… 이와 같이 행함이 없는 믿음은 그 자체가 죽은 것이라 어떤 사람은 말하기를 너는 믿음이 있고 나는 행함이 있으니 행함이 없는 네 믿음을 내게 보이라 나는 행함으로 내 믿음을 네게 보이리라 하리라 네가 잴린은 한 분이신 줄을 믿느냐 잘하는도다 귀신들도 믿고 떠느니라 아아 허탄한 사람아 행함이 없는 믿음이 헛것인 줄을 알고자 하느냐."[4]

잴린이 되풀이했다. "네게 믿음이 있다지만, 합당한 순종의 행위가 따르지 않는 믿음은 믿음이 아니다. 믿는다는 말만으로는 부족하다. 귀신들도 믿지만 절대 구원받지 못한다. 참으로 믿는 자들은 성품이 변화되며 더 이상 악한 자의 열매를 맺지 않는다. 그런데 너는 계속 악한 영주 다곤의 열매를 맺었다. 네가 진정 마음으로 나를 믿은 적이 없다는 증거다."

미혹은 그 모든 말을 이해하느라고 애를 먹다가 항변했다. "하지만 악한 자 무자비는 어찌된 겁니까? 나는 그보다는 나았습니다. 어떻게 그는 들여보내고 나는 쫓아낼 수 있습니까? 공정하지 못합니다!"

잴린이 대답했다. "너희는 이르기를 주의 길이 공평하지 아니하다 하는도다 …… 들을지어다 내 길이 어찌 공평하지 아니하냐 너희 길이 공평하지 아니한 것 아니냐 …… 만일 악인이 그 행한 악을 떠나 정의와 공의를 행하면 그 영혼을 보전하리라 그가 스스로 헤아리고 그 행한 모든 죄악에서 돌이켜 떠났으니 반드시 살고 죽지 아니하리라"(겔 18:25, 27-28).

미혹은 깊이 좌절한 채 분노에 차서 고래고래 악을 썼다. "하지만 나는 당신 말씀을 전했고 사람들에게 당신을 증거했습니다. 당신의 학교에서 대리 교사로 자원봉사까지 했습니다."

잴린의 목소리는 이제 엄중해졌다. "네가 어찌하여 내 율례를 전하며 내 언약을 네 입에 두느냐 네가 교훈을 미워하고 내 말을 네 뒤로 던지며 도둑을 본즉 그와 연합하고 간음하는 자들과 동료가 되며 네 입을 악에게 내어 주고 네 혀로 거짓을 꾸미며 앉아서 네 형제를 공박하며 네 어머니의 아들을 비방하는도다 네가 이 일을 행하여도 내가 잠잠하였더니 네가 나를 너와 같은 줄로 생각하였도다 그러나 내가 너를 책망하여 네 죄를 네 눈앞에 낱낱이 드러내리라"(시 50:16-21).

미혹은 입은 있으나 할 말이 없었다. 머릿속은 온갖 생각들로 어지러웠으나 더 이상 자신을 변호할 수 없었다.

몇 분이 지났다. 그때 왕이 호위대장에게 명했다. "그 손발을 묶어 바깥 어두운 데에 내던지라 거기서 슬피 울며 이를 갈게 되리라 하니라"(마 22:13).

호위대장이 다가오자 미혹은 잴린과 호위대와 애퍼벨 시민들에게 욕을 퍼부었다. 그는 격분하여 마구 몸부림쳤다. 그의 안에 조금이나마 있던 선(善)마저도 새로 밝혀진 그의 참본성에 삼켜져 버렸다.

수족을 결박당한 채로 대전 밖으로 끌려 나가는 동안에도 그의 입에서 시종 욕이 끊이지 않았다. 독립처럼 미혹도 모두의 심판이 끝날 때까지 수감되었다.

미혹이 대전 밖으로 사라지자 잴린이 모인 증인들에게 말했다. "스스로 깨끗한 자로 여기면서도 자기의 더러운 것을 씻지 아니하는 무리가 있느니라"(잠 30:12).

끝까지 견디지 못한다면

이제 공의의 홀에 남은 사람은 백 명이 채 안 되었다. 겁쟁이와 이중생활도 그중에 있었다. 겁쟁이는 이중생활과 최대한 멀리 떨어져 있었다. 아직도 그에게 쓰라린 원한이 남아 있었던 것이다. 그도 그녀를 피했다.

네 명의 왕실 호위대가 들어와서 겁쟁이를 불렀다. 그녀는 자신이 어디로 갈지 불안했지만 이중생활을 떠날 수 있어 고마웠다. 이전의 다른 사람들처럼 그녀도 대전 입구로 호송되어 의전에 대한 간단한 설명을 들은 다음 안으로 안내되었다.

애퍼벨 시민들 앞을 지나가면서 그녀도 앞서간 많은 사람들을 알아보왔다. 학교에서 믿음에 대해 그녀만큼 당당하고 열성적이지 않았던 사람들이 대부분이었다. 겁쟁이는 분명히 이곳에 없을 줄로 알았던 사람들이 많이 있어서 놀랐다.

겁쟁이가 보좌 앞으로 다가가니 보좌를 둘러싼 작은 보좌들이 보였다. 그녀는 의당 이 나라의 지도자들이 될 줄로 알았던 교사들과 그 밖의 사람들을 몇 명 알아보았다. 그러나 작은 보좌에 앉은 주인공들 중에는 그녀를 놀라게 한 사람들이 훨씬 더 많았다. 그들은 엔델에서 별로 알려지지 않은 시민들이었다. 부자들도 더러 있었다. 그녀는 '어떻게 부자가 이런 영광의 자리에 있을 수 있나' 하는 생각이 들었다.

그녀가 머릿속에서 답하기도 전에 잴린의 목소리가 들렸다. "네 청지기 일을 셈하라."

홀로그램으로 그녀의 인생이 재현되었다. 겁쟁이는 자신의 학창시절을 돌아보며 즐거웠다. 각종 자원봉사, 과외 공부, 반 임원 일 등 모두 그녀에게 유리한 것들이었다. 그녀는 자신의 대담성과 근면성이 자랑스러웠다. 그러나 비방의 거짓말에 보였던 그녀의 반응이 나오면서부터 기분이 바뀌었다. 분명히 그녀는 상처를 꽁하고 품고 있었다. 그녀의 심령의 문제들이 노출되었는데, 고운 모습이 아니었다.

이어서 그녀와 이중생활의 외도가 시작되었다. 그녀는 그와의 불륜을 회개한 적이 없었다. 그녀는 언제나 피해의식이 있었고 모든 것을 비방과 이중생활 탓으로 돌렸다. 그 바람에 그녀는 끝내 자신이 한 선택에 책임을 지지 않았다. 자신의 인생이 전개될수록 그녀는 분노와 원한과 복수욕이 점점 심해지는 것을 보았다. 그중 더러는 용케 억압했지만 그녀는 뿌리를 처치한 적이 없었다. 그것이 이중생활과 비방을 향한 그녀의 만성적인 악감정으로 나타났을 뿐 아니라, 사실 그녀는 자신의 고생을 잴린 탓으로 돌리기까지 했다. '어떻게 잴린은 이중생활 같은 사람을 자기 학교 교사로 둘 수 있단 말인가?' 그녀의 원한과 용서하지 않는 마음이 강퍅하고 냉혹한 모습으로 드러나고 있었다.

재현이 끝나자 그녀는 남에게 선하지 못한, 분노에 찬 여자인 것이 분명해졌다. 그러나 허다한 회중들 앞에 이 모든 것이 드러났음에도 불구하고 그녀는 그간 자신이 깊이 헌신했으므로 왕의 은총을 입을 거라고 자신했다. 그녀는 약간의 책망이 두렵기는 했지만 자신에게 무슨 일이 벌어질지는 꿈에도 몰랐다.

잴린이 서기장을 보며 말했다. "겁쟁이의 이름이 생명책에 있느냐?"

서기장이 대답했다. "주여, 없나이다."

잴린은 심판을 선고했다. "겁쟁이, 너는 의를 저버리고 반역으로 나를 부인하는 죄를 범하였다. 이제 너는 버려진 고립의 땅으로 쫓겨나서 극한 어두움과 절망과 외로움의 고통 속에서 남은 평생을 보낼 것이다."

겁쟁이는 기가 막혀서 말이 나오지 않았다. 그녀가 받은 충격은 이전의 다른 사람들보다 더 컸다. 이럴 수는 없었다! 그녀는 나쁜 꿈, 아니 악몽에 갇힌 것이었다. 어떻게든 깨어나야 했다! 어쩌면 그녀가 잘못 알아들었는지도 몰랐다.

그녀는 믿어지지 않아서 물었다. "잴린이시여, 방금 제가 무서운 고립의 땅으로 쫓겨날 거라고 하셨나요?"

"그렇다, 겁쟁이야. 정확히 들었다." 왕이 대답했다.

"주 잴린이시여, 어찌 이럴 수 있나요? 저는 당신을 믿었습니다. 재현된 제 인생에 분명히 보였잖아요. 저는 믿음에 합당하게, 착하게 살았습니다. 제 마음이 강퍅해지고 제 안의 사랑이 죽은 것은 저도 알지만, 그건 제 잘못이 아니었어요. 비방과 이중생활 탓이었지요. 그 사람들 때문에 제가 냉랭해진 겁니다."

잴린이 대답했다. "네 교사들을 통해 준 내 경고를 너는 잊었느냐? '불법이 성하므로 많은 사람의 사랑이 식어지리라 그러나 끝까지 견디는 자는 구원을 얻으리라'(마 24:12-13). 너는 끝까지 견디지 못했다."

겁쟁이도 물러서지 않았다. "하지만 주 잴린이시여, 나는 당신을 믿었으니 의로운 사람입니다. 제 삶이 증인답지 못했을지는 몰라도 저는 늘 사람이 한번 구원받으면 영원히 구원받으며 절대로 구원을 잃을 수 없다고 믿었습니다. 교사들 중에도 그렇게 선포한 사람들이 있었습니다. 그들에 따르면 아무도 저를 당신의 손에서 빼앗을 수 없습니다."

잴린이 대답했다. "그 말은 맞다. 아무도 너를 내 손에서 빼앗을 수 없다. 하지만 나는 너 스스로 떠날 수 없다고는 말한 적이 없다. 그 힘은 너에게만 있다. 너는 성전(聖典)에서 이런 말을 읽지도 못하였느냐? '만일 그들이 우리 주 되신 구주 잴린을 앎으로 세상의 더러움을 피한 후에 다시 그중에 얽매이고 지면 그 나중 형편이 처음보다 더 심하리니 의의 도를 안 후에 받은 거룩한 명령을 저버리는 것보다 알지 못하는 것이 도리어 그들에게 나으니라.'[5] 나중 형편이 구원받기 이전보다 더 심하므로 애당초 의의 도를 알지 못하는 편이 더 낫다고, 내가 그렇게 말했다. 그런데 어떻게 너는 구원을 잃는 것이 불가능하다고 믿을 수 있단 말이냐? 절대로 잃을 수 없다면 어째서 그들의 형편이 이전보다 더 심해질 수 있단 말이냐?

너는 왜 내 말과는 반대로 가르치는 교사들의 말을 들었느냐? 의의 도

81

를 만인이 알 수 있도록 내가 이렇게 정성 들여 기록해 놓았거늘 말이다. 왜 남들이 너를 속이도록 가만히 두었느냐? 내 말을 믿었다면 너는 네 마음속에 품은 원한을 해결했을 것이다. 대신 너는 무조건적인 안전을 헛된 위안 삼아서 그 원한이 제멋대로 커지도록 두었다. 그래서 피할 수도 있었던 심판을 지금 당하는 것이다."

겁쟁이가 항변했다. "하지만 제 모든 선행은 어떻게 되나요?"

주 젤린이 대답했다. "이번에도 너는 내가 내 선지자를 통해 분명히 밝힌 것을 읽지 않았더냐? '만일 의인이 돌이켜 그 공의에서 떠나 범죄하고 악인이 행하는 모든 가증한 일대로 행하면 살겠느냐 그가 행한 공의로운 일은 하나도 기억함이 되지 아니하리니 그가 그 범한 허물과 그 지은 죄로 죽으리라 그런데 너희는 이르기를 주의 길이 공평하지 아니하다 하는도다 …… 들을지어다 내 길이 어찌 공평하지 아니하냐 너희 길이 공평하지 아니한 것이 아니냐 만일 의인이 그 공의를 떠나 죄악을 행하고 그로 말미암아 죽으면 그 행한 죄악으로 말미암아 죽는 것이요'(겔 18:24-27). 기록된 그대로다. 네 선과 의로운 행위는 이미 잊혀서 네게 공(功)이 되지 못한다."

겁쟁이는 그래도 매달리며 말했다. "하지만 주여, 내가 당신을 내 구주로 고백하면 내 이름이 생명책에 기록된다고 당신이 말했습니다. 그런데 어떻게 내 이름이 더 이상 거기 없을 수 있나요? 서기장이 어째서 내 이름을 찾지 못하나요? 어떻게 내 이름이 지워질 수 있나요?"

주 젤린은 인내심을 보이면서도 단호하게 대답했다. "너는 아까 한 말을 듣지 못하였느냐? '끝까지 견디는 자는 구원을 얻으리라'(마 24:13). 심판 날까지 견디는 사람들이 이기는 사람들이다. 그리고 '이기는 자는 이와 같이 흰 옷을 입을 것이요 내가 그 이름을 생명책에서 결코 지우지 아니하고'(계 3:5)라고 내가 말했다. 생명책에서 이름을 지우지 않겠다는 말은 곧 이름이 지워질 수도 있다는 뜻이다. 그렇지 않다면 나는 '네가 나를 주로 고백하면 네 이름이 생명책에 영원히 보장될 것이다'라고 말했을 것이다."

겁쟁이는 따졌다. "당신은 어떻게 나를 살아 있는 사자(死者)들을 보내는 고립의 땅으로 보낼 수 있습니까?"

잴린은 수하에 있는 한 통치자를 보며 말했다. "엔델의 시민들에게 알려 주었던 옛글을 읽어 주어라."

그 통치자는 잠언 21장 16절을 펴서 읽었다. "명철의 길을 떠난 사람은 사망의 회중에 거하리라."

겁쟁이는 말을 잃었다. 그때 왕이 호위대장에게 명했다. "그 손발을 묶어 바깥 어두운 데에 내던지라 거기서 슬피 울며 이를 갈게 되리라 …… 청함을 받은 자는 많되 택함을 입은 자는 적으니라"(마 22:13-14).

호위대장이 다가오자 그녀는 잴린을 저주했다. 지독한 원한이 그녀를 덮쳤고 갑절로 타락한 본성이 그녀를 뒤틀어 놓았다. 그녀는 의의 열매가 하나도 남지 않아서 뿌리까지 뽑힌 늦가을 나무 같았다(유 1:12 참조).

그녀는 수족을 결박당한 채 대전 옆문으로 끌려갔다. 마찬가지로 그녀도 어느 감방에 수감되었다. 그녀가 대전을 떠나자 서기장이 회중의 증인들에게 이렇게 일깨웠다.

우리가 진리를 아는 지식을 받은 후 짐짓 죄를 범한즉 다시 속죄하는 제사가 없고 오직 무서운 마음으로 심판을 기다리는 것과 대적하는 자를 태울 맹렬한 불만 있으리라 …… 원수 갚는 것이 내게 있으니 내가 갚으리라 하시고 또다시 주께서 그의 백성을 심판하리라 말씀하신 것을 우리가 아노니

살아 계신 잴린의 손에 빠져 들어가는 것이 무서울진저.[6]

많이 받은 만큼 책임을 다하지 않는다면

공의의 홀에서 맨 나중에 불려 나간 사람은 이중생활이었다. 그는 잴린의 법을 알았고 자신에게 내려질 심판 결과가 긍정적이지 않으리라는 것도 이미 알았다. 자신의 범죄가 자신에게서 얼마나 많은 것을 앗아 갔는지 그는 곧 알게 될 것이었다.

그는 심판 대전으로 호송되면서 현기증을 느꼈다. 그래서 호위대원들이 잴린의 심판대 앞까지 그를 부축해야 했다. 그의 인생도 재현되었고, 그도 자기 이름이 생명책에 없다는 비참한 말을 들었다.

잴린이 단호하게 선고했다. "이중생활아, 너는 반역하고, 의를 저버리고, 걸림돌이 되는 죄를 범하였다. 이제 너는 버려진 고립의 땅으로 쫓겨나서 최고의 형벌과 고통을 받을 것이다."

이중생활은 겁에 질려서 듣다가 항변했다. "주여, 그래도 나는 당신 학교에서 일한 교사입니다. 당신의 일에 내 삶을 바쳤습니다."

잴린이 대답했다. "너는 교사였다면서 네가 가르친 책에서 읽지도 못하였느냐? '내 형제들아 너희는 선생된 우리가 더 큰 심판을 받을 줄 알고 선생이 많이 되지 말라'(약 3:1)."

이중생활은 항변했다. "내가 어떻게 걸림돌이 되었습니까?"

잴린의 어조가 더 엄해졌다. "너는 나의 많은 양들을 실족시켜서 영원히 타락하게 만들었다. 겁쟁이는 한 예일 뿐이다. 나는 그녀를 네 보호 아

84

래 맡겼다. 나는 네게 그녀를 돌보라고 권위를 준 것이지 그녀를 이용해서 네 이익을 챙기라고 준 것이 아니다. 너는 네 영향력을 이용해 네 정욕을 채웠고, 그녀와 그 밖의 사람들을 욕보였다. 어떤 사람이 이미 그녀에게 상처를 입혔는데, 치유를 베풀었어야 할 네가 오히려 그녀를 이용했다. 너는 그녀의 믿음을 파산시켰다. 그녀 또한 고립의 땅을 선고받았다. 내가 준 경고를 너는 분명히 기억할 것이다. '또 누구든지 나를 믿는 이 작은 자들 중 하나라도 실족하게 하면 차라리 연자맷돌이 그 목에 매여 바다에 던져지는 것이 나으리라'(막 9:42)."

이중생활은 따졌다. "잴린이시여, 내가 고립의 땅으로 추방당해 마땅함은 나도 압니다. 하지만 왜 최고의 고통을 당해야 합니까? 어째서 당신은 나에게 이토록 가혹합니까? 나는 불신자가 아니라 당신의 종들 가운데 하나였습니다. 나는 당신과 아무 상관도 하지 않으려고 했던 독립과는 다릅니다. 왜 이러십니까?"

잴린은 여전히 단호하고 강경했다. "너는 옛글을 알았고 또 가르쳤다. 왜 이런 질문들을 나한테 하느냐? 네게 그 글들이 기억나도록 해 주마. 옛글은 분명하다. '만일 그 종이 마음에 생각하기를 주인이 더디 오리라 하여 남녀 종들을 때리 ⋯⋯ 면 생각하지 않은 날 알지 못하는 시각에 그 종의 주인이 이르러 엄히 때리고 신실하지 아니한 자의 받는 벌에 처하리니 주인의 뜻을 알고도 준비하지 아니하고 그 뜻대로 행하지 아니한 종은 많이 맞을 것이요 알지 못하고 맞을 일을 행한 종은 적게 맞으리라 무릇 많이 받은 자에게는 많이 요구할 것이요 많이 맡은 자에게는 많이 달라 할 것이니라'(눅 12:45-48)."

잴린은 말을 이었다. "독립은 자신의 범죄를 훨씬 더 몰랐다. 하지만 너는 다 알고 인식하고 있었다. 그의 벌도 혹독하다만 그래도 너에 비하면 가벼울 것이다. 너에게는 '예비된 캄캄한 흑암'(유 1:13)이 따로 있다."

이어서 잴린은 호위대장에게 명했다. "그 손발을 묶어 바깥 어두운 데에 내던지라 거기서 슬피 울며 이를 갈게 되리라 …… 청함을 받은 자는 많되 택함을 입은 자는 적으니라"(마 22:13-14).

호위대장이 다가오자 이중생활은 잴린과 호위대원들과 애퍼벨 시민들에게 욕설을 뱉어 냈다. 그는 난폭했고 심지어 잴린의 몸에 가격할 생각으로 도망치려고까지 했다. 그의 진짜 본성이 완전히 본색을 드러냈다. 그나마 조금이라도 안에 있던 선(善)은 그의 이중성에 삼켜져 버렸다.

그는 수족을 결박당하여 대전 옆문으로 끌려 나갔는데, 그의 입에서 저주가 끊이지 않았다. 그는 다른 1,500명의 사람들과 합해져서 즉시 고립의 땅으로 추방되었다.

이중생활이 대전을 나가자마자 서기장이 책을 덮으며 큰 소리로 선포했다. "이렇게 심판하시니 의로우시도다 …… 그들에게 피를 마시게 하신 것이 합당하니이다." 또 제단이 화답했다. "심판하시는 것이 참되시고 의로우시도다"(계 16:5-7).

버려진 고립의 땅으로

유죄 판결을 받아 수감된 엔델 사람 1,500명은 왕실 호위대와 함께 메마른 고립의 땅으로 2주에 걸쳐서 이동했다. 여정 끝에 그들은 마침내 거대한 불 사막에 들어섰다. 바짝 마른 땅에서 피어오르는 열기가 견딜 수 없을 정도로 뜨거웠다. 열기를 가장 견디기 힘든 지점에 갑자기 난데없이 아주 크고 불길한 건물이 멀리서 어렴풋이 나타났다. 바짝 다가가니 "버려진 고립의 땅"이라는 표지판이 보였다.

더 자세히 살펴보니 그 큰 건물에는 창문도 없고 트인 곳도 없이 일층에 그저 대문 하나뿐이었다. 그 문으로 들어가자 안에서 큰 무리가 내지르는 듯한 비명 같은 것이 들려왔다. 얼마 안 되어 그들은 문 근처에 수감된 사람들이 호위대장에게 애원하는 소리를 분간할 수 있었다. "이 정도면 오래 지난 것 아닙니까? 우리를 위해 자비를 구해 주시오. 벌이 너무 중하여 견딜 수 없습니다!"

"저 사람들은 이곳에 얼마나 있었습니까?" 독립이 한 호위대원에게 물었다.

"1년부터 129년까지 다양하다."

미혹은 충격을 받았다. 그는 지난 2주 동안에 벌어진 모든 일들이 결국 악몽이나 위협 전술일 거라는 막연한 희망이 있었다. 그가 다시 호위대원에게 물었다. "여기가 정말 내가 남은 생을 보낼 곳입니까?"

"그렇다. 엔델에서 너희가 미리 경고받았던 그대로다."

더 중한 벌을 받기로 되어 있는 다수의 사람은 그 철제 건물 위쪽에 배치되었다. 열기가 가장 심한 곳이었다. 진리를 모르고서 추방에 해당하는 일들을 저지른 사람들은 거대한 건축물 아래쪽에 배치되었다. 그러나 그곳도 100년 이상은 고사하고 단 하루도 견디기 힘든 곳이기는 마찬가지였다.

이중생활이 배정받은 처소의 고통은 상상을 초월했다(심지어 건물 최고층에 있는 사람들의 상황보다도 더 안 좋았다). 그는 뜨거운 유황 바위들 근처 지하 감옥에 처해졌다. 냄새도 견디기 힘들었고, 통풍이 안 되었으므로 열기가 다른 어느 위치보다 더 심했다. 그곳은 건물 안이 아니라 땅속 깊은 곳이었다. 의심할 나위 없이 고생과 고통이 가장 심한 곳이었다. 여기서 그는 홀로 고생할 것이었다. 그 구역은 아주 넓어서, 같은 등급의 판결을 받은 사람들끼리도 서로 분리되어 지냈다. 그들은 자기 목소리 외에는 어떤 목소리도 들을 수 없었다.

유죄 판결을 받은 사람들을 단단히 옥에 가두고 나서 호위대원들은 다시 문을 찾아갔다. 거대한 철문이 뒤로 쾅 닫히자 건물 내부에는 한 줄기 빛도 들지 않았다. 가련한 영혼들은 125년이 넘는 시간을 극한 어두움과 외로움 속에서 지낼 것이었다. 그들이 빛을 볼 수 있는 유일한 희망은 매년 신입 죄수들이 수감되는 때뿐이었다. 그나마 모두가 볼 수는 없고 대문 옆에 있는 사람들만 볼 수 있었다. 이중생활을 비롯한 다른 사람들은 다시는 영영 햇빛을 볼 수 없었다. 칠흑 같은 어두움은 그에게 예비된 벌이었다.

되돌릴 수 없는 선택

이들 네 사람은 진리를 듣지 않기로 한 자신들의 선택을 남은 평생 내내 후회했다. 외로이 그들은, 엔델 나라에까지 다가온 잴린의 말에 신중히 귀 기울이지 않은 어리석음을 계속 곱씹었다. 다시 돌아가서 운명을 되돌릴 수만 있다면 그들은 못할 일이 없을 것 같았다. '오, 당대의 여론이나 다수의 의견을 듣지 말 것을!' 하고 그들은 얼마나 후회했던지. 다시 한다면 그들은 자신의 어리석은 논리를 버리고, 생전 변한 적도 없고 폐할 수도 없는 옛글을 품을 것이었다.

　지극히 찬란한 애퍼벨 나라의 잔상들이 그들을 괴롭혔다. 계속되는 고통 속에서도 그 도시의 아름다움이 그들의 눈앞에 어른거렸다. 불과 몇 분 동안밖에 경험하지 못했음에도 말이다. 그럴수록 그들의 고통은 그에 대비되어 더 심해졌다. 작열하는 열기, 지독한 악취, 그리고 어두움은 오히려 진리를 부각시켜 줄 따름이었다. 아름다움을 선택할 수도 있었건만 그들은 어리석게 그것을 모두 버렸다.

DRIVEN BY ETERNITY

PART 2

내 귀에 들린
구원 복음,
'온전하게' 받았는가

4

사랑해서
'지옥'을 가르치시다

제자들이 이 비유의 뜻을 물으니 이르시되
하나님 나라의 비밀을 (점진적으로) 아는(더 확실하고 분명하게 인식하고 이해하는, AMP) 것이
너희에게는 허락되었으나…….
누가복음 8장 9-10절

우리가 자기중심의 삶을 버리고 그분의 주권에 온전히 자신을 드리면,
우리는 그분의 의로 바로 서게 되고
그분의 심판의 보좌 앞에 담대히 설 수 있다.
영원토록 하나님을 찬양하라!
–

우화를 잠시 접어 두고 지금부터 네 개의 장에 걸쳐 독립, 미혹, 겁쟁이, 이중생활의 심판에 계시된 구체적인 진리들을 집중적으로 살펴보고자 한다. 그리고 나서 이기심과 참사랑의 이야기로 우화를 끝마친 다음에 책 나머지에서는 그들의 삶에 계시된 진리들에 초점을 맞출 것이다. 이 책의 태반은 예수 그리스도를 따르는 사람들의 영원한 상에 중점을 두고 있다.

반드시 알아야 할 기초 진리

우화에서 잴린은 예수 그리스도를 나타내고, 그의 아버지는 전능하신 하나님 아버지다. 다곤은 사탄이고, 엔텔의 삶은 이 땅에서의 인간의 삶을 가리키며, 애퍼벨은 하나님의 천국 도성을 나타낸다. 버려진 고립의 땅은 예수 그리스도의 구원의 은혜를 믿지 못하고 받지 못한 모든 개개인이 영원을 보내는 불못을 가리킨다. 앞 장에 나오는 인물들은 영원한 정죄를 받

을 사람들의 다양한 시나리오를 보여 준다. 하나님의 말씀에 그것이 아주 분명히 나타나 있다.

그렇다. 당신이 정확히 읽었다. 영원한 정죄다. 이 메시지 집필을 준비하면서 어떻게 하면 독자들을 성경이 말하는 "영원한 심판"에 공감할 수 있는 자리로 데려갈지 고심했다. 다음 말씀을 잘 읽어 보라.

> 그러므로 우리가 그리스도(메시아) 도의 초보를 버리고 …… 영원한 심판(과 형벌)에 관한 교훈의 터(기초)를 다시 닦지 말고 완전한 데로 나아갈지니라(이런 것들은 다 너희가 벌써 오래전에 충분히 숙지했어야 할 내용들이다, AMP)(히 6:1-2).

보다시피 여기서 나는 죽은 행실을 회개함, 하나님을 향한 신앙 등 다른 다섯 가지 기초 교리는 생략했다. 영원한 심판이 그리스도의 초보적인 교훈임을 강조하기 위해서 그랬다.

어떤 사전에는 "초보"라는 말을 "기본이나 필수나 기초 부분을 구성하는 것"[1]으로 정의했다. 초보란 뭔가를 짓기 위해서 처음부터 있어야 하는 필수 부분, 즉 기초다. 일반 교육제도를 생각하면 이해가 될 것이다. 초등학교에서 우리는 앞으로의 고등교육에 필요한 기초들을 습득한다. 읽기, 쓰기, 산수 같은 것들이다. 이런 기초가 부족하면 앞으로 살아가면서 제대로 교육받을 수 없다. 신자들도 마찬가지다. 영원한 심판이 무엇인지 제대로 모르면, 우리는 그리스도 안에서의 삶을 제대로 지을 수 없다. 비유컨대 그것은 글도 깨치지 않고서 고등교육을 받으려는 것과 같다.

그런데 내가 20년 가까이 사역하러 돌아다니면서 발견한 것이 있다. 예수 그리스도를 헌신적으로 따르는 사람들을 포함해 많은 사람들이 그런 기초들을 모른다는 것이다. 히브리서 기자는 "이런 것들은 다 너희가 벌써 오래전에 충분히 숙지했어야 할 내용들이다"라고 말한다. 그는 우리가 그런 이슈들을 대충 아는 정도가 아니라 충분히 또는 완전히 숙지하고 있어야 한다고 했다. "벌써 오래전에"라는 그의 말은 읽기, 쓰기, 더하기, 빼기 능력이 교육의 기초인 것만큼이나 그런 이슈들이 우리의 기본 신앙에 기초라는 것을 강조해 준다.

"영원한 심판"이 왜 건강한 그리스도인의 삶을 세우려면 반드시 있어야 하는 초보 교리인지는 잠시 후에 살펴볼 것이다. 계속 읽어 나가는 동안 그 점을 염두에 두기 바란다. 그런 이해가 없이는 지금부터 우리가 논하려는 내용을 소화하기 힘들 수 있다. 혹 당신은 '그래서 어쨌다는 거냐?'는 생각에 굴할 수도 있다.

지옥, 비유인가 실체인가

이 책 집필에 착수하기 전에 나는 이런 생각으로 씨름했다. '우주의 재판장께서 잠시 후면 우리의 인생에 내리실 영원한 결정의 실체를 어떻게 하면 내가 이 하루 단위로 살아가는 세대에게 전달할 수 있을까?' 며칠 고심하다가 기도 중에 이런 생각이 떠올랐다. '예수님은 인간들의 사고에 영적인 진리를 전달하고자 이야기를 들려주셨다.' 애퍼벨 우화는 그런 깨달음에서 탄생한 것이다.

이야기를 쓰다가 애퍼벨에서 등장인물들이 심판을 거쳐 고립의 땅에서 평생 벌을 받는 대목에 이르렀을 때에 나는 떨렸다. 사실 앞 장 마지막 부분을 어느 일요일 집에 오는 비행기 안에서 썼다. 그날 설교를 세 번이나 했다. 함께 갔던 사람들은 곤히 잠들어 있었지만 나는 키보드를 두드리는 손을 멈출 수 없었다. 자정을 훨씬 넘겨 집에 도착해서도 잠을 이룰 수 없었다. 마침내 어느 날 모든 사람들이 불못이라는 말할 수 없이 처참한 상황에 처하리라는 두려움 때문이었다. 예수님에 따르면 대다수가 그리 될 것이다.

> 좁은 문으로 들어가라 멸망으로 인도하는 문은 크고 그 길이 넓어 그리로 들어가는 자가 많고 생명으로 인도하는 문은 좁고 길이 협착하여 찾는 자가 적음이라(마 7:13-14).

침대에 누워서 몇 년 전 일을 회상했다. 경비가 삼엄한 남아프리카공화국의 어느 남자 감옥에서 복음을 전해 달라는 부탁을 받았다. 그곳은 섬뜩했다. 역한 냄새들, 메스꺼운 생활환경, 다닥다닥 붙은 침상에 20-30명의 죄수를 수용하는 감방들, 벽에 걸린 콘돔들 따위는 내가 목격한 참상들 가운데 몇 가지에 지나지 않는다. 나는 미국의 여러 감옥에 가서 사역해 보았지만 그런 처참한 환경은 평생 처음이었다. 미국의 감옥들은 그에 비하면 차라리 컨트리클럽 같았다.

나는 그 불결한 곳에서 40-50년은 고사하고(죄수들의 대다수는 종신형이었다) 단 일주일을 산다는 것도 상상할 수 없었다. 예수님을 믿지 않는 죄수들의 얼굴에는 극도의 절망이 배어 있었다. '언젠가는 죽어서라도 여기를 나가겠지'라는 그들의 속마음이 내 귓전에 들리는 듯했다. 그러면서도 한편으로 그들은 죽음이라는 미지의 실체를 두려워했다. 그야말로 비참하기 이를 데 없는 사면초가의 상황이었다. 완전히 절망 상태였다. 그들 모두가 그렇듯이 당신도 만일 자유세계에 사는데 남은 평생을 이곳에서 지내야 한다면 그런 고통은 다시없을 것이다.

거기 있는 동안 나는 그곳이 아무리 무시무시해도 지옥에 비하면 차라리 양반이라는 생각이 들었다. 적어도 그곳 재소자들은 동료들도 있고 얼마 안 되는 감옥 창살로 햇빛이라도 비쳐 들었다. 지옥에는 동료도 없고, 영영 꺼지지 않는 불을 빼면 빛도 없다. 불못에는 영원토록 잠시의 휴식도 없다. 영혼들은 끊임없이 고통을 당한다. 지옥에서는 '언젠가는 여기서 나가겠지'라고 생각조차도 할 수 없다. 영원한 벌을 받았기 때문이다.

지옥은 예수님의 초보 교훈 가운데 하나이므로 그분은 지옥을 자주, 오늘날 강단에서 언급하는 것보다 훨씬 자주 논하셨다. 엄청난 고통이 있고 그 고통이 끝없이 계속되는 지옥의 실상을 화제로 삼으신 것은 그분께 영혼을 향한 긍휼이 없어서가 아니었다. 오히려 그분은 그것을 선한 목자로서 우리에게 다가오시는 데 반드시 필요한 것이라 여기셨다. 그분이 지옥을 언급하고 가르치신 동기는 사랑이었다. 그분의 모든 행위와 가르침이 긍휼히 여기는 마음에서 비롯되었기 때문이다. 그래서 나는 이렇게 묻고 싶다. "오늘 우리는 강단에서 지옥을 언급하지 않음으로써 사람들을 가장 잘 섬기고 있는가? 그것이 진정한 사랑인가?"

성경에는 지옥을 지칭하는 이름이 몇 가지 등장한다. 스올과 하데스(히브리어 '스올'을 헬라어로 번역한 말로, 우리말 개역개정에는 주로 "음부"로 번역했다-옮긴이)와 무덤은 사후의 중간 처소를 가리키는 몇 가지 이름들이다. 게헨나와 불못은 영원한 지옥에 붙여진 이름들이다. 중간과 영원의 차이는 잠시 후에 살펴볼 것이다.

우리 사회는 지옥이 비유적인 곳이라고 애써 주장해 왔지만 성경은 지옥이 비유적인 곳이 아니라 실존하는 곳이라고 말한다. 민수기 16장에 보면 땅이 갈라지고 세 집안 식구들이 허다한 증인들 앞에서 물리적으로 스올에 삼켜졌다. 신약 성경에는 적그리스도와 그의 거짓 선지자에 관한 말이 나온다. "이 둘이 산 채로 유황불 붙는 못에 던져지고"(계 19:20). 이 둘은 죽어서 영혼만 그곳으로 간 것이 아니라 물리적인 몸과 영혼이 불못에 던져졌다.

나사로와 부자

누가복음에서 예수님은 완전히 자기만을 위해 살았던 한 부자의 실제 사건을 말씀하신다. 부자는 날마다 자기 집 앞에 누워 있던 거지를 외면했다. 이것이 비유가 아님을 우리는 안다. 우선 예수님이 이 이야기를 "한 부자가 있어"라고 시작하셨기 때문이다. 둘째로 그분은 아브라함의 실명을 사용하셨고 거지에게도 나사로라는 구체적인 이름을 붙이셨다. 예수님이 자신이 말씀하시는 비유에 등장하는 인물들에게 이름을 붙이시거나 실존 인물을 거명하시는 일은 흔치 않았다.

두 사람 다 죽어서 나사로는 천사들에게 받들려 아브라함의 품으로 갔다(아브라함의 품이란 예수님이 천국의 하나님 임재에 들어갈 길을 마련해 주실 때까지 구약의 성도들이 편안히 체류하던 곳이었다). 부자는 죽어서 음부로 갔다.

그가 음부에서 고통 중에 눈을 들어 멀리 아브라함과 그의 품에 있는

나사로를 보고 불러 이르되 아버지 아브라함이여 나를 긍휼히 여기사
나사로를 보내어 그 손가락 끝에 물을 찍어 내 혀를 서늘하게 하소서 내가 이
불꽃 가운데서 괴로워하나이다(눅 16:23-24).

부자는 심한 고통 중에 있다. 고뇌, 괴로움, 격통 같은 단어를 사용한
번역들도 있다. 다시 말해서 고생이 아주 심했다. 지옥은 고통을 의식하
는 곳이다. 그가 아브라함과 나사로를 알아보았고 그들 역시 부자를 알아
볼 수 있었다는 점을 주목하라. 인간은 지옥에서도 어디까지나 인간이다.
사고 능력, 감정, 의지, 신체적인 용모, 감각 등이 그대로 있다. 이 사람도
보고, 듣고, 고통을 느낄 수 있었다. 그들은 또 어떤 형태로든 육체가 있
었다. 혀라도 서늘하게 하고 싶은 부자의 간절한 소원을 우리는 볼 수 있
다. 예수님은 몸과 영혼이 둘 다 지옥에 영원히 멸해진다고 말씀하신다(마
10:28). 다시 말해서 지옥의 불과 구더기가 사람의 육체를 계속 괴롭히고
해친다.

또 우리 이야기에 등장하는 사람들이 고립의 감옥에서 자비를 애걸하
듯이 이 부자도 자비를 빌고 있음에 주목하라. 지옥은 영원히 탈출할 수
없는 곳이다. 아무리 애타게 바랄지라도 그곳 거민들을 위문하려고 바깥
에서 찾아올 사람도 하나도 없다. 그래서 아브라함은 부자에게 이렇게 환
기시켜야 했다. "너희와 우리 사이에 큰 구렁텅이가 놓여 있어 여기서 너
희에게 [위안을 주려고, NLT] 건너가고자 하되 갈 수 없고 거기서 우리에게 건
너올 수도 없게 하였느니라"(눅 16:26).

나는 지옥을 경험한 한 사람을 알고 있다. 그녀가 나중에 하는 말이,
자기가 본 사람들은 하나같이 다 너무 괴로워서 견딜 수 없다며 울부짖었

다고 한다. 앞 구절에서 우리에게 들리는 부자의 울부짖는 소리가 바로 그
것이다. 계속 읽어 보라.

아브라함이 이르되 얘 너는 살았을 때에 좋은 것을 받았고 나사로는 고난을
받았으니 이것을 기억하라 이제 그는 여기서 위로를 받고 너는 괴로움을
받느니라 …… 〔부자가〕 이르되 그러면 아버지여 구하노니 나사로를 내
아버지의 집에 보내소서 내 형제 다섯이 있으니 그들에게 증언하게 하여
그들로 이 고통받는 곳에 오지 않게 하소서(눅 16:25, 27-28).

동병상련이라는 말을 들어 보았을 것이다. 왜 그것이 여기에는 해당하
지 않을까? 왜 이 부자는 다른 사람들도 자기 옆에 오기를 원하지 않을까?
지옥에는 친구나 교제가 없기 때문이다. 지옥에 파티가 있을 거라고 생각
하는 사람들도 있고, 우정을 누릴 거라고 생각하는 사람들도 있다. 만일
그렇다면 부자는 자신의 가장 가까운 동무들이 다 자기 곁으로 오기를 원
했을 것이다. 그런데 그는 그들을 이 고통의 장소에 오지 않게 하려고 필
사적으로 애쓰고 있다. 지옥은 극한 고독과 절망이 있는 장소다. 기억이
영원히 살아 있는 곳이기도 한데, 개인적으로 나는 그것이야말로 지옥의
가장 큰 고통이라고 믿는다.

부자가 형제들을 위해 간청하자 아브라함이 어떻게 대답하는지 들어
보라.

아브라함이 이르되 그들에게 모세와 선지자들이 있으니 그들에게
들을지니라 이르되 그렇지 아니하니이다 아버지 아브라함이여 만일

죽은 자에게서 그들에게 가는 자가 있으면 회개하리이다 이르되 모세와 선지자들에게 듣지 아니하면 비록 죽은 자 가운데서 살아나는 자가 있을지라도 권함을 받지 아니하리라 하였다(눅 16:29-31).

여기 아주 강력한 진리 하나가 등장한다. 자신에게나 타인에게나 복음의 정당성을 입증하기 위해서 특별한 체험을 원하는 사람들이 많이 있다. 그러나 예수님은 하나님을 끝까지 온전히 따르는 데에 필요한 믿음이 생기려면 하나님의 말씀보다 더 나은 것은 없다고 하신다. 내 말을 오해하지 말라. 대다수 사람들이 체험으로 한동안은 놀라고 변화되겠지만 마음속에 영원히 확신이 서지는 않을 것이다.

나는 십 대 때에 파티밖에 모르는 속된 아이였는데, 한번은 아버지가 내게 찰튼 헤스톤 주연의 영화 〈십계〉를 보여 주었다. 땅이 갈라져서 사람들을 지옥으로 삼킬 때에 그 커다란 화면에서 눈을 뗄 수 없었던 일이 지금도 기억에 선하다. 나는 일대 충격을 받았다. 극장을 나서는 순간부터 내 삶은 달라졌다. 나는 착실해졌고 걸음걸이도 달라졌다. 일주일쯤 그러다가 다시 내 모든 옛 습관으로 돌아갔다. 왜 그랬을까? 하나님의 말씀을 듣고, 내 길을 회개하고, 예수님의 은혜가 나를 변화시킬 수 있도록 내 삶을 그분께 온전히 드리는 일들이 내게 없었기 때문이다.

친구들과 내가 경험한 다른 특별한 체험들도 역시 내게 충격이었지만 나는 어떤 초자연적인 체험으로도 변하지 않았다. 대학생 때 남학생 기숙사에 있던 한 친구가 내 방에 와서 하나님 말씀을 가지고 예수 그리스도의 복음을 전하고 나서야 내 삶은 변화되었다. 성경은 구체적으로 "그러므로 믿음은 들음에서 나며 들음은 그리스도의 말씀으로 말미암았느니라"(롬

10:17), "너희가 거듭난 것은 썩어질 씨로 된 것이 아니요 썩지 아니할 씨로 된 것이니 살아 있고 항상 있는 하나님의 말씀으로 되었느니라"(벧전 1:23)라고 우리에게 말한다. 우리의 체험만이 아니라 하나님의 말씀을 가르치고 전하는 것이 대단히 중요하다.

그 점을 분명히 했으니 이제 다른 한편으로 강조할 사실이 하나 있다. 체험으로 하나님 말씀을 보완하거나 부연 설명할 수 있다면 체험은 아주 유익하며 꼭 필요하기까지 하다. 간증은 복음을 전하는 데 중대한 역할을 한다. 다만 우리로 영원히 살게 하는 것은 하나님 말씀을 받고 믿는 것이다.

내가 왜 이 길로?

그래서 지금까지 살펴본 성경 내용에 보완이 될 간증을 나누고자 한다. 어느 날 저녁, 우리 부부는 한 친구네 집을 방문했는데, 그에게서 젊은 시절 겪은 일을 듣게 되었다. 그는 카리브해에서 자랐는데, 한번은 우기에 건축용 빗물을 받으려고 파 놓은 웅덩이에 빠졌다. 그를 구하려고 뛰어들었으나 역부족이었던 그의 형은 다시 나와서 황급히 도움을 청하러 갔는데, 하필 이 친구는 헤엄을 칠 줄 몰랐다. 도와줄 사람이 왔을 때에는 이미 그가 숨을 거둔 지 30분쯤 뒤였다.

그런데 자신이 몸을 떠났는데도 오감은 모두 그대로였다. 뭔가가 그를 아래로, 아주 깊은 어둠 속으로 빠르게 잡아당겼다. 어둠이 어찌나 깊은지 자기 얼굴 앞에 있는 손도 분간이 안 될 정도였다. 하도 캄캄해서 그는 마치 어둠을 입고 있는 듯한 기분이었다. 그는 말했다. "그 이상 두려울 수는 없겠다 싶을 정도로 두려움이 컸네. 그런데도 밑으로 떨어질수록 두려움은 자꾸만 더 커졌지. 그런 두려움은 이 땅에서 경험한 적이 없어. 도저히 말로는 설명이 안 돼."

그는 또 말했다. "그때 깜박이는 불빛들이 보였네. 나는 내가 지옥으로 가고 있다는 것을 알았지. 나는 '내가 왜 이 길로 가고 있나? 나는 그리스도인이다!' 하고 소리치기 시작했네." 그의 부모는 신앙심이 깊었지만 당시 그는 부모가 시켜서 하는 수 없이 교회에 다니고 있을 뿐이었다.

친구는 그러다 갑자기 두려움과 고통이 뒤섞인 비명이 들리기 시작했다고 말했다. "그냥 흔한 비명도 있지만, 왜, 피를 얼어붙게 만들 만큼 소름끼치는 비명 있잖나. 바로 그런 끔찍한 비명이었네. 순간, 자를 든 괴물이 코앞에 나타났어. '이리 와. 너는 내 것이다!' 계속 그렇게 말하더군. 나는 그 괴물과 싸웠네. 처음에는 너무 무서워서 아무런 말도 나오지 않았지만 이내 소리를 질렀네. '놔! 놓으란 말이야!'

그러다가 갑자기 나는 내가 내 몸 안에서 비명을 지르고 있음을 깨달았고, 내 목구멍에 손가락을 넣은 의사를 물었어(나중에 어머니에게 내 체험을 설명했더니 어머니가 그렇게 말해 주시더군). 같은 시간에 어머니는 병원 수술실 밖에 앉아서 하나님께 '아버지, 제게 아들을 돌려주시면 아들을 영원히 주님께 바치겠습니다!'라고 부르짖고 있으셨네."

그 친구는 나중에 카리브해에서 개척 사역을 했다. 그의 체험에 의문이 들지도 모른다. 그러나 비슷한 사건을 겪은 남자들, 여자들, 아이들이 상당히 많다. 이런 임사(臨死) 체험이 흔히 의사들 앞에서 발생하다 보니 그중 몇몇 의사들이 그 일을 계기로 연구를 시작하기도 했다. 그중에 멜빈 모스라는 사람이 있는데, 그는 임사 체험을 한 아이들을 상대로 광범위한 연구를 실시했다. 그는 두 그룹의 아이들을 연구했다.

첫 번째 그룹은 병세가 위독하기는 하지만 죽음에 임박하지는 않은 121명의 환자들이었다. 그들은 인공호흡 장치를 달았거나, 집중 치료를 받고 있거나, 투약하는 양이 많았으며, 나이는 3세부터 16세 사이였다. 그 중에 자기 몸을 떠났다고 보고한 사람은 아무도 없었다.

두 번째 그룹은 연령대가 비슷한 열두 명의 아이들이었는데 모두 익사, 교통사고, 심장 발작 등으로 심장이 멎었다. 열두 명 전원이 자기 몸 밖으로 나가는 경험을 했다. 더러는 잠시 동안 자신의 몸을 보았고, 의료진에게 받은 진료 절차를 그대로 설명하기도 했다.

우리 친구의 체험을 그저 환각이라고 생각할 사람들도 있겠으나 이 아이들을 상대로 실시한 연구들이 강한 반증이 될 것이다. 게다가 의학적으로 죽은 지 30분이나 된 그가 어떻게 환각을 볼 수 있겠는가?

음부와 불못의 차이

이 친구가 본 것은 고통의 중간 장소인 음부(하데스)였으며, 내가 아는 사람들 가운데 지옥을 경험한 다른 사람들의 경우도 마찬가지였다. 이것은 구원받지 못한 사람들의 영원한 처소가 아니라 크고 흰 보좌의 심판 때까지 고통 중에 기다리는 장소다. 심판 후에 인간들과 타락한 천사들이 영원토록 지내야 할 영원한 장소는 불못이라고 한다. 다음 성경 말씀에 그 내용이 분명히 나와 있다.

또 내가 크고 흰 보좌와 그 위에 앉으신 이를 보니 …… 바다가 그 가운데에서 죽은 자들을 내주고 또 사망과 음부〔하데스〕도 그 가운데에서 죽은 자들을 내주매 각 사람이 자기의 〔동기와 의도와〕 행위대로 심판을 받고 사망과 음부도 불못에 던져지니 이것은 둘째 사망 곧 불못이라 누구든지 생명책에 〔이름이, AMP〕 기록되지 못한 자는 불못에 던져지더라(계 20:11, 13-15).

우선 지적하고 싶은 것이 있다. 고통의 중간 장소인 음부에 있던 사람들은 모두 심판을 받는다. 심판이 끝나면 모든 가증한 것들과 불법을 행하는 모든 자들은 불못에 던져질 것이며, 타락한 천사들과 심지어 음부 자체도 그리될 것이다.

불못 환상

우리 부부와 친하게 지내는 그리스인 부부가 있는데, 부인인 조이는 삼대째 사역자다. 지금부터 나누려는 건 조이의 할머니 에프로시니의 이야기다.

조이의 할머니는 그리스에서 나고 자랐으며 젊었을 때부터 하나님을 구했다고 한다. 그러나 주변 사람들에게 질문을 던지면 그녀에게 돌아온 것은 냉담함과 노골적인 조롱이었다. 그녀는 교회에 나가고 싶었으나 사람들은 "하나님은 없다"며 그런 허튼짓을 그만두라고 했다.

하루는 어린 그녀가 그리스의 명절을 맞아 마을 광장에서 친구들과 함께 민속춤을 추는데 그녀에게 이런 음성이 들려왔다. "에프로시니, 영원한 춤을 구하라."

그녀는 깜짝 놀랐다! 누가 말한 것인지 궁금했다. 그녀는 즉시 춤을 그만두고 분명하게 알고 싶은 기대감으로 집으로 달려갔다. 나머지 아이들에게 그들이 하는 일이 부질없는 것이라고 말했다. 그녀가 대체 무슨 말을 하는지 아무도 이해하지 못했다. 그럼에도 불구하고 그녀는 급히 광장을 떠나 집으로 향했다. 달려가는데 엄청난 짐이 그녀를 덮치기 시작했다. 꼭 등에 무거운 짐을 진 것 같았다.

집으로 달려간 에프로시니는 곧장 자기 방으로 가서 무릎을 꿇고는 울음을 터뜨렸다. 그녀는 그 음성과 대화하고 싶었다. '누가 말한 것일까? 뭐라고 말한 것일까? 무슨 말을 하려는 것일까?' 그런 질문들이 그녀의 마음을 괴롭혔으나 그리 오래가지 않았다.

바닥에 앉기가 무섭게 에프로시니는 무슨 불 같은 것이 방에 들어와 자신을 삼키는 것을 느꼈다. 그녀는 뒤로 넘어져서 환상에 들어갔다. 환상 속에 보니 어떤 천사 같은 존재가 흰옷을 입고 그녀에게 왔다. 그는 그녀를 번쩍 들어서 빛이 희미한 곳으로 옮겨서는 그녀를 거기에 두었다. 앞이 보이기 시작하자 그녀는 자신이 골고다 장면 앞에 서 있는 것을 알고는 깜짝 놀랐다. 주께서 십자가에 달려 계시고 상처에서는 피가 뚝뚝 떨어졌다. 고통스러워하시는 그 얼굴의 고뇌를 그녀는 보았다.

동시에 멀리서 비명이 들려왔다. 어디서 나는 소리인가 보려고 고개를 돌리니 큰 구렁이 보였다. 구렁 이편에는 십자가가 있고 저편은 다른 곳인데, 그곳 땅에서는 거대한 불이 파도처럼 용트림하고 있었다. 불의 바다였다. 비명은 허다한 무리에게서 나는 것 같았다. 그들은 하나님을 저주하고 있었다. 그 순간 에프로시니는 어떤 힘이 그 쩍 벌어진 땅속 구렁으로 자신의 머리를 떠미는 것을 느꼈다. 그리고 아까 들었던 그 음성이 그녀에게 "너도 여기로 가야 한다"고 말했다.

그녀는 기겁해 울음을 터뜨리며 자비를 구했다. 전부터 느껴지던 무거운 짐을 등에 진 채로 그녀는 십자가 밑에 쓰러졌다. 그렇게 한동안 울면서 그 자리에 있었다. 그 음성이 다시 들려올 때는 사랑과 긍휼에 찬 음성이었고, 그녀에게 이렇게 말했다. "네 대신 그분이 하셨다! 그분이 너를 위해 죽으셨다! 용서를 구하고 너를 위해 그분이 감수하신 희생을 받아들이면 너는 거기(불못)에 가지 않아도 된다."

에프로시니는 그 음성에 즉시 따르면서 더욱 목 놓아 울었다. 그녀는 용서를 구했고 그러자 그간 지고 있던 짐이 즉시 위로 들려서 십자가 밑으로 굴러갔다.

그녀가 고개를 들어 보니 주 예수께서 영광의 형체를 입으시고 앞에 서 계셨다. 그분은 그녀를 일으켜 세우셔서 한없이 아름다운 푸른 동산으로 데려가셨다. 그녀는 이제 생각 속에서 그분과 소통할 수 있었다. 그녀가 질문하면 그분은 답해 주셨다. 놀라웠다! 그녀가 그분께 지금 어디로 가느냐고 여쭙자 그분은 "너의 하늘 아버지를 만나러 간다"고 하셨다.

산꼭대기에 가까워지자 문에서 새어나오는 불빛이 보였다. 도처의 꽃과 나무에서 천사처럼 아름다운 음악과 노래도 흘러나왔다. 둘은 꼭대기에 이르러 문안으로 들어갔다. 정말 굉장했다. 말로 표현할 수 없는 아름다움이었다. 둘은 곧장 보좌로 갔다. 에프로시니는 하나님의 얼굴은 가려져 있어서 보지 못했으나 아주 커다란 책과 구름 속에서 나온 손을 보았다. 손은 글씨를 쓰기 시작했다. 뭐라고 쓰는지 보려고 그녀는 몸을 기울였다. 놀랍게도 생명책에 자신의 이름이 쓰여 있었다(우리가 "생명책"으로 알고 있는 것을 그녀는 당시에는 몰랐다).

하늘 아버지는 생명책에 그녀의 이름을 쓰시고서 "한 가족이 된 것을 환영한다"고 말씀하시며 에프로시니 이름에 입을 맞추셨다. 그 순간 그녀는 천사들이 원을 그리는 것을 보았다. 천사들은 춤추고 노래하며 한바탕 즐기기 시작했다. 그녀는 천사들이 춤추면서 자신의 이름으로 노래하는 것을 알아들을 수 있었다. 이내 그녀도 같이 끼었다. 그녀가 구원받았으므로 천사들이 그녀를 위해 큰 잔치를 벌이고 있었다는 것을 그녀는 훨씬 나중에야 알았다.

얼마 후 주께서 그녀에게 이르시기를, 그녀를 위해 큰일을 계획해 두셨으니 이제 땅으로 돌아가야 할 때라고 하셨다. 그분의 이름을 위해 그녀는 불 시험을 통과해야 하지만 그분이 함께 계실 것이며, 그 일이 다 끝나면 그녀는 다시 돌아와 영원히 그분과 함께 있을 것이었다. 순간 에프로시니는 어느새 자기 방에 돌아와 있었다. 방금 막 놀라운 천국 여행을 체험하고서 다시 돌아오니 못내 아쉬웠지만, 그녀로서도 어쩔 수 없는 일이었다.

에프로시니가 체험한 소문이 마을에 퍼지자 박해가 시작되었다. 박해는 그녀의 아버지한테서부터 시작되었다. 그는 딸이 믿음을 버리지 않으면 도끼로 죽이겠다고 위협했다. 그녀는 자신이 체험한 내용을 절대로 버릴 수 없다고 말했다. 박해는 점점 심해지다가 마침내 어느 날 저녁, 에프로시니의 언니가 와서 경고해 주었다. 이튿날 아침에 어떤 사람들이 와서 그녀를 그리스 정교회 교회가 있는 마을 광장으로 끌어낼 작정이라고 했다. 그들은 마리아의 성상을 꺼내다 놓고서 만일 그녀가 거기에 절하고 입맞추며 예배하지 않으면, 그녀의 온몸에 석유를 붓고 불을 지를 참이었다.

에프로시니는 그들이 그렇게까지 하리라고는 믿지 않았지만 그들은 정말로 그럴 작정이었던 모양이다. 그날 밤 주의 천사가 어린 에프로시니에게 나타나 그녀의 어깨를 두드려 깨웠다. 잠이 깬 그녀에게 천사는 옷을 입고 앞문으로 가라고 했다. 그녀는 순종했다. 현관에 이르자 그녀는 누군가가 자기를 번쩍 들어 올리는 것을 느꼈다. 그녀는 자기 집에서 아주 멀리 떨어진 어느 안전한 마을로 물리적으로 옮겨졌다.

감히 상상할 수 없는 고통

조이의 할머니가 본 것은 음부가 아니라 "둘째 사망"이라고도 하는 불못이었다. 그녀는 전심으로 예수 그리스도를 따르기로 결단함으로써 운명이 바뀌었다. 성경은 우리에게 이렇게 말한다.

> 그러나 두려워하는[예수를 따르다가 돌아서는] 자들과 믿지 아니하는[예수께 충성하지
> 않는, TLB] 자들과 흉악한 자들과 살인자들과 음행하는 자들과 점술가들과
> 우상 숭배자들과 거짓말하는 모든 자들은 불과 유황으로 타는 못에
> 던져지리니 이것이 둘째 사망이라(계 21:8).

"불과 유황으로 타는" 못이라는 사실을 주목하라. 유황은 비금속 물질로, 탈 때에 뜨거운 열을 내고 아주 역한 냄새가 난다. 지옥을 묘사한 많은 사람들이 그곳의 지독한 냄새를 말하면서 "참기 힘들다"는 표현을 썼다. 사실 내가 아는 사람들 가운데 그 사자(死者)들의 처소를 경험한 사람들은 하나같이 인간의 언어로는 그곳의 고통과 공포를 우리한테 실감 나게 느

껴지도록 표현할 길이 없다고 입을 모은다.

또 둘째 사망이라는 말도 주목하라. 예수님은 말씀하신다. "귀 있는 자는 성령이 교회들에게 하시는 말씀을 들을지어다." (그분이 하시려는 말씀은 불신자들이 아니라 교회들에게 주시는 것이다.) "이기는 자는 둘째 사망의 해를 받지 아니하리라"(계 2:11). 그분이 이 말씀을 교회들에게 하신다는 것이 이상해 보일 수 있다. 그러나 앞서 인용한 8절 말씀을 보면 불못에서 고통받을 사람들이 크게 세 부류임을 알 수 있다. 첫째는 예수님을 따르다가 돌아서는 사람들이고, 둘째는 그분께 충성하지 않는 사람들이고, 셋째는 그분과 아예 동행한 적이 없는 죄인들이다. 처음 두 부류는 한때 교회 안에 있었던 사람들을 가리킨다. 우리의 우화에 처음 등장한 세 인물, 즉 겁쟁이와 미혹과 독립을 떠올려 보라. 그중 둘은 교회나 마찬가지인 엔델학교에서 열심이었다. 이 점은 잠시 후에 더 깊이 살펴볼 것이다.

둘째 사망은 남은 영원 동안 불못에서 겪을 고통이다. 1장에서 이야기했던 영원을 다시 한 번 생각해 보라. 끝도 없고 쉼도 없고 벗어날 수도 없이 영원무궁하다! 결국은 끝날 것이라고 생각하는 사람들이 있지만 그것은 하나님 말씀의 가르침에 명백히 위배된다. 그분의 말씀에 "세세토록 밤낮 괴로움을 받으리라"(계 20:10)고 했다.

끝이 없다는 사실을 확실히 보여 주시려고 예수님은 그분의 말씀에 순종하지 않는 모든 사람들에게 "그들은 영벌에, 의인들은 영생에 들어가리라"(마 25:46)고 하셨다. 영벌(永罰) 즉 영원한 벌이라는 말에 주목하라. 다시 말해서 이 벌은 끝이 없다! 예수님은 우리에게 말씀하신다.

만일 네 눈이 너를 범죄하게 하거든 빼 버리라 한 눈으로 하나님의 나라에

들어가는 것이 두 눈을 가지고 지옥(게헨나, AMP)에 던져지는 것보다

나으니라(막 9:47).

보다시피 그분은 지금 게헨나 즉 불못에 관해 말씀하신다. 이번에는
그분의 말씀을 TEV 역본으로 보겠다.

네 눈이 네 믿음을 잃게 하거든 빼어 내라! 외눈으로 하나님 나라에 들어가는
것이 두 눈을 가지고 지옥에 던져지는 것보다 낫다. 거기는 '그들을 먹는
구더기들도 죽지 않고 그들을 사르는 불도 꺼지지 않는다'(막 9:47-48).

그들을 먹는 구더기들이 죽지 않는다는 말을 주목하라. 구더기들이 먹
을 것이 끊이지 않는다는 뜻이다. 이것을 자연 현상과 비교해 보자. 사람
의 몸이 죽으면 일단 구더기들이 살을 먹어서 결국 살은 없어지고 뼈만 남
는다. 그러다가 구더기들도 죽는다. 그러나 게헨나의 구더기들은 영영 죽
지 않는다. 그들이 먹는 살 또한 존재가 그치지 않기 때문이다. 지옥을 본
사람들 가운데 한 사람은 이렇게 보고했다. 커다란 구더기들이 불꽃 속에
서 괴로워하는 사람들의 살을 먹는데, 지옥에 온 지 아무리 오래된 사람들
도 여전히 살이 있어서 먹히고 있는 광경을 보았다는 것이다.

그렇다. 당신이 바로 들었다. 그곳은 상상을 초월하는 곳이다. 우리가
염두에 두어야 할 것이 있는데, 본래 하나님은 불못을 인간들을 위해서 만
드신 것이 아니다. 예수님이 이 무서운 곳에 던져질 사람들이 누구라고 말
씀하시는지 들어 보라.

또 왼편에 있는 자들에게 이르시되 저주를 받은 자들아 나를 떠나 마귀와 그 사자들을 위하여 예비된 영원한 불에 들어가라(마 25:41).

지옥은 인류가 아니라 마귀와 그의 타락한 천사들을 위해 지어진 곳이다. 그러나 마귀는 많은 사람들을 미혹해 자기와 함께 영원한 벌로 데려가고 있다. 앞의 우화에서 본 것과 비슷하다. 다곤의 영향력 때문에 많은 사람들이 미혹되었고, 그래서 본래 다곤의 몫이던 잴린의 진노가 이제 다곤의 영향력에 굴한 사람들에게도 시행되어야만 했다. 그렇지 않으면 잴린은 공의롭지 못하게 된다.

영원히 잘되는 길

잴린의 진노가 얼마나 생생한지 우리는 앞 장에서 보았다. 성경은 '하나님의 진노의 포도주를 마시는' 남녀들이 "거룩한 천사들 앞과 어린양 앞에서 불과 유황으로 고난을 받으리니 그 고난의 연기가 세세토록 올라가리로다"(계 14:10-11)라고 선포했다. "세세토록"을 생각해 보라. 1장에서 살펴본 영원을 떠올려 보라. 끝이 없음을 이해하려고 해 보라. 머리로는 안 되지만 마음으로는 가능하다. 그래서 하나님은 그분의 말씀을 듣지 않으려고 하는 한 세대 전체를 두고 이렇게 탄식하셨다.

다만 그들이 항상 이 같은 마음을 품어 나를 경외하며 내 모든 명령을 지켜서 그들과 그 자손이 영원히 복 받기를 원하노라(신 5:29).

"영원히"라는 말을 눈여겨보라. 그들의 동기가 영속적인 것에 있다면! 영원에 이끌릴 수만 있다면! 그분이 "항상 …… 내 모든 명령을 지켜서"라고 하신 말씀을 주목하라. 그분은 "한동안 내 모든 명령을 지켜서"라고도 하지 않으셨고, "항상 내 명령 일부를 지켜서"라고도 하지 않으셨다. 분명히 모든 명령을 항상 지키라고 하셨다. 그분의 뜻에 전폭적으로 그리고 지속적으로 순종하는 것이 우리가 받은 명령이다.

"나는 그분의 모든 명령을 지키지 못했다. 나는 심판 때에 유죄 판결을 받을 것이다!" 그런 생각이 들 수 있다. 지당한 말이다. 하나님의 율법이 찾아내고 밝혀내는 것처럼, 모든 사람은 하나님의 의로운 기준에 이르지 못하며 따라서 심판 때에 유죄 판결을 받을 것이다. 하나님 앞에 서서 "저는 이 나라에 합당한 삶을 살았으니 영원한 벌이 가당치 않습니다"라고 말할 수 있는 사람은 아무도 없다.

우리에게 이런 흠이 생긴 연유는 최초의 동산으로 거슬러 올라간다. 인간은 고의로 하나님께 불순종했고 그리하여 죄성을 입었다. 이 반역 행위로 그는 사탄의 노예가 되어 그의 지배에 묶였으며, 절대로 스스로 자신을 속량하거나 구원할 수 없다. 이 타락한 본성은 아담의 모든 후손에게, 즉 온 인류에게 전수되었다. 인간이라는 부모의 본성을 받아 태어나기 때문이다.

이 타락한 상태가 전적으로 인간의 책임임에도 불구하고 주 하나님은 우리를 구해 주실 구주를 보내 주시겠다고 순전한 사랑으로 약속하셨다. 그 구주는 예수 그리스도시다. 그분이 태어나기 이미 수백 년 전에 그분이 동정녀의 몸에서 태어나시리라는 예언이 있었다(사 7:14). 그분의 아버지는 하나님이고 어머니는 다윗왕의 후손인 마리아라는 처녀였다. 그것은 그래야만 했다. 만약 부모 양쪽 다 인간이라면 예수님은 아담의 본성에 묶인 죄의 노예였을 것이고, 완전한 삶을 사실 수 없었을 것이며, 우리를 속량하실 수 없었을 것이다. 하지만 동시에 그분은 여자에게서 나셔야만 했다. 인간이 타락했으므로 그 반역의 대가도 인간이 치러야 했던 것이다. 그래서 예수님은 100퍼센트 하나님이자 100퍼센트 인간이셨다.

십자가에서 예수님은 우리의 모든 죄를 친히 지시고 피 흘려 죽으심으로 죗값을 치르셨다. 하지만 그분은 완전히 의로운 삶을 사셨으므로 아버지께서는 그분을 죽은 자 가운데서 살리셔서 자신의 오른편에 앉히셨다. 선지자이자 예수님의 조상이기도 했던 다윗왕은 예수님이 십자가형을 당하신 후에 벌어질 일을 천 년 전에 내다보고 기록했다. 베드로가 오순절 날 그 말을 인용하며 선포했다.

그〔다윗왕〕는 선지자라 하나님이 이미 맹세하사 그 자손 중에서 한 사람을 그 위에 앉게 하리라 하심을 알고 미리 본 고로 그리스도의 부활을 말하되 그가 음부에 버림이 되지 않고 그의 육신이 썩음을 당하지 아니하시리라 하더니 이 예수를 하나님이 살리신지라 우리가 다 이 일에 증인이로다(행 2:30-32).

예수님은 우리를 자유케 하시려고 죽은 자 가운데서 살아나셨다. 그분이 "음부에 버림(남겨 둠)이 되지 않"았다는 말씀에 주목하라. 그분이 음부에 계셨음을 자동으로 말해 주는 대목이다. 그분은 그곳에 언제 계셨을까? 십자가와 부활 사이의 어느 시점이었다. 우리가 정당한 영벌을 받지 않아도 되도록 그분이 만인을 위해 죽음 또는 지옥을 맛보셨다. 이제 우리가 자기중심의 삶을 버리고 그분의 주권에 온전히 자신을 드리면, 그분이 우리를 위해서 하신 일 즉 피를 흘리시고 죽음을 맛보신 일이 대속물이 되어서 우리를 도로 사실 뿐만 아니라 하나님 앞에서 의롭게 해 준다. 이제 우리는 그분의 의로 바로 서고, 그분의 심판의 보좌 앞에 담대히 설 수 있다. 영원토록 하나님을 찬양하라!

그래서 성경은 우리에게 단호히 말한다. "너희는 그 은혜에 의하여 믿음으로 말미암아 구원을 받았으니 이것은 너희에게서 난 것이 아니요 하나님의 선물이라 행위에서 난 것이 아니니 이는 누구든지 자랑하지 못하게 함이라"(엡 2:8-9).

이전에 당신이 회개하고 예수님의 주권에 자신을 온전히 드린 적이 없다면 지금 바로 이 책 뒤쪽에 있는 부록을 보라. 거기에 당신을 구원하시려는 하나님의 계획을 설명해 놓았다. 예수님을 당신의 구원자요 주님으로 영접하는 기도도 나와 있다.

지금까지 두세 페이지에 걸쳐 기록한 내용은 대부분의 신자들이 많이 들어서 익숙하고 아주 잘 안다. 그러나 다음 두 장에 걸쳐서 살펴볼 내용은 잘 모르는 신자들이 많이 있다. 사실 그리스도인이라고 공언하는 많은 이들이 지금부터 우리가 살펴볼, 성경에 계시된 단순한 진리들에 충격을 받을 것이다. 어째서 영원한 벌이 모든 신자가 건강하게 성장하는 데 꼭 필요한 기초 지식인지도 이어지는 장들을 보면 알 수 있다.

5

미혹의 시대,
당신도 가짜일 수 있다

이런 일을 행하는 자에게
하나님의 심판이 진리대로 되는 줄 우리가 아노라.

로마서 2장 2절

은혜는 순종할 수 있는 능력을 주며, 은혜를 참으로 받았다는 증거는
우리의 경건한 생활 방식이다.
우리의 삶에 은혜가 실제로 있다면, 그것은 반드시
그분의 말씀에 순종하는 모습으로 나타난다.
—

예수님은 영원한 죗값을 치러야 하는 우리를 구원하려고 오셨다. 그
형벌은 본래 사탄과 그 무리들을 위한 것이었다. 우리를 위해 내주신 그분
의 목숨은 하나님의 놀라운 사랑을 그대로 보여 준다.

생각해 보라. 태초에 주님은 온갖 짐승, 새, 곤충, 바다 생물, 대기권을 비
롯한 이 땅의 나머지 모든 것들과 더불어 인류를 완전하게 지으셨다. "하나
님이 지으신 그 모든 것을 보시니 보시기에 심히 좋았더라"(창 1:31). 이어서
그분은 완전한 피조세계를 인간의 손에 맡기시며 거느리고 지키게 하셨
다. "하늘은 여호와의 하늘이라도 땅은 사람에게 주셨도다"(시 115:16). 자신
뿐 아니라 모든 피조세계를 하나님의 대적(大敵) 루시퍼에게서 보호하는
것이 아담의 책임이었다.

하나님은 동산 안에 그분을 사랑하고 순종할 선택의 자유가 없는 로봇
들을 두실 생각이 없으셨다. 그래서 그분은 수많은 나무들 중에서 한 나무
를 동산 중앙에 두시며 이렇게 명하셨다. "동산 각종 나무의 열매는 네가
임의로 먹되 선악을 알게 하는 나무의 열매는 먹지 말라 네가 먹는 날에는

반드시 죽으리라"(창 2:16-17). 그분이 말씀하신 죽음은 신체적인 죽음이 아니었다. 그래서 아담은 오랜 세월이 지나도록 신체적인 죽음(그것도 불순종의 결과였다)을 경험하지 않았다. 대신 주님은 인간이 하나님의 생명에서 끊어져서 루시퍼의 본성인 죽음을 입을 것을 보여 주셨다.

얼마간 시간이 흐른 뒤에 루시퍼는 하와의 눈앞에 하나님의 성품을 왜곡시켜서 그녀를 미혹했다. 루시퍼는 모든 먹어도 되는 나무들에서 단 하나의 금기된 나무로 하와의 초점을 돌려놓았다. 일단 그 나무가 보기 좋고 먹음직스럽고 탐스럽다고 판단되자 하와는 열매를 먹었다. 이제 하나님이 "주시는 분"이 아니라 "빼앗는 분"으로 보였다. 하지만 이때까지도 인류는 아직 타락하지 않았다. 그녀의 남편이 그것을 같이 먹고 나서야 하나님의 피조세계는 죽음의 본성을 입었다. 그래서 아담의 죄는 더 컸다. 여자는 유혹을 당하기라도 했지만 뱀이 남자까지 유혹하지는 않았다(딤전 2:14).

그 결과로 아담뿐만 아니라 그의 밑에 두신 모든 피조세계가 즉시 죽음의 본성을 입었다. 아담이 반역하기 전까지만 해도 동물들은 살을 뜯거나 먹지 않았고 죽지도 않았다. 돌풍, 지진, 태풍, 기근, 질병, 역병도 존재하지 않았다. 이 모두는 하나님이 돌보라고 맡겨 주신 것을 인간이 간수하지 못한 결과였다. 성경은 말한다.

지상 만물은 본의 아니게 하나님의 저주에 붙여졌다. 모든 피조물은 죽음과 부패에서 벗어나 하나님의 자녀들과 함께 영광의 자유를 누릴 날을 고대하고 있다(롬 8:20-21, NLT).

자연이 죽음의 저주를 받은 것은 스스로 택해서가 아니라 인간이 하나님께 반항한 결과였다. 인간은 자기 수하에 맡겨진 것을 보호하지 못했다. 아담은 자연뿐 아니라 자기 자신, 자신의 아내, 미래에 태어날 모든 후손까지 하나님과 분리되게 만들었는데, 그것은 본래 루시퍼가 받을 저주였다. 이 무슨 배반이며 이 무슨 반역인가! 그 시점에서 하나님은 이렇게 말씀하실 수도 있었다. "내가 사랑했고 복을 주었고 완전하게 창조한 인류가 나보다 루시퍼를 택했다. 저들을 모두 불못으로 보내고 우리(성부, 성자, 성령)는 다시 시작할 것이다. 다른 우주를 만들자. 우리가 그들을 사랑하는 것처럼 그들도 우리를 사랑하고 충절을 지킬 존재들을 만들자."

주께서 그렇게 하셨다고 해도 그분의 결정은 완전히 옳았을 것이다. 그러나 놀라운 사랑으로 그분은 우리가 스스로 자초한 굴레에서 우리를 건져 주실 구속자를 보내 주시겠다고 인류에게 약속하셨다. 그 구속자는 그분과 함께 천지를 창조하신 그분의 아들이었다. 즉 다시 말해서, 그분은 처음부터 우리를 사랑하신 것 말고는 하신 일이 없는데, 그런 그분이 우리의 처참한 죗값과 죽음의 본성의 대가를 치르기로 하신 것이다. 참으로 놀라운 사랑이다.

그래서 갈보리가 있는 것이다. "사랑의 하나님이 어떻게 복음을 들어보지도 못한 사람들을 지옥에 보낼 수 있느냐?"는 불신자의 말에 쩔쩔매는 그리스도인이 참 많다. 내 대답은 이것이다. "그분 잘못이 아니라 우리가 잘못해서다." 예수님은 인류를 자유케 하시려고 혹독한 값을 치르셨고, 이 기쁜 소식을 먼저 깨달은 우리에게 온 세계에 가서 전하라고 명하셨다. 아직 복음을 듣지 못한 이들에게 우리가 '모든 피조세계에 임한 이 큰 저주'에서 속량되었음을 알려 주라고 말이다. 우리는 우리 세대를 책임져야 한다. 하나님은 그분의 몫을 하셨다.

하나님의 성품을 입다

우리가 지은 죄의 대가로 받은 형벌을 예수님이 치르셨을 뿐 아니라, 이제 우리는 하나님을 닮은 새로운 성품을 입는다. 더 이상 죄의 노예가 아니다. 자신의 삶을 예수님께 온전히 드리면 그 사람은 전혀 새로운 피조물이 된다.

그런즉 누구든지 그리스도 안에 있으면 새로운 피조물이라 이전 것은 지나갔으니 보라 새것이 되었도다(고후 5:17).

예수 그리스도를 주님으로 영접할 때 우리는 말 그대로 죽는다. 우리의 옛 성품은 죽임을 당했다. 하나님이 보시기에 그리스도와 함께 십자가에 못 박힌 것이다. 하나님의 성품을 지닌 전혀 새로운 사람이 태어났다. 그래서 우리는 거듭난 것이다. 이제 우리는 한때 우리 삶을 지배하던 본성에서 해방되었다. 성경에 분명히 나와 있듯이 "아버지의 영광으로 말미암아 그리스도를 죽은 자 가운데서 살리심과 같이 우리로 또한 새 생명 가운데서 행하게 하려 함이라 …… 우리가 알거니와 우리의 옛 사람이 예수와 함께 십자가에 못 박힌 것은 죄의 몸이 죽어 다시는 우리가 죄에게 종 노릇 하지 아니하려 함이니 이는 (그리스도와 함께, NLT) 죽은 자가 죄에서 벗어나 의롭다 하심을 얻었음이라"(롬 6:4, 6-7). 이제 우리는 아담의 반역 때문에 한때 우리가 매여 있었던 그 본성대로가 아니라, 그리스도의 성품을 따라서 살 수 있다.

그리스도인이 아직 예수님을 자기 생활 방식의 주인으로 영접하지 않은 사람을 경멸하는 것은 순전히 잘 알지 못해서다. 불신자의 영적인 DNA 는 죄를 짓도록 되어 있고, 실제로 그는 그렇게 산다. 오히려 이상하고 정 말 별난 것은, 습관적으로 또는 고의로 죄를 짓는 "신자"다. 내가 신자라는 말에 따옴표를 붙인 이유는, 죄가 생활화된 사람은 말로는 예수님이 자신 의 구원자요 주님이라고 할지 몰라도 실제로는 그렇지 않기 때문이다. 예 수님이 정말 그 사람의 구주시라면 그의 삶에 경건한 성품이 나타나게 마 련이다. 예수님이 분명히 말씀하셨다.

> 이와 같이 좋은 나무마다 아름다운 열매를 맺고 못된 나무가 나쁜 열매를
> 맺나니 좋은 나무가 나쁜 열매를 맺을 수 없고 못된 나무가 아름다운 열매를
> 맺을 수 없느니라 아름다운 열매를 맺지 아니하는 나무마다 찍혀 불에
> 던져지느니라 이러므로 그들의 열매로 그들을 알리라(마 7:17-20).

여기서 그분이 하시는 말씀은 복잡하지 않으며, 영구불변의 법칙이다. 원인은 열매가 아니라 나무의 본성이지만, 그러나 그 본성은 열매로 나타 난다. 실한 열매가 열리는 나무 옆에 가 보면 그것은 영락없이 좋은 과실 수다. 반대로 열매에 독이 있으면 나무도 좋지 않다. 나무가 좋은지 독이 있는지 알려면 나무에 맺히는 열매를 보면 된다. 그와 똑같이 예수님은 사 람이 진정한 그리스도인인지 아는 방법도 그들이 무슨 말을 하는지, 얼마 나 종교적으로 보이는지, 기독교 모임에 얼마나 자주 나가는지 따위가 아 니라 그들의 행위가 어떠한가에 있다고 하신다. 그들의 열매는 이타적이 며 하나님 나라에 초점을 두고 있는가, 아니면 사도 요한이 서신에 묘사한 것처럼 이기적이며 이 세상에 초점을 두고 있는가?

이 세상이나 세상에 있는 것들을 사랑하지 말라 누구든지 세상을 사랑하면 아버지의 사랑이 그 안에 있지 아니하니 이는 세상에 있는 모든 것이 육신의 정욕과 안목의 정욕과 이생의 자랑이니 다 아버지께로부터 온 것이 아니요 세상으로부터 온 것이라 이 세상도, 그 정욕도 지나가되 오직 하나님의 뜻을 행하는 자는 영원히 거하느니라(요일 2:15-17).

우리 부부는 아이들에게 이 진리를 납득시키는 데 오랜 시간이 걸렸다. 우리 아이들은 기독교 학교에 다니면서 이런 친구들을 많이 보았다. 부모와 함께 꾸준히 교회에 나가며 스스로 그리스도인이라 말하지만, 그리스도를 닮은 열매보다는 이 성경 말씀에 나온 것처럼 자기만족의 열매를 습관적으로 맺는 친구들 말이다. 이런 아이들은 하나님의 뜻을 행하기를 구하고 즐기기보다는 자신을 위해서 살아갔다. 우리 아이들이 학교에서 접하는 상황은 내가 댈 수 있는 수많은 예들 가운데 하나에 지나지 않는다. 이 문제는 가정, 직장과 사업체, 심지어 교회와 사역 단체들에도 있다. 그리스도인이라고 고백하면서 그 반대 열매를 맺는 사람들이 숱하다.

전형적인 '회심'

지금껏 우리가 전해 온 복음은, 영접 기도로 예수님을 영접하는 데에 강조점을 둔, 한쪽으로 기울어진 복음이다. 우리는 그분을 "주님"으로 고백하며, 일단 그렇게 했으면 영원히 구원받은 것이다. 그러나 이것은 예수께서 가르치신 바가 아니다. 그분은 "나더러 주여 주여 하는 자마다 다 천국에 들어갈 것이 아니요"(마 7:21)라고 하신다.

하나님의 은혜를 이야기하는 우리의 설교, 교육, 책, 노래는 오랜 세월 균형을 잃었거니와 만일 우리가 예수님의 진술을 그런 것들로 거르지 않고 그냥 듣는다면, 우리의 현대판 복음이 그분의 진술과 모순됨을 알게 될 것이다. 그분의 말씀은 이 이상 분명할 수 없다. 영접 기도를 하고 그분을 주라고 부르는 자마다 다 천국에 가는 것이 아니다. 그리고 그들이 천국에 가지 못한다면 앞 장에서 살펴본 대로 남은 길은 하나뿐이다.

여기서 전형적인 전도 예배를 한번 재검토해 보자. 설교자는 "예수께 와서 '복'을 받으라"는 메시지를 전한다. 그는 예수님이 우리에게 기쁨, 평안, 형통, 행복, 건강, 천국 등등을 주실 거라고 말한다. 내 말을 오해하지 말라. 물론 하나님은 우리에게 복을 주고 싶어 하신다. 그러나 예수님은 자기를 따르도록 사람들을 유인하시려고 복을 이용하신 적이 한 번도 없다. 그렇게 35분 정도 설득하는 말을 한 다음, 설교자는 청중들에게 고개를 숙이게 하고는 만일 오늘밤에 죽는다면 천국에 갈 수 있겠느냐고 묻는다. 심지어 그는 결신자 확보를 돕는 뜻에서, 모든 사람들에게 양쪽 옆에 있는 사람들을 보며 똑같은 질문을 던지도록 권하기까지 한다. 이어서 그는 "옆 사람이 그렇다고 답하지 못하거든 여러분이 손을 잡고 앞으로 데리고 나오십시오"라고 말한다.

후보자들이 앞으로 나가는 동안, 분위기를 북돋을 〈큰 죄에 빠진 날 위해〉(Just As I am) 같은 찬송들을 90년대에 즐겨 부르던 풍으로 다 같이 부른다. 경우에 따라서 그들이 나가는 동안 흥겨운 반주가 나오고 청중들은 생긋 웃으며 박수만 보내는 곳도 있다.

일단 모두 앞으로 나왔으면 목사가 그들에게 고개를 숙이고 이런 흔한 기도를 따라하라고 한다. "아버지, 제가 죄인인 것을 고백합니다. 제 죄를 용서하여 주소서. 오늘부터 예수님을 제 구주로 제 삶에 모십니다. 저를 자녀 삼아 주셔서 감사합니다. 예수님의 이름으로 기도합니다. 아멘."

청중이 환호하고 반주가 흐르는 가운데 새 "회심자들"은 "거저" 갔듯이 "거저"(이전의 모습 그대로) 자기 자리로 돌아온다. 다만 이제 그들은 미혹되었을 뿐이다. 불순종의 생활 방식에서 돌아서는 회개, 하나님의 뜻을 받아들이고자 자신의 욕망을 부인하는 것, 그리스도의 대의를 위해서 자신의 목숨을 잃는 것 등에 관해서는 한마디도 없었다. 그들은 예수님을 "주님"으로 고백했으나 마음에는 아무런 변화가 없었다. 예수님은 이제 기껏해야 그들 삶의 한 부분이 되었다. 분명히 말하거니와 만왕의 왕, 만주의 주께서는 누구의 삶에도 라이벌 애인들 가운데 둘째로는, 물론 심지어 첫째로도 오지 않으신다. 그분은 우리의 완전하고 절대적인 왕으로서만 들어오신다. 우리 마음속에 있는 그분의 자리를 두고 겨룰 사람이나 물건이나 활동이란 있을 수 없다. 그분은 오직 주님이셔야 한다. 궁극의 주인이요 소유주라는 뜻이다. 우리 삶이 더 이상 우리의 소유가 아니라는 뜻이다.

생각해 보라. 당신이라면 그런 사람과 결혼하겠는가? 당신과 다른 애인들에게 모두 충실하되 그중에서 당신이 첫째가 되리라고 말하는 사람과 말이다. 그렇다면 우주의 왕이야 더 말해 무엇하겠는가? "하나님은 제 여러 애인들 가운데 무려 첫째이십니다"라고 말하는 신부를 그분이 용납하시겠는가? 언약의 관계도 없고 둘이 하나가 되는 연합도 없다. 얼마나 기막힌 기만인가!

이들 "새 회심자들"은 자신의 이기적인 삶을 십자가에 죽이지 않았고, 내면에 예수님의 새로운 성품이 빚어질 자리도 내지 않았다. 그들은 다만 더 나은 삶과 천국의 약속을 받아들였을 뿐이다. 흥미롭게도, 그리스도인들이 박해받는 다른 많은 나라들에서는 목숨을 잃을 줄 알면서도 사람들이 예수님께 온다. 서구 사회에서 사는 오늘날의 우리들은 더 나은 삶과 천국을 얻으려고 예수님께 온다. 그러나 우리도 목숨을 잃어야 한다.

우리가 지금껏 이런 식으로 복음을 전해 온 결과, 오늘날 우리 사회의 많은 전형적인 복음주의자들은 기만 속에 살고 있다. 새 회심자들은 새로 찾은 "믿음"으로 힘을 얻고, 기독교 활동들에 참여하고, 교회에 나가고, 봉사 활동도 할 수 있다. 모두가 참신하고 재미있는 일이라서 말이다. 이것은 마치 새로운 클럽에 들어가거나 새로운 스포츠를 배우거나 새로운 학교에 다니거나 새로운 직장에서 일하는 것과 같다. 참신한 느낌은 있지만, 이런 그리스도인들은 예수님이 모든 참된 제자들에게 하라고 명하신 일은 한 적이 없다. 그것은 바로 그분을 따르는 대가를 계산하고, 그러고 나서 그 대가를 치르기로, 즉 목숨 바쳐 그분을 섬기기로 영원히 결단하는 것이다(눅 14:27-33).

전부를 드려야 그분의 삶을 얻는다

그것은 맞바꾸기다. 우리는 자신의 삶을 전부 드려야 한다. 그러면 그 대신에 그분의 삶(성품)을 얻는다. 예수님은 이것을 거듭 말씀하신다.

누구든지 나를 따라오려거든 자기를 부인하고(자기와 자기의 유익을 잊고, 무시하고, 버리고, 잊고) 자기 십자가를 지고 (단단히 내게 붙어서, 계속) 나를 (제자로서 나와 함께, 내

125

편에 서서, AMP) 따를 것이니라(막 8:34).

우리는 계속 그분께 단단히 붙어 있어야 한다. 그저 기도 한번 하고 나서, 이제 "거듭난" 클럽에 들어가 천국으로 향하고 있다는 것만 빼고는 평소대로 사는, 그런 것이 아니다. 예수님의 말씀은 이렇게 이어진다. "누구든지 자기 목숨을 구원하고자 하면 잃을 것이요 누구든지 나와 복음을 위하여 자기 목숨을 잃으면 구원하리라"(막 8:35). AMP 성경에는 "누구든지 나와 복음을 위하여〔고작 이 땅에서만 사는〕자기 삶을 버리면〔영원한 하나님 나라에서 더 높은 영적인 삶을〕얻으리라"고 되어 있다.

이것은 확실한 맞바꾸기다. 우리는 그분의 뜻에 따르기 위해서 내 삶의 주인으로서의 권리를 버린다. 그 대신 그분의 영원한 삶을 받는다. 이것은 예수님을 따르는 삶에서 지극히 중대한 부분이건만 오늘날 우리는 복음을 전할 때 그 점을 강조하지 않는다. 그저 어떤 혜택을 누리는지만 이야기한다. 요약하자면, 십자가의 영향과 결단은 전하지 않고 부활의 약속만 전하고 있다.

텔레비전에서 모병(募兵) 광고를 본 한 젊은이 이야기와 비교해 보자. 그는 자기 또래 멋진 해군 병사 하나가 멋있는 제복을 입고 수려한 배의 갑판에 서서 바다 위를 항해하는 모습을 본다. 아름답고 청명한 하늘 아래서 병사는 동료들과 함께 환한 미소를 짓고 있다. 이어서 광고에는 전 세계 여러 항구에 닿은 그 병사의 모습이 나온다. 모두가 공짜다. 젊은이는 즉시 모병과에 가서 군에 지원한다. 그는 혜택들에만 몰두한 나머지 입대 조건들은 읽지 않는다. 그는 마냥 행복하다. 이제 그는 멋진 군대의 일원이 되고, 세상을 구경하고, 새 친구를 많이 사귀는 횡재를 누릴 것이다.

그러나 훈련소에서 그는 평소 습관처럼 아침 9시까지 잘 수 없음을 금세 알게 된다. 아끼던 긴 머리도 자르라는 명이 떨어진다. 그는 한 달에 딱 이틀만 영내를 벗어날 수 있으므로 많은 사교 모임들에도 갈 수 없다. 무엇보다도, 일과에서 통제가 엄격하여 나다닐 시간조차 없다. 허구한 날 그는 화장실과 식당을 청소하고 팔굽혀펴기를 비롯한 어려운 체력 단련을 하느라 바쁘다. 그는 한때 즐기던 풍성한 여가 시간을 잃었고, 밤마다 기진맥진하여 침상에 쓰러진다. 곧 배를 탈 것을 알기에 아직은 희망이 있다. 기본 훈련이 끝나자 그는 어느 배에 배치된다. 그러나 바다 위에 있다는 것만 다를 뿐 하는 일은 마찬가지다. 그러다 전쟁이 터진다. 이제 그는 지원한 적도 없는 전쟁에서 싸우고 있다.

그가 군에 지원한 것은 그것이 자기 힘으로는 절대로 누릴 수 없는 삶이었고 전부 공짜였기 때문이다. 맞다. 공짜였다. 그러나 그는 그 대가로 모든 자유를 잃게 된다는 모병 공고에 적힌 세부 사항을 눈여겨보지 않았다. 여러모로 그는 이제 억울하다. 속은 기분이다. 그가 보기에 그들은 혜택들만 보여 주고는 개인이 치러야 하는 대가는 슬그머니 끼워서 팔았다.

우리는 값없는 구원을 말하는 복음을 전해 왔다. 물론 더없이 옳다. 그러나 우리는 후보자들에게 그 대가로 자유를 잃는다는 말은 해 주지 않았다. 내가 말하는 자유는 실체가 아니라 주관적인 자유다. 그리스도 밖에 있는 사람들은 모두 죄에 매여 있기 때문이다. 자신이 자유하다고 철석같이 믿을지라도 그들은 노예다. 영화 〈매트릭스〉에 비유할 수 있다. 몇 해 전 우리 큰아들이 이 영화를 편집된 버전으로 빌려 와서 가족들에게 보여 주었다. 놀라운 유사성이 눈에 띄었다.

〈매트릭스〉에 한 가지 흥미로운 질문이 나온다. "꿈에서 깨어나지 않고서 어떻게 꿈의 세계와 현실 세계의 차이를 알 수 있는가?"[1]

영화에 보면 20세기의 삶은 정상대로 흐른다. 어쨌든 그렇게 보인다. 현실에서는 이야기가 21세기 초에 시작된다. 인간은 인공지능(단순히 기계들로 지칭되는)을 개발한다. 이 기계들이 지구를 통제하고 인간은 그에 맞서 싸운다. 그 세력 다툼에 치여 세상의 인구는 격감하고 기계들이 이긴다. 기계들은 인체에서 발전(發電)되는 전기를 사용해 자신들이 살아남을 수 있다는 사실을 알아내고, 그래서 거대한 망상을 꾸며 내 인간들을 속여서 자기들을 따르게 만든다. 세상은 21세기에도 여전히 정상으로 "보이지만" 사실 인간의 몸들은 거대한 "사육장"의 방방마다 갇혀 있고, 인간의 머리들은 (평범한 정상의 삶인 체하는) 매트릭스라고 하는 세계적인 가상현실 프로그램에 연결되어 있다. 그래서 한마디로 그들이 삶에서 누리는 자유는 실체가 아니다. 그들은 노예다.

이 시점에서 영화에 돌파구가 열린다. 남다른 한 무리의 남녀들이 해킹으로 매트릭스에서 벗어나 자신들의 참정체를 발견한다. 그들은 생기를 잃어버린 현실 세계 안에 시온이라는 거주지를 건설한다. 그중 몇이 매트릭스 안에 들어가서 기계들과 싸워서 인류를 해방시킨다. 전쟁은 치열하고 삶은 만만치 않다. 그러나 이 크루들은 거짓 자유를 누리는 가짜 삶보다는 진정한 자유에 더 관심이 있다. 그들은 속은 채 사는 편안한 노예 생활보다는 차라리 힘겨운 자유를 원한다.

여기서 우리와 유사성을 발견한다. 많은 불신자들은 그리스도인들을 굴레에 매여 자유를 잃은 노예로 보고 자신들은 자유하다고 본다. 그러나 사실은 그리스도 밖에 있는 사람들이 매인 자들이다. 기계의 노예가 되어 사육장에서 가짜 삶을 살아가는 사람들과 다를 바 없다. 그들은 죄의 노예다.

그리스도인이 되기 어려운 시대

복음을 들어 본 적이 없거나 믿기를 거부하는 사람들만 굴레에 매여 있는 것이 아니라 이 세대의 많은 전형적인 "회심자들"도 굴레에 매여 있다. 우리는 예수님을 따르는 대가는 알려 주지 않음으로써 이런 딜레마를 만들어 냈다. 많은 사람들이 자기가 자유로운 줄 알지만 실은 그렇지 못하며, 그 증거는 그들의 삶의 방식으로 나타난다. 예수님은 말씀하신다.

진실로 진실로 너희에게 이르노니 죄를 범하는 자마다 죄의 종이라 종은
영원히 집에 거하지 못하되 아들은 영원히 거하나니 그러므로 아들이 너희를
자유롭게 하면 너희가 참으로 자유로우리라(요 8:34-36).

과일 나무 예에서 찾을 수 있는 진리가 이 말씀에서도 되풀이된다. 누가 습관적으로 죄를 짓는다면 그는 죄의 종이다. 그는 아들이 아니다. 진짜 본성이 바뀌지 않았기 때문이다. 그는 자기가 영접 기도를 했으니 자유하다고 생각할지 모르나 아직 그는 예수님을 따르기 위해서 자신의 사적 "권리들"을 아낌없이 포기하지 않았다. 그는 여전히 자신의 (가짜) 자유와 구원으로 얻는 혜택들을 함께 원한다. 하지만 두 가지를 다 가질 수는 없다.

앞서 말했듯이 "거듭난 체험"이 신선하고 새로운 일이다 보니 다들 처음에는 기쁨과 흥분과 열정이 있을 수 있다. 그러나 결국은 그들의 변하지

않은 본성이 드러나게 마련이다. 단, 복음주의의 언어와 생활 방식을 입고서 기독교 진영 안에 드러난다. 그래서 이것이 가장 기만적이라는 것이다. 신약 성경은 이런 기만을 특히 경고하고 있다.

바울은 "말세에는 그리스도인이 되기가 아주 어려울 것이다"(딤후 3:1, TLB)라고 썼다. 우리는 지금 말세를 살고 있다. 거기에 대해서는 의심의 여지가 없다. 모든 예언적인 성경 구절들이 예수님이 곧 다시 오시리라 계시한다. 바울은 우리 시대를 그리스도인이 되기에 가장 어려운 시기로 내다보았다.

우리 시대를 "위험하다, 비참하다"는 단어로 묘사한 다른 역본 성경들도 있다. 왜 그럴까? 바울의 시대를 살펴보면 그가 심한 박해를 당했음을 알 수 있다. 그는 등에 매 39대를 다섯 차례나 맞았고, 세 번은 태장(笞杖)으로 맞았고, 한 번은 돌로 맞았고, 또 오랜 세월을 감옥에서 지냈다. 그는 그렇게 어디를 가든 극심한 박해를 당했다. 그런 그가 말하기를 우리 시대가 그리스도인이 되기에 더 어려울 거라고 한다. 왜 그럴까? 그가 말하는 이유를 보자.

> 사람들이 자기를 사랑하며 돈을 사랑하며 자랑하며 교만하며 비방하며
> 부모를 거역하며 감사하지 아니하며 거룩하지 아니하며 무정하며 원통함을
> 풀지 아니하며 모함하며 절제하지 못하며 사나우며 선한 것을 좋아하지
> 아니하며 배신하며 조급하며 자만하며 쾌락을 사랑하기를 하나님 사랑하는
> 것보다 더하며(딤후 3:2-4).

바울이 도대체 무슨 말을 하려는 것인지 여전히 의문이 들 수 있다. 이

목록이 어째서 바울 시대와 다르단 말인가? 그 사회 사람들도 다 이런 특성들을 보였다. 그들도 자기와 돈을 사랑하고 거룩하지 않고 용서하지 않았다. 베드로는 오순절 날 "너희가 이 패역한(비뚤어지고 사악하고 불의한, AMP) 세대에서 구원을 받으라"(행 2:40)고까지 말했다. 그러니 바울이 지금의 우리 세대를 따로 꼬집어서 저런 특성들 때문에 그리스도인이 되기에 가장 어려운 시대가 될 거라고 말하는 이유는 무엇인가? 그다음 말에 이유가 나온다. "그들은 신앙(종교)의 형식은 있으나 신앙의 능력은 부인하고 거부하여 그에 문외한인(행동이 고백의 진실성에 어긋나는) 자들"(딤후 3:5, AMP)이라서 그렇다. 다른 역본에는 "경건의 모양은 있으나 경건의 능력은 부인하"는 자(개역개정-편집자)로 되어 있다.

이제 우리는 이 세대에 그리스도인이 되는 것이 무엇 때문에 어려운지 알 수 있다. 말로는 그리스도인이라고, 거듭났고 구원받았다고 하면서 자아의 삶을 십자가에 죽이지 않은 사람들이 많아서(신약 성경의 다른 구절들에 보면 많다고 되어 있다) 그렇다. 그들은 예수님을 따르기 위해 자신의 모든 권리와 욕망을 버리기로 결단한 적이 없다. 그들은 그분을 진정 자신의 구주로 믿겠지만, 그분과 연(緣)을 맺는 이유는 그분의 어떠하심 때문이 아니라 단순히 나를 위해서 그분이 해 주실 수 있는 것들 때문이다. 이것은 여자가 남자의 돈을 보고 결혼하는 것과 다르지 않다. 표면적인 이유는 사랑일지 모르지만 사랑의 이유가 잘못됐다. 이런 동기에서 그들은 구원과 이생의 성공과 죽어서 천국에 들어가기 위해 그분을 구하고 그분을 진정 자신의 구주로 믿는다. 그러나 자기 삶을 통제할 권한을 양도한 적은 없다.

바울은 계속해서 이 '신자들'이 "항상 배우나 끝내 진리의 지식에 이를 수 없느니라"라고 말한다(딤후 3:7). 그들은 예배와 소그룹 등에 참석하고 하나님의 말씀을 듣지만 좀처럼 변화될 줄 모른다.

'삶'으로 그분을 부인하는 사람들

선(線)이 흐려진다는 데에 문제가 있다. 예를 들어 거듭난 경험을 고백하고, 진짜 신자들이 쓰는 언어로 말하고, 경건한 사람들과 친하게 지내고, 신자 모임에 즐겨 참여하지만 성품이 변하지 않고 여전히 자기 본위로 살아가는 사람을 생각해 보라. 이 사람은 자신도 모르게 사이비다. 그런데 그의 자기기만이 병처럼 퍼진다는 사실에서 문제가 생겨난다. 그런가 하면 삶의 기초를 기독교 문화의 "규범"에서 얻는 사람들도 있는데, 그 "규범"이 천국에서의 삶의 방식과 맞지 않고, 그래서 참된 신자가 되기가 어려워진다. 바울 당대에는 신자의 삶이 시시각각 위험에 처해 있었다. 의심할 나위가 없었다. 예수님께 충성을 바치는 것은 목숨을 거는 일이었다. 바울은 이렇게 말을 잇는다.

나의 교훈과 행실과 의향과 믿음과 오래 참음과 사랑과 인내와 박해를
받음과 고난과 또한 안디옥과 이고니온과 루스드라에서 당한 일과 어떠한
박해를 받은 것을 네가 과연 보고 알았거니와 주께서 이 모든 것 가운데서
나를 건지셨느니라 무릇 그리스도 예수 안에서 경건하게 살고자 하는 자는
박해를 받으리라 악한 사람들과 속이는 자〔사이비〕들은 더욱 악하여져서 〔다른
사람들을〕 속이기도 하고 〔스스로, NLT〕 속기도 하나니(딤후 3:10-13).

바울은 디모데가 자신을 믿을 수 있었던 것이 단순히 바울의 가르침 때문만이 아니라는 점을 분명히 강조했다. 바울을 향한 디모데의 신뢰는 무엇보다도 바울의 삶(영원을 바라보는 삶. 이 주제는 뒤에서 다시 살펴보자)에서 비롯했다. 그의 증거는 응답된 기도나 기적적인 표적, 사역의 인기, 심지어 하나님의 말씀을 가르치는 탁월한 능력이 아니었다. 그는 이런 것들을 내세우지 않았다. 그의 증거는 바로 삶이었다. 그때나 지금이나 '삶'이 바로 결정적인 요소다.

바울은 계속해서 "악한 사람들과 속이는 자들"이 성행할 것이라고 했다. 악한 사람을 멀리해야 한다는 것쯤은 우리도 다 안다. 하지만 가장 위험한 것은 속이는 자들, 즉 겉으로 보이는 모습과 진짜 성품이 서로 일치하지 않는 사람들이다. 그들은 기독교의 모양을 가졌고 고백하는 자들이지만 그들의 행동은 삶을 변화시키는 은혜의 능력을 드러내는 증거가 되지 못한다. 그들이 다른 사람들을 속일 뿐만 아니라 자기 자신들도 속인다고 한 바울의 말에 주목하라.

우리 우화에 나오는 미혹이 정확히 거기에 해당한다. 이 청년은 엔델 학교에서 적극적이었고, 자칭 독실한 추종자였고, 왕 앞에서 자신의 입지가 확실하다고 굳게 믿었다. 그는 자신의 충정을 드러내 주는 삶보다는 입으로 고백하는 충성을 더 강조했다. 그는 스스로 속았을 뿐 아니라 다른 사람들까지 속였다. 미혹이 정한 기준들 때문에 많은 사람들이 타협했다. 그와 동침한 여자들부터 그의 메시지에 영향을 입은 많은 학우들에 이르기까지 말이다.

당신은 묻는다. "메시지라고? 그는 교사도 아니었는데?" 물론 메시지다. 우리가 말하는 내용보다 살아가는 방식이 훨씬 크게 전달되기 때문이다. 잴린에게 진실했던 엔델의 학생들이 미혹의 강한 성격과 생활 방식에 영향을 입지 않는 일은 하나의 싸움이었다. 견고히 서지 못한 학생들은 그의 영향력에 졌다.

이것은 바울뿐만 아니라 신약의 다른 많은 기자들도 우리에게 경고한 싸움이다. 유다는 이렇게 말한다.

사랑하는 자들아 우리가 일반으로 받은 구원에 관하여 내가 너희에게
편지하려는 생각이 간절하던 차에 성도에게 단번에 주신 믿음의 도를 위하여
힘써 싸우라는 편지로 너희를 권하여야 할 필요를 느꼈노니(유 1:3).

그의 목소리에서 긴박함이 느껴진다. 유다는 우리가 공유한 구원의 놀라운 점들을 논하고 싶었으나, 다른 것에 관해 써야만 했다. 하나님의 백성에게 믿음을 위해 싸우라고 권해야만 했다. 이 싸움은 무엇인가? 그는 이렇게 설명한다.

이는 가만히〔눈에 띄지 않게, TEV〕들어온 사람 몇이 있음이라 그들은 옛적부터
이 판결을 받기로 미리 기록된 자니 경건하지 아니하여 우리 하나님의
은혜를 도리어 방탕한 것으로 바꾸고 홀로 하나이신 주재 곧 우리 주 예수
그리스도를 부인하는 자니라(유 1:4).

이 전쟁에서 싸움 상대는, 자신들의 경건치 못한 생활 방식을 변명하기 위해서 하나님의 은혜를 왜곡하는 사람들의 '영향력'이다. 이런 공격이 교회를 노골적으로 대적하는 박해보다 더 치명적이다. 그것은 낙태나 동

성애나 마리화나 합법화처럼 성경의 원리에 반하는 법률이나 학교에서 진화를 가르쳐야 한다는 규정보다 더 위험하다. 그것은 어떤 이단이나 거짓 종교보다 더 영향력이 세다. 그것은 영원히 치명적이다.

어떻게 이것이 교회 안에 있는 사람들에게 해당하는 말이냐고 물을 수 있다. 지금 유다가 지칭하는 사람들은 예수 그리스도를 거부하거나 부인하는 사람들이니 말이다. 오늘날 우리 교회들에서는, 그러고도 여전히 그리스도인으로 받아들여질 수 있는 사람은 아무도 없다. 하지만 당신은 무슨 근거로 유다서 당시에 살던 신자들이 우리보다 더 취약했다고 생각할 셈인가? 다시 잘 보라. 이런 사람들은 우리의 진영에 가만히, 즉 눈에 띄지 않게 들어온다. 오늘날에나 유다의 시대에나, 모임 중에 일어나서 자기 입으로 예수 그리스도를 부인한다고 고백하고도 눈에 띄지 않을 수 있는 사람은 없다. 그렇다면 그들은 어떻게 그분을 버릴까? 신약 성경의 다른 책에 답이 나온다. "그들이 하나님을 시인하나 행위로는 부인하니"(딛 1:16). 그들은 말이 아니라 생활 방식으로 그분을 부인한다. 사실 그들은 말로는 하나님을 안다고 주장하고 예수님을 주로 고백하지만, 행동들에서는 그 고백을 찾아볼 수가 없다. 그들이 다른 사람들을 속일 뿐만 아니라 자기 자신까지 속인다는 것을 잊지 말라. 다시 말해서 그들은 자신이 그리스도인이라고 마음을 다해 믿는다.

그분의 은혜, '순종할 힘'을 주다

유다는 이런 사람들이 하나님의 은혜의 메시지를 왜곡시킨다고 말한다. 이 말세에 그런 현상이 아주 만연해 있다. 우리의 가르침들이 그 문을 열어 놓았기 때문이다. 우리는, 하나님이 세속적이고 불경건한 생활 방식까지도 하나님이 몽땅 다 보호해 주시는 것이 은혜라고 가르쳐 왔다. 교회 안의 많은 사람들이 이런 사고방식을 갖고 있다. 그들은 흔히 이런 말들을 한다. "나도 내가 제대로 살지 못하는 줄은 알지만 그래도 하나님의 은혜를 인해 감사한다." 이것은 심각한 기만이다. 성경은 은혜가 커다란 반창고라고 가르치지 않는다. 성경이 말하는 은혜는 진리의 요구를 행할 수 있도록 능력을 주시는 하나님의 내적인 임재다.

우리는 은혜를 공로 없이 받는 하나님의 호의라고만 가르쳐 왔다. 물론 그것은 그분의 호의이며 우리가 사거나 얻어 낼 수 없는 것이다. 그러나 은혜는 또한 우리에게 순종할 수 있는 능력을 주며, 은혜를 참으로 받았다는 증거는 우리의 경건한 생활 방식이다. 우리 삶에 은혜가 실제로 있다면, 그것은 반드시 그분의 말씀에 순종하는 모습으로 나타난다. 그래서 야고보는 말한다.

> 이와 같이 행함이 없는(순종의 행위와 행동으로 뒷받침되지 않는) 믿음은 그 자체가
> 죽은(무효한) 것이라 어떤 사람은 말하기를 너는 믿음이 있고 나는 [선한]
> 행함이 있으니 [선한] 행함이 없는 네 [말뿐인] 믿음을 내게 보이라 나는 [순종의
> 선한, AMP] 행함으로 내 믿음을 네게 보이리라 하리라 네가 하나님은 한 분이신
> 줄을 믿느냐 잘하는도다 귀신들도 믿고 떠느니라(약 2:17-19).

야고보는 오늘날 우리의 가르침에서 커다란 차이를 짚어 낸다. 우리는 "주 예수를 믿으라 그리하면 너와 네 집이 구원을 받으리라"(행 16:31) 같은

136

성경 말씀들을 뽑아낸다. 그러나 그분의 존재와 그분이 하나님의 아들이심을 믿는 것만이 구원받는 데에 필요한 전부라면, 야고보는 귀신들도 믿으니까 귀신들도 구원받겠다고 말한다. 물론 말도 안 되는 소리다. 자신의 요점에 더 오금을 박으려고 야고보는 하나님 앞에서 귀신들이 떤다고 지적한다. 다시 말해서, 말로는 믿음이 있다고 하면서 그에 상응하는 순종의 행위가 없는 사람보다 귀신들이 하나님을 더 두려워한다는 것이다.

우리가 예수 그리스도의 은혜로 진정 구원받았다는 증거는 그 구원을 입증해 주는 우리의 생활 방식이다. 그래서 사도 요한은 말한다.

> 우리가 그의 계명을 지키면 이로써 우리가 그를 아는 줄로 알 것이요 그를
> 아노라 하고 그의 계명을 지키지 아니하는 자는 거짓말하는 자요 진리가
> 그 속에 있지 아니하되 누구든지 그의 말씀을 지키는 자는 하나님의
> 사랑이 참으로 그 속에서 온전하게 되었나니 이로써 우리가 그의 안에
> 있는 줄을 아노라 그의 안에 산다고 하는 자는 그가 행하시는 대로 자기도
> 행할지니라(요일 2:3-6).

요한은 우리가 진정으로 예수 그리스도를 아는 증거는 그분의 계명들을 지키는 것이라고 명백하게 말한다. 말로는 예수님을 안다고 하면서 그분의 말씀을 지키지 않는 사람은 미혹된 것이고, 거짓말쟁이이며, 진리와 거리가 멀다. 하나님의 말씀을 아는 지식을 입술로 고백할지라도 그렇다. 그래서 요한은 "나의 자녀들아 내가 이것을 너희에게 씀은 너희로 죄를 범하지 않게 하려 함이라 만일 누가 죄를 범하여도 아버지 앞에서 우리에게 대언자가 있으니 곧 의로우신 예수 그리스도시라"(요일 2:1)라고 말한다.

요한은 "내가 이것을 너희에게 씀은 너희가 죄를 범할 때에 너희에게 대언자가 있음이라"고 쓰지 않았다. 목표는 죄를 범하지 않는 것이다. 우리에게는 하나님의 은혜의 능력이 있고, 그래서 우리는 그리스도를 닮은 삶("그가 행하시는 대로 자기도 행할지니라")을 목표로 할 수 있다. 불순종하는 본성의 지배에서 우리가 벗어났기 때문이다. 그러나 만일 우리가 죄에 지면 우리에게 대언자가 계시다. 신자는 하나님이 받으실 만하게 그분을 섬길 능력이 자신에게 주어졌음에 기뻐한다.

그러므로 우리가 흔들리지 않는 나라를 받았은즉 은혜를 받자 이로 말미암아 …… 하나님을 기쁘시게〔하나님이 받으실 만하게, NKJV〕섬길지니 (히 12:28).

여기에도 나온다. 은혜는 우리에게 하나님을 그분이 받으실 만하게 섬길 수 있는 능력을 준다.

어쩌자고 우리는 전체 복음이 아니라 이야기의 절반만 선포해 왔던가? 물론 구원은 선물이다. 살 수도 없고 얻어 낼 수도 없는 것이다. 다 맞는 말이다. 그러나 우리가 잊고 사람들에게 말하지 않은 것이 있다. 구원을 얻는 유일한 길은, 다 버리고 자신의 삶을 내려놓고 예수 그리스도의 주권을 고백하는 것이며, 그렇게 할 때에 그분의 성품대로 살아갈 능력을 얻는다는 사실이다. 베드로도 그렇게 말했다.

하나님과 우리 주 예수를 앎으로 은혜와 평강이 너희에게 더욱 많을지어다

그의 신기한 능력으로 생명과 경건에 속한 모든 것을 우리에게 주셨으니

이는 자기의 영광과 덕으로써 우리를 부르신 이를 앎으로 말미암음이라

이로써 그 보배롭고 지극히 큰 약속을 우리에게 주사 이 약속으로 말미암아 너희가 정욕 때문에 세상에서 썩어질 것을 피하여 신성한 성품에 참여하는 자가 되게 하려 하셨느니라(벧후 1:2-4).

몇 가지 짚고 넘어가겠다. 예수 그리스도를 앎으로 우리에게 은혜가 주어졌다. 그 은혜는 경건하게 살아가는 데에 필요한 모든 것을 우리에게 주시는 그분의 신기한 능력이다. 그 경건한 생활 방식은 신의 성품대로 사는 것이다. 그래서 우리는 아담 때문에 세상에 들어온 부패(썩어질 것)에서 구속(救贖)되었다. 그 부패는 하나님을 거스르는 인간들의 정욕으로 말미암아 계속 더 심해졌다. 말로나 행동으로나 아무도, 당신이 당신의 존재 안에 깃든 신의 성품대로 사는 것을 막지 못하게 하라. 바울은 분명히 말한다.

모든 사람에게 구원을 주시는 하나님의 은혜가 나타나 우리를 양육하시되
경건하지 않은 것과 이 세상 정욕을 다 버리고 신중함과 의로움과
경건함으로 이 세상에 살고 복스러운 소망과 우리의 크신 하나님 구주 예수
그리스도의 영광이 나타나심을 기다리게 하셨으니 그가 우리를 대신하여
자신을 주심은 모든 불법에서 우리를 속량하시고 우리를 깨끗하게 하사
선한 일을 열심히 하는 자기 백성이 되게 하려 하심이라 너는 이것을 말하고
권면하며(딛 2:11-15).

하나님의 은혜는 우리에게 모든 경건하지 않은 것과 세상 정욕을 부인하고, 신중하고 의로우며 경건한 삶을 살도록 가르친다. 일반적으로 교사

들은 우리를 가르쳐서 실력을 길러 주거니와, 하나님의 은혜가 우리 삶에서 하는 일이 바로 그것이다. 우리가 이것을 말하고 권면해야 한다. 사실 바울은 계속해서 "이 말이 미쁘다. 원하건대 너는 이 여러 것에 대해 항상 굳세게 하라. 이는 하나님을 믿는 자들로 하여금 조심하여 선한 일을 계속하게 하려 함이라"(딛 3:8, NKJV)라고 말한다.

우리 삶에 있는 하나님의 은혜의 능력으로 우리는 늘 선한 일에 힘써야 한다. 구원받기 전에는 우리에게 은혜가 없었고 구약의 성도들도 마찬가지였다. 은혜는 예수 그리스도로 말미암아 우리에게 주시는 하나님의 선물이다. 그래서 예수님은, 구약 시대에는 다른 사람의 물리적인 목숨을 끊으면 살인자로 취급되어 지옥의 위험에 처하게 되었다고 우리에게 말씀하신다. 그러나 은혜 아래서는 형제를 바보라고 부르거나, 용서하기를 거부하거나, 형제에게 편견을 갖거나, 어떤 다른 형태의 증오를 품기만 해도 지옥불에 내던져지는 위험에 처하게 된다(마 5:21-22). 왜 그럴까? 이제는 우리에게 은혜의 힘으로 말미암아 내면에서 겉모습에 이르기까지 하나님의 성품대로 살아갈 능력이 있기 때문이다.

진리를 굳세게 하라

디도서 3장 8절에서는 이런 것들을 "항상" 굳세게 하라고(또는 가르치라고) 명한다. 그렇다면 당신은 그 명령을 들었는가? 오늘날 강단에서나 신자들 사이에서 이런 것들은, 계속은 고사하고 거의 들리지 않는다. 그래서 우리는, 하나님의 은혜로 선한 일에 힘쓰는 일의 중요함을 깨닫는 데서 떠내려갔다. 인정하지 않고 믿지 않는 탓에 사실상 우리 안에 있는 능력을 사장시키고 있다. 은혜의 통로인 믿음을 입술로 시인함으로써 늘 역사해야 한다. 바울은 "그리스도 예수 안에서 네 안에 있는 모든 선한 것을 시인함으로써 네 믿음의 소통이 유효해지느니라"(몬 1:6, KJV)고 말한다.

이런 것들을 항상 견고하게 하지 않으면 우리는 진리에서 멀어지고 만다. 히브리서 기자가 그것을 분명히 보았다.

> 그러므로 우리는 들은 것에 더욱 유념함으로 우리가 흘러 떠내려가지 않도록 함이 마땅하니라 천사들을 통하여 하신 말씀이 견고하게 되어 모든 범죄함과 순종하지 아니함이 공정한 보응을 받았거든 우리가 이같이 큰 구원을 등한히 여기면 어찌 그 보응을 피하리요(히 2:1-3).

이런 것을 항상 굳세게 함으로써 우리는, 우리를 떠내려가지 않게 해 주는 절박한 영원의 문제들을 늘 염두에 두게 된다.

어렸을 때 낚시를 즐겨했다. 낚싯배의 닻을 내리지 않으면, 나와 친구들이 낚시에 몰두한 사이 그만 배가 떠내려가곤 했다. 얼마쯤 지나 고개를 들어 보면 어디인지도 모르는 곳에 떠 있기도 했다. 우리의 생각이 낚시라는 다른 일에 가 있었기에 그렇게 떠내려갔던 것이다. 그러다 아주 호된 대가를 치른 사람들도 있다. 강에서 낚시를 하다가 위험한 폭포에 다다른 사람들이 많이 있었다. 폭포에서 떨어져 목숨을 잃은 사람들도 부지기수다. 처음 자리했던 곳에서 떠내려갔기 때문이다.

중요한 영원의 문제들에서도 마찬가지다. 하나님이 우리에게 이런 것들을 항상 굳세게 해야 한다고 하셨으면, 마땅히 우리도 그것에 주의를 기울여야 한다. 순종의 경건한 생활 방식을 유지할 수 있게 해 주는 은혜의 능력을 왜 우리는 강조하지 않는가? 초대 교회는 그랬다. 나는 초대 교회 교부들이 남긴 일부 저작을 공부하면서 깨달은 것이 있다. 그들은 오늘날 우리의 가르침과 거의 상반되어 보이는 것들을 가르쳤으나 성경과 모순된 가르침은 아니었다. 첫 몇 세기의 교부들은 행위가 우리의 구원의 증거에 본질적인 역할을 한다고 믿었다. 몇 가지 예를 살펴보자.

첫 번째는 서머나 교회의 주교요 사도 요한의 동지였던 폴리갑(AD 69-156년)이다. 그는 노년에 체포돼 화형을 당했다. 그는 "구원이 행위로 말미암지 않고 은혜로 말미암음을 알고서 이 (구원의) 기쁨에 들어가기를 원하는 자들이 많이 있다"[2]고 썼다. 구원이 우리 자신의 선행으로 말미암지 않는다는 사실을 앞서 강조했듯이, 이것은 오늘날의 복음주의 진영에서 얼마든지 받아들여질 만한 말이다. 그러나 그는 신자들에게 이런 말도 썼다. "그분을 죽은 자 가운데서 다시 살리신 분이 우리도 다시 살리실 것이다. 만일 우리가 그분의 뜻을 행하고, 그분의 계명들 안에서 행하고, 그분이 사랑하시는 것들을 사랑하고, 우리 자신을 모든 불의에서 지킨다면 말이다."[3]

오늘 우리가 만나는 강단들에서는 자주 들을 수 없는 말이다. "만일"이라는 말에 주목하라. 신자들의 부활에서 우리도 살리심을 입으려면 그분의 뜻을 행하고 그분의 계명들 안에서 행해야 한다는 말이다. 잠시 후에 살펴보겠지만 이것은 예수님이 하신 말씀과 정확히 일치한다.

다음으로 인용할 사람은 사도 바울과 베드로의 동지요 로마 교회 감독이었던 로마의 클레멘스(AD 30-100년)다. 그는 "우리가 의롭다 하심을 받은 것은 우리 자신이나 우리의 선이나 행위로 말미암은 것이 아니다. 전능하신 하나님이 모든 인간을 의롭다 하시는 통로는 오직 믿음이다"[4]라고 썼다. 이것 역시 오늘날 기독교 진영들에서 두루 쓰일 말이다. 그러나 그는 신자들에게 이런 말도 썼다. "우리는 지체하지 말고 선행을 실천해야 한다. 그분은 우리에게 '보라, 주께서 임하시며 그분의 상이 그 면전에 있으니 각 사람에게 그 행위대로 갚으실 것이라'(롬 2:6-10) 하고 미리 경고하신다."[5]

이 진리 때문에 바울은 재판 중에 "아그립바왕이여 그러므로 하늘에서 보이신 것을 내가 거스르지 아니하고 먼저 다메섹과 예루살렘에 있는 사람과 유대 온 땅과 이방인에게까지 회개하고 하나님께로 돌아와서 회개에 합당한 일을 하라 전"했다(행 26:19-20)고 진술한 것이 아닐까? NLT 성경은 이 구절을 "자신들이 변했다는 것을 선한 행동으로 증명해 보이라"로 번역한다. 바울이 이 중요성을 강조했으니 그의 동지인 로마의 클레멘스도 똑같이 한 것은 당연해 보인다.

다음으로 이야기할 사람은 알렉산드리아의 클레멘스(AD 150-200년)다. 그는 이집트 알렉산드리아 교회의 지도자였고 새 신자들을 교육하는 학교의 책임자였다. 그는 불신자들을 가리켜 "그들이 지금 선행을 할지라도 믿음이 없으면 사후에 그들에게 조금도 유익이 되지 못한다"[6]고 썼다.

이것 역시 오늘날 복음주의자들이 진심으로 반길 말이다. 앞 여러 장에 이미 지적한 것처럼, 불신자가 아무리 선행을 많이 해도 그것 때문에 영원한 하나님 나라에 들어갈 수는 없음을 우리는 안다. 우리의 구원은 하나님의 은혜다. 그러나 클레멘스가 신자들에게 쓴 다른 말을 보라.

누구든지 진리를 얻고 선행이 분명히 나타나는 자는 영생의 상을 얻을 것이다. …… 어떤 사람들은 하나님이 (구원받는 데에) 필요한 능력을 어떻게 주시는지 정확히 그리고 충분히 알고 있으면서도, 구원에 이르는 행위들을 별로 중시하지 않다가 그만 자신이 바라는 바를 얻는 데에 필요한 준비를 그르치고 만다.[7]

'이 사람들은 신약 성경도 읽지 않았나' 하는 생각이 들 수도 있을 것이다. 하지만 그렇지 않다. 조쉬 맥도웰은 알렉산드리아의 클레멘스가 인용한 말 중에 2,400개가 신약 성경의 세 권의 책에서 나왔다고 지적했다.[8] 다른 사람들도 마찬가지다. 반면 오늘날 기독교 서점에는 성경 말씀이 거의 들어 있지 않은 책들이 많다. 우리가 중요한 것을 항상 굳세게 하지 않아서 떠내려간 것은 아닐까?

반쪽짜리 복음을 경계하라

불행히도 우리는 "네가 만일 네 입으로 예수를 주로 시인하며 또 하나님께서 그를 죽은 자 가운데서 살리신 것을 네 마음에 믿으면 구원을 받으리라"(롬 10:9) 같은 성경 구절들만 인용한다. 그래서 우리는 사람들에게 영접 기도만 죽 암송하면 신기하게 "안"에 들어간다고 말한다.

그런데 우리는 "너희는 나를 불러 주여 주여 하면서도 어찌하여 내가 말하는 것을 행하지 아니하느냐"(눅 6:46)라고 한 예수님의 말씀은 왜 인용하지 않는가? 앞에서 본 것처럼 "주"라는 말은 궁극의 주인이라는 뜻이며 소유권의 의미가 담겨 있다. 그러니까 예수님은 "네 삶을 여전히 네가 소유한 채로 나를 주라고 부르지 말라. 차라리 나를 훌륭한 선지자나 교사라고 부르면 너 자신을 속이지나 않을 것이다"라고 하시는 것이다.

그러니 이제 이 논의 전체의 발단이 되었던 예수님의 다음 말씀을 다시 검토해 보자. "나더러 주여 주여 하는 자마다 다 천국에 들어갈 것이 아니요"(마 7:21).

이미 언급했듯이, 예수 그리스도를 주라고 부르는 자마다 천국에 다 들어갈 것이 아니다. 즉 이것은 단지 '영접 기도'를 한다고 해서 우리에게 천국이 보장되는 것이 아님을 명확하게 보여 준다. 그렇다면 내 질문은 이것이다. "예수님, 누가 천국에 들어갑니까?" 예수님은 이렇게 대답하신다. "다만 하늘에 계신 내 아버지의 뜻대로 행하는 자라야 들어가리라"(마 7:21).

재미있다. 폴리갑의 표현도 이것과 거의 동일했다. 그러므로 우리를 천국에 들어가게 하는 것은 예수님을 구주로 고백만 하는 것이 아니라 고백하고 동시에 하나님의 뜻을 행하는 것이다. 그리고 우리가 그분의 뜻을 행할 수 있는 유일한 길은 은혜를 통해서인데, 은혜는 우리가 자신의 삶을 부인하고 그분을 주로 받아들임으로써 스스로 겸비해질 때에 그분이 우리에게 주신다. 고백하는 것은 아주 단순하지만, 우리 자신을 그분의 주권의 실체에 완전히 의탁하는 것이 어려운 부분이다.

이제 내가 이 점을 왜 그렇게 힘들여 강조하는지 들어 보라.

그 날에 많은 사람이 나더러 이르되 주여 주여 우리가 주의 이름으로 선지자
노릇 하며 주의 이름으로 귀신을 쫓아내며 주의 이름으로 많은 권능을
행하지 아니하였나이까 하리니 그때에 내가 그들에게 밝히 말하되 내가
너희를 도무지 알지 못하니 불법을 행하는 자들아 내게서 떠나가라 하리라(마
7:22-23).

1980년대 말에 하나님은 내게 영적인 환상 하나를 보여 주셨다. 끝이 보이지 않을 정도로 허다한 무리가 보였다. 그 그룹 안에는 무신론자들도 없고 소위 죄인들도 없고 다른 종교를 믿는 자들도 없었다. 오히려 다들 자신을 '그리스도인'이라고 내세웠다. 이 무리가 심판대 앞에 섰다. 그들은 예수님께 "네 주인의 기쁨인 하나님 나라에 들어가라"는 말씀을 들을 줄로 잔뜩 기대하고 있었다. 그런데 대신 그들에게 들려온 말은 "불법을 행하는 자들아 내게서 떠나가라"(마 7:23)였다.

그들의 얼굴에서 나는 극도의 충격과 공포를 보았다. 자신에게 있지도 않은 구원에 의지해 안심하고 있는 당신을 상상할 수 있는가? 천국에 가는 줄로만 철석같이 믿었는데 영원히 지옥 불로 쫓겨나는 당신을 상상할 수 있는가? 당신 자신이나 설교자들이 당신의 영원한 종착점을 너무 가볍게 여겼던 그 지식을 영원히 품고 살아야 하는 당신을 상상할 수 있는가?

예수님의 경고들을 외면하는 '구도자에게 친절한' 메시지가 과연 존재하는가?

왜 우리가 긍정적인 면들이나 혜택들만이 아니라 하나님의 뜻을 다 전해야 하는지 당신은 알겠는가? 물론 우리는 혜택들을 좋아한다. 그리고 그것도 말해야 하고 누려야 한다. 그러나 그러느라고 성경 말씀에 기록된 명령과 경고들을 무시해서는 안 된다.

어떤 집회에서 내가 이런 진리들을 전하는 이유를 말했던 일이 기억난다. "심판 날에 단 한 사람이라도 나한테 '왜 나한테 진리를 말해 주지 않았소!'라고 소리 지르는 상황을 나는 원치 않습니다. 그들의 피가 내 손에서 뚝뚝 떨어지고 있는데 말입니다."

내 강의가 끝난 후에 한 목사가 아주 불쾌한 표정을 하고는 내게 다가

146

왔다. 사실 그는 화가 나 있었다. 그가 말했다. "목사님이 감히 어떻게 우리 목회자들에게 구약의 신학을 씌우는 겁니까? 전체 복음을 전하지 않았다고 내 손에서 피가 뚝뚝 떨어지는 일 따위는 없을 겁니다!" 분명히 그는 긍정적인 면들을 좋아했고 하나님 말씀 중에서 지적하는 부분들은 멀리하고 있었다.

나는 이렇게 말했다. "목사님, 바울이 에베소 지도자들에게 한 말을 보십시오." 나는 내 성경책을 손에 들고 사도행전을 펴서 그에게 읽어 보라고 했다. "그러므로 오늘 여러분에게 증언하거니와 모든 사람의 피에 대하여 내가 깨끗하니 이는 내가 꺼리지 않고 하나님의 뜻을 다 여러분에게 전하였음이라"(행 20:26-27).

그는 꽤 충격을 받은 듯했다. 눈이 휘둥그레지고 입이 쩍 벌어졌다. 그는 말했다. "이때까지 늘 신약을 읽었지만 이런 말씀은 처음 봅니다." 이어서 우리는 우호적인 대화를 나누었다. 나는 각 사람을 그리스도 안에서 성숙한 자로 세우려면 가르치기만 하지 말고 또한 경고해야 한다고도(개역개정에는 "권하라"로 되어 있다-옮긴이) 일러 주었다(골 1:28). 무엇을 "경고"하는 것인가? 진리에서 떠내려가지 말라고, 사이비들이 선전하는 메시지에 휩쓸리지 말라고 경고하는 것이다. 사이비들은 자신들뿐 아니라 수많은 사람들을 꾀어 경건을 버리게 한다.

사도행전 20장에 따르면, 바울은 에베소 사람들과 장기간 함께 있었다. 그는 그들을 끔찍이 사랑했고, 천국에 가기까지 자기가 그들을 다시는 보지 못할 것을 성령으로 말미암아 알았다. 자식 같은 사람들에게 마지막 말을 한다면 당신이라면 얼마나 조심해서 말을 고를지 생각해 보라. 그의 고별사는 이랬다.

여러분은 자기를 위하여 또는 온 양 떼를 위하여 삼가라 성령이 그들 가운데 여러분을 감독자로 삼고 하나님이 자기 피로 사신 교회를 보살피게 하셨느니라 내가 떠난 후에 사나운 이리가 여러분에게 들어와서 그 양 떼를 아끼지 아니하며 또한 여러분 중에서도 제자들을 끌어 자기를 따르게 하려고 어그러진 말을 하는 사람들이 일어날 줄을 내가 아노라 그러므로 여러분이 일깨어 내가 삼 년이나 밤낮 쉬지 않고 눈물로 각 사람을 훈계〔경고, NIV〕하던 것을 기억하라(행 20:28-31).

그들은 어떻게 "어그러진 말"을 했을까? 말로도 그랬겠지만 행동으로 그랬을 소지가 가장 높다. 바울은 3년 동안 밤낮으로 경고를 그치지 않았을 정도로 그것을 절감하고 있었다. 그러므로 우리 또한 이런 것들을 항상 굳세게 해야 한다.

사랑의 하나님, 공의의 하나님

앞에 나온 우화에서 미혹이라는 인물이 얼마나 큰 충격을 받고 깊은 고뇌에 휩싸였는지 느낄 수 있었다. 또 고립의 땅에 있는 지하 감옥을 묘사한 문장을 보고 우리는 숨이 막혔다. 그 흑암과 견딜 수 없는 열기, 오염된 공기의 한증막 속에서 130년을 보낸다는 생각이 아찔하게 느껴졌다. 그러나 헤아릴 수 없이 많은 남녀들이 부딪치게 될 것에 비하면 그것은 아무것도 아니다. 우리가 하나님의 뜻을 다 전하지 않는다면 말이다.

기억하겠지만 잴린은 사랑이 많으면서도 동시에 공의로웠다. 심판 때에 그 사랑은 잴린이 다곤의 본성과 성품을 소유한 사람을 애퍼벨 도시에 들여놓을 수 없다는 것으로 드러났다. 만일 들여놓는다면 잴린은 그곳의 모든 거민들을 포함해 도성 전체를 부패시키고 오염시킬 것이다.

동시에 그는, 다곤의 성품을 지닌 사람들에게 불순종의 형벌을 다곤에게보다 덜하게 내릴 수 없다는 점에서 공의로웠다. 그렇기 때문에 잴린을 따르기로 선택하지 않은 모든 사람들은 고립의 땅에 있는 동일한 감옥으로 추방되어야 했다.

이와 같이 하나님의 사랑은 사탄의 본성을 지닌 사람을 영원한 도성에 영원히 들여놓을 수 없다. 사탄의 지배하에 있으면서 사탄의 본성을 고수하기로 선택한 사람들은 예외로 하고서 사탄과 그 일당들에게만 영원한 지옥 불을 선고하신다면 더 이상 하나님은 공의로운 분이 아니시다. 사탄의 본성을 지닌 사람들은 모두 사탄과 함께 영원히 지옥 불을 선고받게 된다. 하나님은 자비하심과 동시에 공의로우시며, 앞으로도 계속 그러실 것이다. 그분의 영광은 온 땅에 두루 알려질 것이다.

DRIVEN BY ETERNITY

PART 3

인생,
진짜 집으로
돌아가는 여정

6

끝까지 견디는 자가
적을 것이다

그러나 끝까지 견디는 자는 구원을 얻으리라.
마태복음 24장 13절

성령이 아니고는 아무도 우리를 예수님께로 이끌 수 없다.
배교의 결과로 성령께서 한번 우리를 떠나시면 다시 오지 않으신다.
그래서 성령은 오래 참으신다. 쉽게 포기하지 않으신다.

—

이제 이중생활과 겁쟁이를 통해 드러나는 진리들을 살펴볼 차례다. 한때 그들은 잴린을 따르긴 했으나 마음속 동기가 옳지 않았고, 결국은 잴린의 길에서 돌아서서 영원히 치명적인 종말을 자초했다.

말씀을 내 기준으로 걸러 내 믿는가

이 장에서 살펴볼 진리들 가운데 더러는 복음주의 진영에 있는 일부 사람들 사이에서 논란의 여지가 있음을 나도 잘 안다. 하지만 진리를 갈망하고 자신에게 솔직한 태도로 성경을 철저히 탐구하는 사람들 사이에서는 논란의 여지가 있을 수 없다. 그래서 이중생활과 겁쟁이에 대해 성경에 계시된 내용을 살펴보기에 앞서서, 당신의 마음과 생각을 열고서 읽을 것을 먼저 부탁한다.

사람들이 하나님의 뜻을 알게 되는 데 가장 큰 장애물 가운데 하나는,

성경을 읽을 때 읽는 대로 믿기보다는 자기가 믿는 대로 읽는다는 사실이다. 얼룩진 렌즈로 진리를 들여다 보니 자기가 믿는 대로 읽는 것이다. 그런 얼룩은 다른 사람들한테서 얻었거나 각자의 교단에서 배운 잘못된 지식에서 또는 하나님과 그분의 길에 대한 우리의 선입관에서 생겨난다. 이것은 우리를 기만으로 이끌 수 있기 때문에 대단히 위험하다. 욥기에서 하나의 예를 찾아볼 수 있다.

최근에 성경책을 들었다가 미처 펴기도 전에 성령의 이런 음성이 들렸다. "욥기로 가서 32장부터 읽기 시작하라."

곧바로 32장을 펴 보니 마침 엘리후의 메시지가 시작되는 곳이었다. 잠깐 이 말씀의 배경을 살펴보겠다. 욥은 엄청난 고통과 재난을 겪은 후에 하나님의 길을 바라보는 시각이 급속도로 악화되었다. 이제 그는 하나님께 지혜를 구하기보다는 자신의 경험을 통해 하나님을 보았다(욥 1:2-8). 시간이 갈수록 이런 논리는 자기 정당화 쪽으로 치달았다. 31장까지 발언했던 욥의 세 친구는 잘못된 신학자가 되어 스스로 욥의 비극을 해석하려고 했다. 그럴수록 사태는 더 악화되었다. 그들은 욥의 고집스런 논리를 꺾을 방도를 찾지 못한 채 오히려 그를 정죄했다.

엘리후는 그 모임의 제일 어린 사람답게 욥이나 욥의 세 친구에게서 하나님의 지혜를 들으려고 오랫동안 기다렸다. 그러나 세 사람이 더 이상 할 말이 없음을 알고 마침내 그는 이렇게 입을 열었다. "세 분이 말씀하시는 동안에, 나는 참으며 듣기만 하였습니다. 세 분이 지혜로운 말씀을 찾으시는 동안에, 나는 줄곧 기다렸습니다. 나는 세 분이 하시는 말씀을 주의 깊게 들었습니다. 그런데 세 분께서는 어느 한 분도, 욥 어른의 말을 반증하거나 어른의 말에 제대로 답변하지 못하셨습니다. 그러고서도 어떻게 지혜를 발견했다고 주장하실 수 있으십니까? 세 분께서 이 일에 실패하셨으니, 내가 이제 욥 어른으로 하여금 하나님의 대답을 들으시도록 하겠습니다"(욥 32:11-13, 새번역).

엘리후는 계속해서 그들 모두를 꾸짖었다. "하나님이 그분의 공의를 당신의 요구에 맞추셔야 되겠습니까?"(욥 34:33, NLT) 오늘날 많은 사람들 사이에 너무도 만연한 오류를 얼마나 정확히 지적한 말인가. 교회 안에 자리한 잘못된 신학의 큰 뿌리들 가운데 하나는 이것이다. 즉 하나님 말씀으로 진리를 정립하기보다는 우리의 경험에 비추어 하나님 말씀을 해석한다. 엘리후는 하나님에 대한 선입관과 어떤 사건 내지 상황에서 생겨난, 인간의 논리나 신학을 말하지 않았다. 대신 그는 순전한 하나님 말씀을 말했고 진리를 희석시키지 않았다. 일단 그가 말을 마치자 성경은 이렇게 이어진다.

> 그때에 여호와께서 폭풍 가운데서 욥에게 말씀하셨다. "네 무지하고 공허한
> 말로 내 지혜에 이의를 다는 너는 누구냐. 이제 너는 대장부처럼 일어나서
> 내가 네게 하는 질문에 대답하라"(욥 38:1-3, TEV).

AMP 성경은 하나님의 질문을 "지식이 없는 말로 이치를 어둡게 하는 자가 누구냐"라고 옮겼다. 우리의 경험, 다른 사람들의 의견, 잘못된 신학, 하나님에 관한 선입견 따위로 하나님 말씀을 걸러 낼 때 우리가 하는 일이 바로 그것이다. 우리는 그분의 이치를 어둡게 하며, 그리하여 우리의 영향권 안에 있는 모든 사람들이 그 이치를 누릴 수 없게 한다. 사실상 우리는 알려고 하는 사람들에게 진리를 감춘다. 그래서 하나님은 욥과 그의 친구들에게 그토록 노하셨던 것이고, 오늘날에도 우리가 그분의 길을 잘못 대

변할 때에 그렇게 노하신다. 우리는 종종 다른 사람들이 진리를 알지 못하게 막는다. 이어서 하나님은 네 개의 장에 걸쳐서 욥에게 자신의 말씀을 계시하신다. 그분의 말씀이 끝나자 욥은 통회하며 아뢴다.

> 주께서는 못 하실 일이 없사오며 무슨 계획이든지 못 이루실 것이 없는 줄 아오니 무지한 말로 이치를 가리는 자가 누구니이까 나는 깨닫지도 못한 일을 말하였고 스스로 알 수도 없고 헤아리기도 어려운 일을 말하였나이다 내가 말하겠사오니 주는 들으시고 내가 주께 묻겠사오니 주여 내게 알게 하옵소서 내가 주께 대하여 귀로 듣기만 하였사오나 이제는 눈으로 주를 뵈옵나이다 그러므로 내가 스스로 거두어들이고 티끌과 재 가운데에서 회개하나이다(욥 42:2-6).

욥이 "전에는 내가 다른 사람들이 말해 준 것만 알았는데 이제는 내 눈으로 주를 뵈었습니다"(5절, TEV)라고 말한다. 여기에 강력한 진리가 있다. 성경은 우리가 주에 대해 들을 때가 아니라 주를 볼 때에 영광에서 영광으로 변화된다고 말한다(고후 3:18). 그분은 하나님의 살아 있는 말씀이다. 그분을 보면 곧 그분을 아는 것이고 그분의 길을 아는 것이다. 이것이 곧 계시된 진리가 한 인간에게 하는 일이다. 우리는 하나님 말씀을 듣지만, 그러나 깨닫기까지는 변화가 없다. 그러다 하나님의 말씀이 마음 깊이 와닿으면 우리는 "알겠습니다, 이제 알겠습니다"라고 소리친다. 그 순간 우리는 깨닫고 더 그분을 닮은 모습으로 변화된다.

이런 영적인 사실 때문에 바울은 이렇게 기도한다. "나도 …… 너희로 말미암아 감사하기를 그치지 아니하고 우리 주 예수 그리스도의 하나님,

영광의 아버지께서 지혜와 계시의 영을 너희에게 주사 하나님을 알게 하시고 너희 마음의 눈을 밝히사"(엡 1:15-18). 욥은 이제 깨달았다. 비극을 당하기 전에도 그는 아주 경건한 삶을 살았지만 이런 깨달음은 없었다. 이제 그는 더 높은 차원에서 하나님을 알게 되었다.

욥에게 말씀을 마치신 하나님은 세 친구 가운데 하나인 엘리바스를 보고 말씀하신다. "내가 너와 네 두 친구에게 노하나니 이는 너희가 나를 가리켜 말한 것이 …… 옳지 못함이니라"(욥 42:7).

우리가 하나님이나 그분의 길을 잘못 대변하는 일을 그분은 가볍게 여기지 않으신다. 그것은 이치를 어둡게 하며 그분의 공의를 굽게 한다. 그래서 나는 성경의 전체적인 이치로 뒷받침되지 않는 신학을 아주 성급히 말하는 사람들을 보면 이상하다. 얼마나 두려운 일인가! 진리가 주는 교훈이나 책망을 기꺼이 받을 마음이 없는데 어떻게 진리를 알 수 있단 말인가?

내가 욥기를 다 읽고 나자 주님은 많은 질문들에 답이 되는 말씀을 내게 해 주셨다. "아들아, 유심히 보았느냐? 욥이나 그 친구들이 나에 관해 잘못 말하는 동안에는 나는 등장하지 않았다. 누군가 일어나서 진리를 말할 때까지 내 임재는 나타나지 않았다!" 나는 하나님이 내 심중에 들려주신 그 말씀이 두려웠고 그것을 곰곰이 생각했다. 그러던 중에 다시 그분의 음성이 들려왔다. "그렇게 많은 개인들, 교회들, 교단들이 삶을 바꾸어 놓는 내 능력과 내 임재를 경험하지 못하는 이유가 거기에 있다. 그들은 내 순전한 말씀을 선포하는 것이 아니라 자신들이 걸러 낸 해석이나 논리를 전한다. 욥이나 그 친구들과 다르지 않다. 그들은 지식이 없는 자기들의 말로 내 이치를 어둡게 하고 있다."

하나님의 임재와 능력의 실체를 알려면 우리는 진리를 알기를 구하되 그것을 희석시켜서는 안 된다. 그러므로 지금부터 성경에 기록된 하나님의 심판에 관한 내용을 계속 살펴보는 동안, 당신은 하나님을 바라보는 잘못된 선입관, 잘못된 신학, 또는 환경 때문에 그분이 이미 밝히 알려 주신 것들을 고쳐서는 안 된다. 대신 계시된 하나님 말씀 안에서 그분을 구하여 그분의 길을 깨닫도록 하라.

이익을 바라고 따르는가

우선 이중생활의 운명을 살펴보자. 앞 장에서 살펴본 예수님의 말씀으로 다시 돌아가자.

심판 날이 오면 많은 사람들이 나에게 말할 것이다. "주여, 주여! 우리는
주의 이름으로 하나님의 메시지를 전했고, 주의 이름으로 많은
귀신을 쫓아냈고 많은 기적을 행하였습니다!" 그러면 나는 그들에게
말할 것이다. "나는 너희를 안 적이 없다. 너희 악한 자들아, 내게서
떠나가라!"(마 7:22-23, TEV)

NKJV 성경에서는 예수님의 말씀이 "내가 너희를 도무지 알지 못한다. 불법을 행하는 너희들은 내게서 떠나가라"고 되어 있다. 이것이 원어에 더 가까운 번역이다. "불법"에 해당하는 헬라어 '아노미아'는 하나님의 법(또는 뜻)과는 반대로 행한다는 뜻이다. 즉 하나님의 권위에 순종하지 않는

다는 뜻이다.

예수님은 또 불법이라는 말 뒤에 행한다는 단어를 쓰셨는데, 이는 그들이 어쩌다 한 번씩 넘어지는 사람이나 또는 자신의 불순종을 미워하면서 자유하고자 씨름하는 그리스도 안의 어린 아기가 아님을 나타내는 말이다. 오히려 그들은 하나님을 기쁘시게 하는 것과는 반대로 살면서, 그것을 무시하거나 정당화하거나 그냥 넘어가는 사람들이다. 미혹처럼 기만에 빠진 사람들이나 이중생활처럼 충성하지 않은 사람들이 이에 해당한다. 지금 예수님이 거론하시는 이 무리들이 맞닥뜨릴 심판의 선고는, 저주받은 자의 땅에서 그들의 영혼 속에 영원토록 울려 퍼질 것이다. 그러므로 주님의 이 경고를 절대로 간과하거나 가볍게 여겨서는 안 된다.

앞 성경 말씀에서 예수님이 말씀하시는 두 번째 그룹을 좀 더 자세히 살펴보자. 하나님 나라에서 문전박대를 당할 사람들 가운데 일부는 예수님의 이름으로 귀신을 쫓아내는 사람들이다. 이 사람들은 누구일까? 주 예수님과 친분 관계가 전혀 없이 그저 예수님의 이름을 빌려 귀신이나 쫓아내려는 남녀들이 아닐까? 답을 찾으려면 사도행전을 보아야 한다.

> 이에 돌아다니며 마술하는 어떤 유대인들이 시험 삼아 악귀 들린 자들에게
> 주 예수의 이름을 불러 말하되 내가 바울이 전파하는 예수를 의지하여
> 너희에게 명하노라 하더라 유대의 한 제사장 스게와의 일곱 아들도 이 일을
> 행하더니 악귀가 대답하여 이르되 내가 예수도 알고 바울도 알거니와 너희는
> 누구냐 하며 악귀 들린 사람이 그들에게 뛰어올라 눌러 이기니 그들이
> 상하여 벗은 몸으로 그 집에서 도망하는지라(행 19:13-16).

이들 귀신 쫓는 자들은 예수님의 이름으로 귀신을 쫓아낼 수 없었다. 이 사건 속에 확실한 진리가 하나 있다. 귀신을 쫓아내는 것은 이름만 있다고 되는 일이 아니다. 그 이름의 주인공이신 분과 관계를 맺고 있어야 한다. 예수님을 따르는 그분의 종이어야 한다. 앞 장에서 살펴보았던 사람들과는 다르다.

이제 이런 생각이 들지도 모른다. '하지만 예수님은 그들을 도무지 알지 못한다고 하셨다. 그렇다면 그들은 어떻게 그분의 이름으로 귀신을 쫓아내고 기적을 행할 수 있었을까? 어떻게 그것이 가능할까?' 구원의 혜택들을 바라고 예수님께 합류했으나 순전히 사사로운 이익을 동기로 그리한 사람들이 있다. 그들은 끝내 하나님의 마음을 몰랐다. 그들은 그분의 능력과 축복만 원했다. 바울은 그들이 "마음이 부패하여지고 진리를 잃어버려 경건을 이익의 방도로 생각하는 자들"(딤전 6:5)이라며 "이 같은 자들에게서 네가 돌아서라"(딤후 3:5)고 경고한다.

이 사람들은 자신의 혜택을 바라고 예수님을 구했고, 그들이 그분을 섬긴 동기는 사랑이 아니라 이익이었다. 예수님은 그들을 모르실 수밖에 없다. 그래서 성경에 "또 누구든지 하나님을 사랑하면 그 사람은 하나님도 알아주시느니라"(고전 8:3)고 했다.

그를 하나님이 알아주신다. 단순히 누군가에 관해 안다는 뜻이 아니다. 하나님은 이미 모든 사람에 관해 모든 것을 아신다. 그분은 전지(全知)하신 분이다! 그보다 이 말에는 친밀하다는 의미가 담겨 있다. AMP 역본에는 이 구절을 이렇게 번역했다. "하나님을 참으로〔애정 어린 경외, 신속한 순종, 그분의 축복에 대한 감사함으로〕사랑하면 그는 하나님의 아시는 바가 된다〔그분의 친밀함과 사랑에 합당한 자로 인식되며, 그분이 그를 소유하신다〕."

심판 날에 예수님은 많은 무리에게 "내가 너희를 도무지 알지 못하니"라고 하신다. 즉 아버지와 예수님은 하나님을 사랑하지 않는 자들을 친밀하게 알지 못하신다(그들은 그분께 신속한 순종, 애정 어린 경외, 감사를 드리지 않기 때문에 하나님을 사랑하지 않는 것이 분명히 나타난다). 설령 그들이 그분께 구원을 바랐다고 해도 말이다. 예수님을 사랑한다는 것은 그분을 위해 당신의 목숨을 버린다는 뜻이다. 당신은 더 이상 자신을 위해 살지 않고 그분을 위해 산다.

가룟 유다를 보자. 그는 예수님께 합류했다. 그분을 따르느라 큰 희생까지 치렀으므로 그는 언뜻 하나님을 사랑한 것처럼 보인다. 가룟 유다는 모든 것을 버리고 사역 팀에 합류해 주님과 함께 떠돌이 생활을 했다. 가룟 유다는 박해가 심할 때에도, 심지어 다른 핵심 멤버들이 떠날 때에도(요 6:66) 떠나지 않았다. 그는 그만두지 않았다. 그는 귀신을 쫓아냈고 병자들을 고쳐 주었고 복음을 전했다(눅 9:1).

그러나 가룟 유다의 의도는 처음부터 옳지 않았다. 그는 자신의 이기적인 동기를 끝내 회개하지 않았다. "내게 얼마나 주려느냐"(마 26:15, NIV)와 같은 말들 속에 그의 성품이 담겨 있다. 그는 득을 챙기려고 거짓말과 아첨을 했고(마 26:25), 예수님의 사역 공금에서 사사로이 돈을 가로챘다(요 12:4-6). 말하자면 한이 없다. 그는 3년 반을 제자로서 주님의 임재 안에 살고도 끝내 그분을 친밀하게 알지 못했다. 그래서 예수님은 그를 두고 이렇게 말씀하셨다. "내가 너희 열둘을 택하지 아니하였느냐 그러나 너희 중의 한 사람은 마귀니라 하시니 이 말씀은 가룟 시몬의 아들 유다를 가리키심이라"(요 6:70-71).

가룟 유다와 다르지 않게 사역을 위해 크게 희생하고, 심지어 귀신도 쫓아내고, 병자들을 고쳐 주고, 복음을 전하고, 그분의 구원을 믿지만 그러나 끝내 예수님을 친밀하게 알지 못하는 사람들이 있다. 그 모든 일을 하나님을 사랑하는 마음이 아니라 자신의 이익을 좇아 했던 것이다. 우화에 등장하는 이중생활이 정확히 이런 사람이다. 그가 잴린을 따른 것은 거기서 오는 영향력과 권력이 좋아서였다. 처음부터 그의 동기는 잴린을 향한 사랑이 아니었다.

이들을 기다리는 것은 가장 중한 정죄뿐이다. 예수님은 가룟 유다를 가리켜 "그 사람은 차라리 태어나지 아니하였더라면 제게 좋을 뻔하였느니라"(마 26:24)라고 말씀하신다. 이익을 동기로 하나님을 섬기고 주님의 이름으로 사람들을 이용하는 종교 지도자들에게 그분은 "너희의 받는 판결이 더욱 중하리라"(마 23:14, NKJV)고 말씀하신다. 이중생활처럼 이런 남녀들도 지옥의 가장 어둡고 가장 괴로운 곳에 처할 것이다.

관계가 끊어지다

지금까지 말한 내용은 우화에 나오는 등장인물 이중생활과 완벽하게 들어맞는다. 그렇다면 겁쟁이는 어떤가? 그녀는 잴린과 관계를 맺었지만 끝까지 견디지 못했다. 성경에 여기에 대한 계시도 있을까? 우선 선지자 에스겔의 말에서 이 질문의 예부터 보자.

만일 의인이 돌이켜 그 공의에서 떠나 범죄하고 악인이 행하는 모든 가증한 일대로 행하면 살겠느냐 그가 행한 공의로운 일은 하나도 기억함이 되지 아니하리니 그가 그 범한 허물과 그 지은 죄로 죽으리라(겔 18:24).

무엇보다 먼저, 지금 하나님이 말씀하시는 대상은 의인이다. 의롭지도 않으면서 스스로 의롭다고 생각하는 사람이 아니다. 이 사람은 우리가 앞에서 살펴본 사이비 내지 미혹된 자들과 같지 않다.

하나님은 그의 의를 하나도 기억하지 않겠다고 하신다. 하나님이 뭔가를 잊으시면 마치 그런 일이 없었던 것이나 같다. 우리는 말하기를, 하나님이 우리 죄를 잊으시고, 동이 서에서 먼 것같이 멀리 옮기시며, 망각의 바다에 묻으신다고 한다. 물론 그분은 그러신다. 그분은 "내가 …… 그들의 죄를 다시 기억하지 아니하리라"(히 8:12)고 하신다. 우리가 예수님을 주님으로 영접하면 하나님은 우리가 지은 죄를 잊으신다. 마귀는 우리를 참소하려 하지만 하나님은 우리 죄를 더 이상 기억하지 않겠다고 하신다. 그래서 그분의 생각 속에서 우리는 마치 아예 죄를 짓지 않은 것이나 같다. 그런데 그 거꾸로도 사실이다. 하나님이 어떤 사람의 의를 기억하지 않을 것이라고 하시면 그것은 그분이 한때 그를 아셨다는 것을 잊으시겠다는 뜻이다. 관계가 끝나는 것이다.

이제 구원에서 영원히 떨어져 나가는 신자를 가리켜 성경이 무어라고 말하는지 자세히 살펴보자. 사도 야고보는 이렇게 썼다.

내 형제들아 너희 중에 미혹되어 진리를 떠난 자를 누가 돌아서게 하면 너희가 알 것은 죄인을 미혹된 길에서 돌아서게 하는 자가 그의 영혼을 사망에서 구원할 것이며 허다한 죄를 덮을 것임이라(약 5:19-20).

맨 처음 주목할 부분은 "내 형제들아 너희 중에"라는 말이다. 지금 야고보가 말하는 대상은 그저 자기들 생각에만 그리스도인인 사람들이 아니다. 그는 진리의 길에서 떠난 신자에 관해 말한다. 이 본문에 보면, 진리에서 떠난 형제를 "죄인"이라고 부르는데, 이제 더 이상 그가 거듭난 자가 아니라는 뜻이 아니다. 자꾸 습관적으로 죄를 저지르고 있어 순종으로 돌아와야 하는 상황이다. 그러나 만일 그가 계속 고집하고 떠난다면 야고보는 그 결과가 결국 영혼의 사망(잃어진 영혼)이라고 밝히 말한다. 끝내 하나님께 돌아오지 않는다면(회개하지 않는다면) 말이다. 잠언에도 이를 확증해 주는 말씀이 있다. "명철의 길을 떠난 사람은 사망의 회중에 거하리라"(잠 21:16).

잠언은 하나님의 길을 떠나서 다시 의(義)로 돌아오지 않는 남녀의 마지막 처소가 사자(死者)들이 모이는 음부(하데스)이며 결국은 불못임을 보여 줌으로써 야고보의 말을 확증해 준다.

생명책에서 지워질 수 있다

"생명책"은 신약 성경에 여덟 번 나온다. 바울과 요한이 우리에게 보여 주듯이 예수님과 함께 영원을 보낼 사람들은 모두 이 책에 기록된다. 우리가 거듭나는 순간 우리의 이름이 거기 기록된다.

4장에 소개한 에프로시니의 간증을 떠올려 보라. 이 어린 그리스 소녀가 예수님께 자신의 삶을 드리자 하나님 아버지는 그녀의 이름을 생명책에 기록하셨고 그녀에게 말씀하셨다. "한 가족이 된 것을 환영한다!" 바울은 한 동료 신자에게 "또 참으로 나와 멍에를 같이한 네게 구하노니 복음에 나와 함께 힘쓰던 저 여인들을 돕고 또한 글레멘드와 그 외에 나의 동역자들을 도우라 그 이름들이 생명책에 있느니라"(빌 4:3)고 말했다.

거꾸로도 사실이다. 생명책에 기록되지 못한 사람들은 모두 파멸한다. 요한계시록의 말씀을 보라. "누구든지 생명책에 기록되지 못한 자는 불못에 던져지더라"(계 20:15).

요한은 "오직 어린양의 생명책에 기록된 자들"(계 21:27)만 하나님의 영원한 도성에 들어갈 거라고 힘주어 말한다. 나머지는 사자들이 모이는 곳에 함께 떨어질 것이다.

요한계시록 3장에서 예수님은 한 교회를 향해 말씀하신다. 어느 도시, 잃어버린 영혼들의 집단, 거짓 신들을 섬기는 자들, "상상 속" 교회에 말씀하신 것이 아니다. 예수님은 참으로 그분의 소유인 자들에게 이렇게 경고하신다. "이기는 자는 이와 같이 흰 옷을 입을 것이요 내가 그 이름을 생명책에서 결코 지우지 아니하고"(계 3:5). 지운다는 단어에 주목하라. 생명책에서 이름을 지우려면 반드시 먼저 거기에 이름이 올라 있어야만 한다. 예수 그리스도를 믿음으로 말미암아 진정 거듭난 자들만이 생명책에 적힌 이름이 남는다. 불신자들은 물론 미혹당한 자들은, 즉 예수님과 진정 동행한 적이 없는 자들은, 이 책에 이름이 기록된 적이 없으므로 지워질 수도 없다. 그분은 지금 "한 가족인" 사람들에게 말씀하신다.

성령이 떠나시면

20세기에 70년 가까이 충성스럽게 목회를 해 온 하나님의 사람이 있다. 그리스도의 몸 안에서 그의 영향력은 실로 막대해서, 그가 쓴 책들은 6,500만 부 이상 팔렸고, 그가 운영하는 성경학교는 무려 2만 명이나 되는 졸업생을 배출했다.

그가 한 책에서 이 주제를 다루었다. 그 책에 따르면 1952년 예수님이 환상 가운데 그에게 나타나 그가 잘 알고 지내던 목사 사모를 보여 주셨다. 그녀는 무의미한 사역에 자신의 능력과 미모를 허비한다는 거짓말을 믿게 되었다. 시간이 지날수록 이 세상의 부와 명예, 인기에 관한 생각이 머릿속을 가득 채웠다. 결국 그녀는 완전히 무너져 내렸다. 그토록 원하는 성공을 좇아 남편을 떠나 버렸다.

주님이 이 사역자에게 말씀하셨다고 한다. "이 여자는 나의 자녀였다." 하지만 뜻밖에도 그녀를 위해 기도하지 말라고 지시하셨다. 다음은 그의 책에 실린 이 이야기 나머지 부분이다.

"주님, 그녀는 어떻게 되겠습니까?" 내가 여쭈었다.

"저주받은 자의 땅, 슬피 울며 이를 가는 그곳에서 영원을 보내게 될 것이다." 그분은 대답하셨다. 환상 속에서 나는 그녀가 지옥 구덩이로 내려가는 것을 보았다. 그녀의 무서운 비명 소리가 들렸다.

"주님, 이 여자는 주님의 자녀였습니다. 주님의 영으로 충만했고 사역에도 동참했습니다. 그런데 주님은 그녀를 위해 기도하지 말라고 하십니다. 이해가 안 됩니다!"

주님은 내게 다음 성경 말씀을 상기시켜 주셨다. "누구든지 형제가 사망에 이르지 아니하는 죄 범하는 것을 보거든 구하라 그리하면 사망에 이르지 아니하는 범죄자들을 위하여 그에게 생명을 주시리라 사망에 이르는 죄가 있으니 이에 관하여 나는 구하라 하지 않노라"(요일 5:16).

나는 말했다. "하지만 주님, 저는 늘 이 구절에서 말하는 사망은 육체적인 사망이며 그 사람은 죄를 범했어도 구원받는다고 믿었습니다."

"그러나 성경에는 육체적인 사망이라고 되어 있지 않다." 주께서 지적하셨다. "네가 거기에 뭔가를 보태고 있는 것이다. 요한일서 5장 전체를 읽어 보면 거기서 말하는 바가 생명과 사망(영적인 생명과 영적인 사망)이며, 따라서 16절에 나오는 사망도 영적인 사망임을 알게 될 것이다. 이것은 신자가 사망에 이르는 죄를 지을 수 있다는 말이며, 그래서 그것을 위해 기도하지 말라는 것이다. 내가 너더러 이 여자를 위해 기도하지 말라고 한 것은 그녀가 사망에 이르는 죄를 범했기 때문이다."

"주님, 이것은 제가 가지고 있던 신학적 관점으로 보아서는 정말 혼란스럽습니다. 좀 더 설명해 주시겠습니까?"

예수님은 내게 다음 성경 말씀을 상기시켜 주셨다. 히브리서 6장 4-6절이다. "한 번 빛을 받고 하늘의 은사를 맛보고 성령에 참여한 바 되고 하나님의 선한 말씀과 내세의 능력을 맛보고도 타락한 자들은 다시 새롭게 하여 회개하게 할 수 없나니 이는 그들이 하나님의 아들을 다시 십자가에 못 박아 드러내 놓고 욕되게 함이라."[1]

이 성경 말씀에는 몇 가지 주목할 만한 조건들이 열거되어 있다. 첫째, 비췸(깨달음)을 얻고 하늘의 은사(선물)를 맛보았으나 믿음이 사라진 사람이다. 예수님이 하늘의 선물이므로 이는 그분을 영접한 사람들에 해당할 것이다. 둘째, 성령으로 충만한 사람이다. 셋째, 하나님의 선한 말씀과 내세의 능력을 맛본 사람이다. 이 목록으로 미루어 우리는 갓난아기 그리스도인들이 아니라 노련한 신자들이 여기에 든다는 것을 알 수 있다.

그간 나를 찾아와서 울먹이며 이렇게 말한 사람들이 몇 명 있었다. 한때 자기가 주님께 더 이상 그분을 섬기고 싶지 않다고 말했다는 것이다. 나중에 그들은 깊이 뉘우치고 회개했다. 그들은 성경의 이 구절과 몇몇 다른 구절들을 만나고는 큰 두려움을 느꼈다. 그러나 때로 아기들은 무지해서 어리석은 일들을 할 때가 있다. 주님도 그것을 아신다. 하지만 지금 히브리서 기자는 그리스도 안의 어린 아기에 관해 말하는 것이 아니라 장성한 자에 관해 말한다.

그 고민하는 영혼을 위로하느라 나는 이렇게 말해 준다. 만일 그들이 사망에 이르는 죄를 정말 짓는다면(앞의 말씀에 나타난 대로) 예수님과의 복된 교제로 다시 돌아올 마음조차 들지 않을 것이라고 말이다. 그들이 그분을 갈급해했고, 회개했고, 경건한 열매가 뒤따랐다는 사실 자체가 성령께서 그들을 교제 속으로 도로 끌어들이셨다는 증거다. 만일 이 사람들이 그 사역자의 환상에 나온 그 여자처럼 영원히 떨어져 나간다면, 예수님과 친밀해지려는 갈망이나 거룩한 삶을 살고 싶은 갈망조차 없을 것이다.

예수님은 그 여자가 정말 하나님의 자녀였다고 말씀하셨다. 이 간증을 쓴 사역자가 어렸을 때에 자라난 교단은, 아무도 구원에서 떨어져 나갈 수 없다고 믿는 사람들이 많은 곳이었다. 그들은 무조건적인 영원한 안전을 믿었다. 그래서 그는 "이것은 제가 가지고 있던 신학적 관점으로 보아서는 정말 혼란스럽습니다"라고 말했던 것이다. 하나님의 자녀로서 그녀의 이름은 생명책에 기록되어 있었다. 그러나 그녀는 견디지 못하고 영원히 세상으로 돌아갔다. 예수님이 계시록에서 경고하신 대로 그녀의 이름은 지워졌다. 그녀는 아주 떨어져 나가는 쪽을 택했다. 그녀는 "이기는 자"

가 아니었다. 그래서 히브리서 기자는 우리에게 이런 사람은 다시 회복될 수 없다고 한 것이다. 그녀는 이제 두 번 죽었다. 그녀는 원래 죄 중에 죽어 있다가 영생을 유업으로 받았다. 그러나 영원히 떨어져 나감으로써 다시 죄 중에 죽었다(유 1:12).

사람이 한번 이 상태에 이르면 다시는 또 태어날 수 없다. 그래서 히브리서 기자는 "다시 새롭게 하여 회개하게 할 수 없나니"(히 6:6)라고 했다. 그러므로 인간이 다시 거듭나는 상황이 가능하다는 생각은 완전히 틀렸다.

거듭 말하지만, 이 죄를 범하는 사람은 회개하고 전적으로 예수님을 위해 살고 싶은 마음이 다시는 들지 않는다. 성령이 아니고는 아무도 우리를 예수님께로 이끌 수 없다. 그런데 그 사역자가 환상 속에 본 여자의 경우처럼, 배교의 결과로 성령께서 한번 참신자를 떠나시면 성령은 다시 오지 않으신다. 그래서 성령은 오래 참으신다. 쉽게 포기하지 않으신다.

자기만 챙기는 사람에게 예비된 흑암

사도 베드로는 우리를 위해 이렇게 덧붙인다. "만일 그들이 우리 주 되신 구주 예수 그리스도를 앎으로 세상의 더러움을 피한 후에"(벧후 2:20).

첫째, 잠시 멈추어 베드로가 거론하는 대상이 누구인지 살펴보자. 주와 구주이신 예수 그리스도를 앎으로 세상의 더러움(악함)을 피한 사람이라면 말할 것도 없이 그리스도인이다. 이들은 앞 장에서 논한, 말로는 하나님을 안다고 하면서 실제로는 알지 못하는 사이비들의 범주에 들지 않는다. 이들은 주 예수님의 구원의 은혜로 말미암아 이 세상의 더러움을 정말로 피한 사람들이다. 의심할 나위 없이 베드로는 지금 정말로 거듭난 사람들을 거론한다.

말씀은 이렇게 이어진다.

> 다시 그중에 얽매이고 지면 그 나중 형편이 처음보다 더 심하리니 의의
> 도를 안 후에 받은 거룩한 명령을 저버리는 것보다 알지 못하는 것이
> 도리어 그들에게 나으니라 참된 속담에 이르기를 개가 그 토하였던 것에
> 돌아가고 돼지가 씻었다가 더러운 구덩이에 도로 누웠다 하는 말이 그들에게
> 응하였도다(벤후 2:20-22).

여기서 베드로는 죄의 노예 상태로 되돌아간 그리스도인들을 이야기한다. 그들은 예수 그리스도를 통해 구원받는다는 사실을 처음부터 모르는 편이 나았다. 그들은 거룩한 순종의 삶을 완전히 버리고 이생의 쾌락, 정욕, 교만을 선택했다.

왜 의의 도를 아예 몰랐던 것이 더 나을까? 유다가 거기에 대답한다. 베드로와 마찬가지로 유다도 구원에서 떨어져 나가는 사람들 이야기를 한다. "화 있을진저 이 사람들이여, 가인의 길에 행하였으며 삯을 위하여 발람의 어그러진 길로 몰려 갔으며 고라의 패역을 따라 멸망을 받았도다"(유 1:11).

가인과 발람과 고라는 다 한때 주님과 관계를 맺었고, 그중 둘은 사역자였다. 가인의 잘못은 하나님께 노골적으로 불순종한 것이었고, 발람의 잘못은 돈을 사랑한 것이었고, 고라의 잘못은 위임받은 권위에 반항한 것

이었다. 계속해서 유다는 이렇게 말한다.

그들은 기탄 없이〔두려움 없이, NKJV〕 너희와 함께 먹으니 너희의 애찬에 암초요
자기 몸만 기르는 목자요 바람에 불려 가는 물 없는 구름이요 죽고 또 죽어
뿌리까지 뽑힌 열매 없는 가을 나무요 자기 수치의 거품을 뿜는 바다의 거친
물결이요 영원히 예비된 캄캄한 흑암으로 돌아갈 유리하는 별들이라(유 1:12-
13).

애찬(love feast)은 초대 교회 사람들이 먹는 저녁 식사를 가리키는 말이
다. 지체들은 하나님과 그리고 서로가 친밀한 관계라는 증표로 애찬 중에
함께 모였다. 대개 애찬은 성찬식으로 끝났다.[2] 여기서 우리는 섬뜩한 사
실을 알게 된다. 구원에서 떨어져 나가는 자들이라고 다 교회를 떠나는 것
은 아니다. 그 사역자의 환상에 나타난 여자의 경우도 그랬다. 그래서 그
들은 가장 위험하다. 갓난아기들, 양심이 연약한 자들, 상처가 있는 자들
에게 미치는 그들의 영향력이 치명적이기 때문이다.

고라는 이런 유형의 사람의 본보기다. 그는 아론의 협동 사역자였으
나 모세와 아론에게 이렇게 말했다. "너희가 분수에 지나도다 회중이 다
각각 거룩하고 여호와께서도 그들 〔모두, NLT〕 중에 계시거늘 너희가 어찌
하여 여호와의 총회 위에 스스로 높이느냐"(민 16:3). 그의 영향으로 지도자
250명과 회중 14,700명에게 죽음의 심판이 임했다.

유다는 "암초"(spot)라고 칭한 이 배교자들이 한때 받았던 은혜 안에서
헛되이 안심하고는 우리 회중 가운데 남아 있다고 말한다. 한때는 그들도
은혜 가운데 행했으나 이제는 하나님을 향한 두려움을 잃고 자기만 챙기

는 삶으로 은혜를 왜곡했다(하나님이 "그들〔모두〕 중에 계시거늘"이라고 한 고라의 말에 주목하라. 이튿날 땅이 열리면서 그를 산 채로 지옥에 삼켰으니 그도 헛되이 안심하고 살았다). 따라서 이 배교자들은 여전히 그리스도인의 언어를 알고 다른 신자들과 어울릴 것이다. 그러나 이기는 자 곧 승리자들을 위해 예수님이 다시 오실 때 그들은 그 승리자들 가운데 없을 것이다. 그분은 흠(spot) 없는 교회를 위해 오신다(엡 5:27).

유다는 이 사람들이 죽고 또 죽었다고, 즉 두 번 죽었다고 지적한다. 어떻게 사람이 두 번 죽을 수 있을까? 본래 죄 중에 죽어 있다가 거듭남으로 영생을 얻었는데, 회개하지 않는 고집스런 죄로 말미암아 비참하게 다시 죽은 것이 아닐까? 진리를 떠나서 그 상태로 남아 있는 그리스도인들은 그 영혼이 죽는다고 했던 야고보의 말을 기억하라. 요한도 신자들을 사망에 이르게 하는 죄가 있다고 했다. 둘 다 두 번 죽은 사람을 지칭한다.

유다는 "영원히 예비된 캄캄한 흑암"이라고 말했다. 캄캄한 흑암은 최악의 영원한 형벌을 뜻한다. 자신의 재림과 심판에 관한 예수님의 말씀에서 그것을 똑똑히 볼 수 있다. 그분은 말씀하신다.

주인이 와서 깨어 있는 것을 보면 그 종들은 복이 있으리로다 …… 만일 그 종이 마음에 생각하기를 주인이 더디 오리라 하여 남녀 종들을 때리며 먹고 마시고 취하게 되면 생각하지 않은 날 알지 못하는 시각에 그 종의 주인이 이르러 엄히 때리고 신실하지 아니한 자〔불신자, NKJV〕의 받는 벌에 처하리니 주인의 뜻을 알고도 준비하지 아니하고 그 뜻대로 행하지 아니한 종은 많이 맞을 것이요 알지 못하고 맞을 일을 행한 종은 적게 맞으리라(눅 12:37, 45-48).

이 구절들에 참으로 많은 의미가 담겨 있다. 가장 중요한 것만 몇 가지 짚어 보자. 첫째로, 이 사람은 이교도나 아웃사이더나 죄인이 아니라 종이다. 그런데 그는 주인의 뜻을 알면서도 거꾸로 했다. 앞서 우화에서 독립의 행위는 여기에 해당하지 않는다. 독립은 몰라서 적게 맞은 사람들의 부류에 해당한다. 미혹도 여기에 해당하지 않는다. 미혹은 자기가 종인 줄알았지만 젤린에 따르면 그는 애당초 진짜 종이 아니었다.

그러나 예수님이 여기서 말씀하신 사람은 주인한테 종이라고 불린 사람이다. 그리고 그는 자기 주인의 뜻을 훤히 알았다. 그는 자신의 구원에서 떨어져 나간 사람이다. 그는 동료 종들을 때렸다. 자신의 개인적 이익이나 쾌락을 위해서 다른 사람들을 이용한 것이다. 그는 오늘만 생각하고 살아간다. 그는 먹고 마시고 취한다. 자기를 챙기려고 살아간다.

이런 배교자들이 하나님을 두려워하지 않고 자기 몸만 기르며 다른 신자들과 함께 먹는다고 한 유다의 말을 떠올려 보라. 그들의 모든 결정은 설령 고상해 보일지라도 자신의 이득을 위한 것이다.

이 종은 결국 불신자들(구원받은 적이 없는 사람들)이 가는 곳에 보내진다. 그나마 불신자는 적게 맞지만 주인의 뜻을 알았던 그 종은 많이 맞는다. 그가 영원히 지옥 불 내지 캄캄한 흑암의 가장 중한 정죄를 받으리라는 것을 말해 주는 대목이다.

용서하지 않는 마음, 악의 문이 열리다

겁쟁이가 바로 여기에 해당한다(이중생활도 마찬가지). 겁쟁이는 용서하는 것이 잴린의 뜻인 줄 알면서도 거부했다. 그녀는 비방의 잘못을 꿍하고 속에 품기로 했다. 그 원한에서 그녀 자신을 더럽히는 문이 열렸다. 그래서 성경에 "너희는 하나님의 은혜에 이르지 못하는 자가 없도록 하고 또 쓴 뿌리가 나서 괴롭게 하여 많은 사람이 이로 말미암아 더럽게 되지 않게 하며"(히 12:15)라고 했다. 신약 성경을 공부해도 그렇고 오래 사역하면서 겪은 경험으로 보아도 그렇고, 나는 사람들을 하나님과 동행하지 못하게 끌어내는 가장 큰 덫이 용서하지 않는 마음임을 알게 되었다. 온갖 종류의 다른 잘못된 신념과 행동의 문이 용서하지 않는 마음에서 열린다. 겁쟁이의 경우가 그랬다.

마태복음 18장을 보면 예수님은 어떤 훌륭한 왕이 장부를 회계하는 과정에 관한 비유를 말씀하신다. 왕에게 만 달란트를 빚진 종이 끌려왔다. 달란트는 화폐 단위가 아니라 중량의 단위로써 금(삼하 12:30), 은(왕상 20:39), 기타 금속과 물품의 무게를 잴 때에 사용했다. 이 비유에서는 달란트가 빚의 정도를 나타낸다. 따라서 예수님이 금이나 은 같은 교환물의 단위를 지칭하신다고 가정하면 무난한데, 금이라고 가정하자.

통용되는 달란트는 대강 75파운드(34킬로그램)에 해당했다. 그럼 만 달란트는 대략 75만 파운드(375톤)이 된다. 그러니까 이 종은 왕에게 금 375톤을 빚진 것이다. 이 책을 썼을 때 금값은 대략 온스당 1,200달러다. 그러니까 산수를 해 보면, 오늘날의 시장에서 금 만 달란트는 140억 달러의 가치다. 이 종이 왕에게 진 빚이 그만큼이었다. 여기 예수님이 강조하시는 바는 빚이 천문학적인 숫자라서 이 종이 절대로 갚을 수 없다는 것이다.

왕은 종에게 자신과 일가족을 다 팔아서라도 빚을 갚으라고 명했다. 그러자 그는 왕의 발밑에 엎드려 자비를 베풀어 달라고 애원했고, 왕은 들어주었다. 빚을 전액 탕감해 준 것이다. 이 비유에서 왕은 성부 하나님을 의미한다. 빚을 탕감받은 사람은 예수 그리스도를 통해 하나님께 용서받은 사람을 의미한다.

누군가에게 피해를 입히면 빚이 발생한다. 가해자는 빚을 갚아야 한다. 용서는 이 빚을 탕감해 주는 것이다. 우리처럼 이 사람은 도저히 갚을 수 없는 빚을 탕감받았다. 그런데 이야기는 이렇게 이어진다. "그 종이 나가서 자기에게 백 데나리온 빚진 동료 한 사람을 만나 붙들어 목을 잡고 이르되 빚을 갚으라 하매"(마 18:28).

한 데나리온은 하루치 품삯 정도였다. 요즘 돈으로 100달러라고 하자. 그러면 총액은 만 달러쯤 된다. 그러니까 이것도 작은 잘못은 아니다.

그다음을 계속 읽어 보자. "그 동료가 엎드려 간구하여 이르되 나에게 참아 주소서 갚으리이다 하되 허락하지 아니하고 이에 가서 그가 빚을 갚도록 옥에 가두거늘"(마 18:29-30).

이 남자는 140억 달러 빚을 탕감받았다. 동료 종은 그에게 만 달러를 빚졌다. 그런데 140억 달러를 탕감받은 이 사람이 동료 종을 놓아주지 않는다. 그는 돈을 받아 내기로 작정했다. 여기 눈여겨보아야 할 중요한 것이 있다. 우리가 서로 괘씸하게 생각하는 잘못은 원래 우리가 하나님께 범한 잘못에 비하면 140억 달러 빚 옆에 쌓은 만 달러 빚이나 다름없다. 다른 사람이 아무리 우리를 험하게 다루었다고 해도 그 잘못은 우리가 하나님께 지은 죄에 비할 바 못 된다. 나처럼 심하게 당한 사람은 없다고 생각될지 모르지만, 그것은 예수님이 얼마나 심한 대우를 받으셨는지 모르는 처사다. 무죄하신 그분, 흠 없는 어린양께서 우리의 140억 달러 빚을 지시고 죽임을 당하셨다.

용서하지 못하는 사람은 자기가 얼마나 큰 빚을 탕감받았는지 잊어버린 것이다. 예수님은 당신을 큰 죽음과 영원한 고통에서 건져 주셨다. 그것을 알면 당신도 다른 사람들을 거저 놓아줄 것이다. 불못에서 보내는 영원보다 더 비참한 것은 없다. 거기는 쉼도 없고, 구더기도 죽지 않고, 불도 꺼지지 않는다. 하나님이 그 아들 예수 그리스도의 죽음으로 말미암아 우리를 용서하시기까지는 그것이 우리의 운명이었다. 용서하지 못하는 사람은 지옥의 실체를 모르고 하나님의 사랑과 용서를 깨닫지 못한 것이다.

계속해서 비유를 보자.

그 동료들이 그것을 보고 몹시 딱하게 여겨 주인에게 가서 그 일을 다 알리니 이에 주인이 그를 불러다가 말하되 악한 종아 네가 빌기에 내가 네 빚을 전부 탕감하여 주었거늘 내가 너를 불쌍히 여김과 같이 너도 네 동료를 불쌍히 여김이 마땅하지 아니하냐 하고(마 18:31-33).

이 비유에서 예수님이 지칭하시는 사람들은 불신자가 아니다. 그분은 지금 왕의 종들, 즉 거듭난 신자들을 말씀하신다. 이 사람은 이미 큰 부채를 탕감(구원)받았고, 또 왕의 종이라 불리고 있다. 그가 용서하지 못한 사람은 동료 종이었다. 그러므로 우리는 그의 운명이 곧 영원히 용서하기를 거부하는 "신자"의 운명이라고 결론지을 수 있다.

나는 여기서 놀라운 사실을 하나 발견했다. 복음서에 나오는 다른 모든 비유에서는 사람들이 먼저 예수님께 그 의미를 여쭈어야 했다. 그런데 이 비유는 누가 묻지 않았는데도 예수님이 해석해 주신다. 내가 믿기로 그 이유는 이렇다. 그분이 전달하시는 바가 그들의 규범에 너무도 파격적인 것이라서 그분은 그들이 확실히 알아듣게 해 주셔야 했던 것이다. 그분이 주신 해석은 이렇다.

> 주인이 노하여 그 빚을 다 갚도록 그를 옥졸들에게 넘기니라 너희가 각각 마음으로부터 형제를 용서하지 아니하면 나의 하늘 아버지께서도 너희에게 이와 같이 하시리라(마 18:34-35).

이 두 구절 속에 내가 지적하고 싶은 세 가지 중요한 점이 들어 있다. 첫째, 용서하지 않은 종은 고문을 당하도록 넘겨졌다. 둘째, 그는 이제 본래 빚진 금 375톤을 다 갚아야 한다. 셋째, 하나님 아버지께서도 형제의 잘못을 용서하지 않는 모든 "신자"에게 똑같이 하실 것이다.

하나씩 간단히 살펴보자. 첫째, 고문이라는 말은 몸이나 마음에 극도의 고통과 괴로움을 가하고, 정상적 자세에서 비트는 행위를 뜻한다. 고문자는 고문을 가하는 사람이다. 용서하지 않는 신자는 귀신들한테 고문을 당한다. 이 고문자들에게는 몸과 마음에 마음대로 고통과 괴로움을 가할 재량이 주어진다. 내가 봉사자들을 위해 기도해 주다 보면 치유나 위로나 해방을 받을 수 없는 사람들을 종종 만나는데, 이는 순전히 마음 깊은 곳에서 다른 사람들을 놓아주고 용서하려고 하지 않기 때문이다. 그리고 이 것은 거의 언제나 하나님께 대한 분노와 원한으로 이어진다. 이제 그들의 믿음은 더러움을 입게 되고, 회개와 용서가 없는 한 그들은 파국의 결말을 맞는다.

둘째로, 이 용서하지 않은 종은 이제 본래 갚을 수 없는 빚을 갚아야 한다. 불가능한 그 일을 반드시 해야만 한다. 그것은 예수님이 갈보리에서 갚아 주신 빚이다. 혹 켕기는 마음이 들지도 모르겠지만, 다른 기록에 나오는 예수님의 말씀을 들어 보라. "서서 기도할 때에 아무에게나 혐의가 있거든 용서하라 그리하여야 하늘에 계신 너희 아버지께서도 너희 허물을 사하여 주시리라"(막 11:25).

여기 예수님이 누구에게 말씀하고 계신지 잘 보라. "하늘에 계신 너희 아버지"라는 그분의 말씀에 주목하라. 하나님은 죄인들에게는 아버지가 아니시다. 그분은 죄인들에게는 하나님이시고 신자들에게는 아버지이시다. 또 죄인들은 기도하지 않는다. 그러므로 그분은 지금 하나님의 자녀들에게 말씀하고 계심이 분명하다.

계속 읽어 보자. "만일 너희가 용서하지 아니하면 하늘에 계신 너희 아버지도 너희 허물을 사하지 아니하시리라"(막 11:26, NKJV).

이보다 더 분명할 수는 없다. 여기서 세 번째 요지가 나온다. 즉 당신도 용서하기를 거부하면 갚지 못할 빚을 갚아야 한다는 것이다. 용서하기를 거부하면 갚지 못할 빚을 갚을 때까지 고통당해야 한다는 것이다. 그런데 이는 갚기가 불가능한 빚이다. 아무도 자기 영혼을 속량할 대가를 지불할 능력이 없다(시 49:7). 예수님은 우리가 용서하지 않으면 하늘 아버지께서도 우리의 죄를 용서하시지 않을 것이라고 말씀하신다. 이렇게 되고 싶은가?

지금 우리는 상처를 떨치려고 애쓰면서 용서하려고 기도하는 사람 이야기를 하는 것이 아니다. 자신의 고집대로 용서하기를 거부하는, 우화에 등장하는 겁쟁이 같은 사람을 말하는 것이다. 그녀의 용서하지 않는 마음 때문에 갖가지 다른 악의 문이 열렸다. 이후 잴린에게 품었던 그녀의 애정이 서서히 식었다. 과연 파국의 결말을 자초할 가치가 있는 일이었을까? 다시 말하지만, 그래서 히브리서 기자는 우리 자신을 잘 돌아보아 모든 모양의 쓴 뿌리를 없애라고 강조하는 것이다. 그로 말미암아 많은 사람이 더러움을 입기 때문이다.

이제 우리는 예수님이 말씀하신 교회의 말세 이야기가 이해가 된다. 그분은 "그 때에 많은 사람이 실족하게 되어 서로 잡아 주고 서로 미워하겠으며 …… 불법이 성하므로 많은 사람의 사랑이 식어지리라 그러나 끝까지 견디는 자는 구원을 얻으리라"(마 24:10,12-13)라고 말씀하신다.

우리가 사는 이 시대에 시험에 빠질 사람들은 소수이거나 일부가 아니라 심지어 무수히 많다. 많다는 말은 다수나 대다수나 부지기수를 뜻한다. 상처나 시험에 빠진 마음, 즉 용서하지 않는 마음은 불법으로 이어지고, 그래서 허다한 사람들의 사랑이 식어질 것이다. 사랑을 뜻하는 헬라어는 '아가페'인데, 이는 그리스도인들이 구원받는 순간 그들의 마음속에 흠뻑 스며드는 하나님의 사랑을 칭하는 말이다. 예수님은 지금 사이비들을 말씀하시는 것이 아니다. 그들은 하나님의 사랑을 아예 받아들인 적도 없다. 지금 그분은 진정한 신자들을 말씀하신다. "그러나 끝까지 견디는 자는 구원을 얻으리라"고 하신 그분의 말씀을 잘 보라. 끝까지 견디면 구원을 받는다는 말은 죄인이나 사이비한테 하는 말이 아니다. 그들은 아직 경주를 시작하지도 않았다.

믿음을 떠나는 신자들

성경은 우리가 사는 이 시대에 신자들 가운데에 배교가 일어나리라고 경고한다. 바울은 "누가 어떻게 하여도 너희가 미혹되지 말라 먼저 배교하는 일이 있 …… 기 전에는 그 날(주님의 재림의 날, NKJV)이 이르지 아니하리니"(살후 2:3)라고 말한다. 그는 또 "성령이 밝히 말씀하시기를 후일에 어떤 사람들이 믿음에서 떠나리라 하셨으니"(딤전 4:1)라고 예고한다.

왜 그럴까? "때가 이르리니 사람이 바른 교훈을 받지 아니하며 귀가 가려워서 자기의 사욕을 따를 스승을 많이 두고 또 그 귀를 진리에서 돌이"킬(딤후 4:3-4) 것이기 때문이다. 앞 디모데전서 말씀에, 사람들이 믿음에서 떠날 거라고 한 바울의 말에 주목하라. 그가 말하는 믿음은 가상의 믿음이 아니라 예수 그리스도를 믿는 진짜 믿음이다. 한때 실제로 믿음 안에 있었던 사람들만이 믿음에서 떠날 수 있다.

지금까지 나는 신자들이 자신의 구원에서 떨어져 나가는 것과 관련해 신약 성경의 거의 모든 기자가 기록한 진리들을 나누었다. 이번에는 저명한 초기 교부들의 저작을 일부 살펴보자. 그중에는 신약 성경을 기록한 사도들의 동지들도 있는데, 이들의 글은 여태까지 우리가 살펴본 성경 말씀들과 그대로 상통한다.

그러므로 우리는 나중까지 구원을 얻도록 의를 행하자.
-로마의 클레멘스[3]

최고의 선행을 베풀며 살았으나 끝에 가서 악으로 치달은 사람의 경우라

해도, 이전의 모든 수고는 그에게 무익하다. 그는 극의 클라이맥스에서 자신의 역할을 버렸기 때문이다.

-알렉산드리아의 클레멘스[4]

하나님이 그 (주시기로) 약속하신 바를 합당치 못한 자들에게도 주실 의무가 있다고 생각하는 사람들이 있다. 이렇게 그들은 그분의 너그러움을 그분의 굴종으로 바꾼다. …… 나중에 (은혜)에서 떨어지는 자가 많지 않은가? 이 선물을 빼앗기는 자가 많지 않은가?

-테르툴리아누스[5]

사람이 의를 얻어서 소유할 수 있으나 그것을 저버리는 것도 가능하다.

-오리게네스[6]

그분께 순종하지 않는 자들은 그분께 상속권을 빼앗겨서 더 이상 그분의 자녀가 아니다.

-이레나에우스[7]

성경에 기록된 진리에 관한 내 입장을 듣고서 나한테 "존, 당신은 알미니안주의자요"라고 잘못 말하는 사람들이 있다. 사전에 보면 알미니안주의라는 말은 "칼뱅주의의 예정과 선택 교리를 부인하고 인간의 자유 의지가 하나님의 주권과 양립할 수 있다고 믿은 야코부스 아르미니우스와 그 추종자들의 신학"[8]이라고 정의되어 있다.

그런 사람들에게 나는 단순히 "나는 칼뱅주의자도 아니고 알미니안주의자도 아니고 성경을 하나님의 무오한 말씀으로 믿는 그리스도인입니다"라고 말한다. 야코부스 아르미니우스는 성경 기자들과 앞에 인용한 초기 지도자들보다 훨씬 후에 살았던 사람이다. 그럼 우리는 성경 기자들까지도 알미니안주의자라고 할 셈인가? 말도 안 된다. 그들은 아르미니우스가 태어나기도 전에 살았고 글을 썼으니 말이다. 지금 내가 쓰는 말은 개인적인 생각이나 관념이나 소신이 아니라 진리다. 하나님은 우리 믿는 자들에게 경고 메시지를 아주 명확히 밝히셨다. 우리는 성령의 감동으로 된 성경의 문맥에 마음을 열어야 한다.

> 모든 성경은 하나님의 감동으로 된 것으로 교훈과 책망과 바르게 함과 의로
> 교육하기에 유익하니 이는 하나님의 사람으로 온전하게 하며 모든 선한 일을
> 행할 능력을 갖추게 하려 함이라(딤후 3:16-17).

주목할 만한 흥미로운 사실은, 예수님이 경고하시고 엄히 책망하신 거짓 지도자들이 학파를 중심으로 모여서 똑같은 식으로 가르쳤다는 것이다. 그러나 세례 요한, 예수님, 그 밖에 진리를 말한 사람들에 관한 평을 보면 "그 가르치시는 것이 권위 있는 자와 같고 그들의 서기관들과 같지 아니함"(마 7:29)이라는 보고가 거듭 반복해서 나온다. 그래서 바울은 디도에게 "너는 이것을 말하고 권면하며 모든 권위로 책망하여"(딛 2:15)라고 가르친다. 디모데에게도 그는 "너를 권하여 에베소에 머물라 한 것은 어떤 사람들을 명하여 다른 교훈을 가르치지 말"(딤전 1:3)게 하려 함이라고 썼다. 바울은 또 디모데에게 이렇게 명했다.

너는 말씀을 전파하라 때를 얻든지 못 얻든지 항상 힘쓰라(늘 준비하고 대기 상태로 있으라) (편하든 불편하든, 환영받든 환영받지 못하든, 너는 말씀을 전하는 자로서 사람들에게 그들의 삶이 어떻게 잘못되어 있는지 보여야 한다, AMP) 범사에 오래 참음과 가르침으로 경책하며 경계하며 권하라(딤후 4:2).

에베소서 6장에서 바울은 "나로 이 일에 당연히 할 말을 담대히 하게"(엡 6:20) 기도를 부탁했다. 보다시피 이것은 하나님의 모든 참된 대언자들이 가진 특성이다. 그들의 권위의 기초는 하나님의 말씀에 있다. 그들은 개인적인 감정이나 학파나 다수의 여론을 중심으로 모이지 않는다. 다수가 틀릴 때도 있다. 하나님은 진심인 것만 말씀하시며, 말씀하신 것은 다 그분의 진심임을 알아야 한다.

그분을 사랑하고 그분을 기다리라

은혜에서 떨어져 나간다는, 성경에 아주 분명히 나오는 이 메시지를 보고 마음이 흔들리는 사람들이 있다. 그들은 겁에 질린 모습으로 나를 찾아와서 "나는 우리에게 영원한 안전이 있는 줄 알았는데요"라고 하소연한다.

그러면 나는 이렇게 대답한다. "물론입니다! 우리에게는 영원한 안전이 있습니다. 예수님은 아버지께서 예수님께 주시는 사람 중에서 하나도 잃지 않으셨다고 하셨습니다(요 18:9). 그분은 절대로 우리를 떠나거나 버리지 않으십니다. 하지만 그분은 우리가 그분을 떠나서 잃은 바 될 수 없다고는 하시지 않았어요." 그러면 대개 사람들의 눈에 걱정하는 빛이 역력하다. 그래서 나는 더 말한다. "당신이 참으로 예수 그리스도를 사랑한다면 왜 떨어져 나가고 싶겠습니까! 그러니 그분을 참으로 사랑한다면 당신은 그분을 부인하지 않습니다."

하나님을 사랑한다면 당신은 그분의 계명을 지키기가 어렵지 않을 것이다. 그러나 하나님을 섬기는 것이 의무라면 당신은 율법적인 관계에 들어간 것이고, 그분의 계명을 지키기가 힘들 것이다. 우리는 하나님께 인정받으려고 그분을 섬겨서는 안 된다. 그분을 사랑하기에 섬겨야 한다.

계속해서 유다는, 설령 교회 안에 나쁜 영향력을 끼치는 사람들이 있더라도 그 사랑을 늘 새롭게 지키는 법을 우리에게 일러 준다. 그는 "하나님의 사랑 안에서 자신을 지키며 영생에 이르도록 우리 주 예수 그리스도의 긍휼을 기다리라"(유 1:21)고 말한다. 우리는 매일 매 순간 주님을 기다려야 한다. 우리는 그분을 간절히 바라고 계속 그분을 구해야 한다. 그분이 자신을 더 좋게 나타내실 수 있도록 말이다. "주를 향하여 이 소망을 가진 자마다 그의 깨끗하심과 같이 자기를 깨끗하게 하느니라"(요일 3:3). 요한은 특히 예수 그리스도의 계시를 말했다.

그분을 기다리며 그분의 영과 교제하면 당신은 절대로 떨어져 나가고 싶어지지 않는다. 그러니 마음이 흔들릴 것이 하나도 없다. 유다서의 종결부는 성경에서 내가 참으로 좋아하는 약속들 가운데 하나다. 예수님의 나타나심을 기다림으로써 하나님과의 사랑 안에서 자기를 지키는 자들에게 그는 이렇게 말한다.

능히 너희를 보호하사 거침이 없게 하시고 너희로 그 영광 앞에 흠이 없이 기쁨으로 서게 하실 이 곧 우리 구주 홀로 하나이신 하나님께 우리 주 예수 그리스도로 말미암아 영광과 위엄과 권력과 권세가 영원 전부터 이제와 영원토록 있을지어다 아멘(유 1:24-25).

이것이 당신을 위한 나의 간절한 기도요 열망이다!

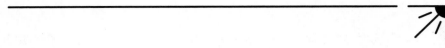

7

일상만사, 하나님을 향한
거룩한 두려움으로

〔타협하지 않는, AMP〕 의인은 영원한 기초 같으니라.
잠언 10장 25절

사람들을 하나님과 동행하지 못하게 끌어내는 가장 큰 덫은
용서하지 않는 마음이다.
온갖 종류의 다른 잘못된 신념과 행동의 문이
용서하지 않는 마음에서 열린다.

－

다시 애퍼벨 우화로 돌아가자. 이기심과 참사랑이 받은 심판과 상급을
논하기 전에, 먼저 지난 세 개의 장에 걸쳐서 논한 내용을 마무리하고자
한다. 4장에서 살펴본 다음 성경 구절을 떠올려 보라.

> 그러므로 우리가 그리스도(메시아)의 도의 초보를 버리고 …… 영원한 심판(과
> 형벌, AMP)에 관한 교훈의 터를 다시 닦지 말고 완전한 데로 나아갈지니라(히
> 6:1-2).

영원한 심판과 형벌의 진리들에서 기초가 견고하지 못하면, 그리스도
안의 바르고 건강한 삶을 건축할 수 없다. 이것은 마치 초등학교에서 배우
는 읽기나 덧셈, 뺄셈 같은 기본 능력을 갖추지 않은 채 고등교육을 시도
하는 것과 다름없다.

왜 그런가? 복음서를 잘 공부해 보면 예수님이 천국보다 지옥을 더 많
이 언급하고 묘사하신 것을 알 수 있다. 그분은 우리 안에 기초를 다져 주

시려고 그렇게 하셨다. 기초란 곧 하나님을 두려워하는(경외하는) 마음이다. 한 가지 예를 보자.

> 이러므로 너희가 어두운 데서 말한 모든 것이 광명한 데서 들리고
> 너희가 골방에서 귀에 대고 말한 것이 지붕 위에서 전파되리라 내가 내
> 친구 너희에게 말하노니 몸을 죽이고 그 후에는 능히 더 못하는 자들을
> 두려워하지 말라 마땅히 두려워할 자를 내가 너희에게 보이리니 곧 죽인
> 후에 또한 지옥에 던져 넣는 권세 있는 그를 두려워하라 내가 참으로
> 너희에게 이르노니 그를 두려워하라(눅 12:3-5).

이 말씀은 강하고 또한 정확하다. 영원한 심판과 형벌을 바르게 이해하고 지키면 우리 마음속에 하나님을 경외하는 마음이 단단히 심기고 그 마음을 죽 유지할 수 있다. 설명하면 이렇다. 영원히 지옥을 선고하는 일은 하나님만이 하실 수 있다. 우리가 은밀하게 한 말들이 심판 때에 그분의 영광의 빛 앞에 다 드러날 것이다. 우리의 말뿐 아니라 동기와 태도와 행위까지도 드러날 것이다. 하나님을 두려워하는 마음이 있으면, 가장 은밀한 것까지도 그분께 하나도 숨길 수 없음을 늘 의식하게 된다. 알다시피 아무것도 그분의 심판을 피할 수 없으며 그분의 심판은 공의롭다.

이런 이해가 없으면 우리는 미혹에 빠져서, 하나님이 우리의 불법을 대충 넘기시거나 아예 보지 않으신다고 믿을 수 있다. 그래서 우리는 미혹, 겁쟁이 이중생활이 그랬던 것처럼, 있지도 않은 비성경적인 자비로 위안을 삼는다. 이 말세에 우리는 자칫 견고한 헌신에서 떠내려가 불법에 빠질 많은 사람들 가운데 하나가 되기 쉽다.

이런 기초가 없는 사람들은 틀림없이 사람을 두려워하는 마음에 빠지며, 인간이란 결국 자기가 두려워하는 자를 섬기기 마련이다. 하나님을 두려워하면 우리는 힘든 중에도 그분께 순종한다. 그러나 사람을 두려워하면, 힘들수록 사람에게 더 굴하게 되고 자신의 쾌락이나 육체적인 욕망, 교만에 득이 되는 쪽으로 떠내려간다. 지속적으로 육체에 굴하면 결국 심각한 대가를 치른다. 영원한 심판과 형벌을 제대로 이해하지 못하면 우리에게 주를 두려워하는 마음이 상당 부분 없어진다. 그리스도의 심판은 사실 주의 거룩한 두려우심의 일면인 까닭이다. 바울은 그것을 이렇게 말한다.

> 이는 우리가 다 반드시 그리스도의 심판대 앞에 나타나게 되어 각각
> 선악간에 그 몸으로 행한 것을 따라 받으려 함이라 우리는 주의 두려우심을
> 알므로 사람들을 권면하거니와(고후 5:10-11).

바울은 지금 예수님이 앞의 누가복음 12장에서 언급하신 "크고 흰 보좌"의 심판을 말하는 것이 아니라, 신자들이 받을 심판을 말하고 있다. 신자들이 받을 심판에 대해서는 다음 장에서부터 살펴볼 것이다. 다만 여기서는 바울이 "그리스도의 심판대"를 "주의 두려우심"과 동등하게 여긴다(하지만 후자는 "크고 흰 보좌"를 지칭하는 것일 수도 있다). 사실 이 고린도후서 말씀에서 그는 실제로 심판대를 "주의 두려우심"이라고 부른다. 요점은 '주의 두려우심'과 '심판에 대한 이해'는 서로 뗄 수 없다는 것이다. 주를 경외하는 마음이야말로 건강한 삶을 사는 열쇠다.

선지자 이사야의 말을 들어 보라. "네 시대에 평안함이 있으며 구원과 지혜와 지식이 풍성할 것이니 여호와를 경외함(두려워함)이 네 보배(의 열쇠,

NIV)니라"(사 33:6).

거룩한 두려움은 하나님의 확실한 기초의 열쇠다. 앞 여러 장에서, 많은 무리가 예수님의 이름으로 기적을 행하지만 영원한 심판으로 쫓겨날 거라고 하신 그분의 예언을 떠올려 보라. 예수님이 마태복음 7장에서 곧 이어 그들의 몰락의 이유를 밝히신 것은 어쩌면 당연하다. 원인은 그들의 기초에 있었다. 그들은 삶의 폭풍을 뚫고 나아갈 수 없는 사고방식과 핵심 신념 위에 인생을 지었던 것이다.

> 그러므로 누구든지 나의 이 말을 듣고 행하는(순종하는) 자는 그 집을 반석 위에 지은 지혜로운 사람 같으리니 비가 내리고 창수가 나고 바람이 불어 그 집에 부딪치되 무너지지 아니하나니 이는 주추를 반석(하나님의 확실한 기초, 즉 주를 경외하는 마음) 위에 놓은 까닭이요 나의 이 말을 듣고 행하지(순종하지, TEV) 아니하는 자는 그 집을 모래 위에 지은 어리석은 사람 같으리니 비가 내리고 창수가 나고 바람이 불어 그 집에 부딪치매 무너져 그 무너짐이 심하니라(마 7:24-27).

끝까지 견딘 사람들은 견고한 기초 덕에 폭풍을 견뎌 냈다. 주를 경외하는 마음이 그 기초다. 우리의 안정성은 거기서 온다. 그것은 하나님의 부(富)를 쌓아 둔 창고다. 그분의 구원과 지혜와 지식이 다 그 안에 숨어 있다.

주를 경외하는 마음이란 무엇인가? 그분을 겁낸다는 말인가? 전혀 그렇지 않다. 주님을 무서워하고서야 어떻게 그분과 친밀함을 누릴 수 있겠는가? 친밀함이야말로 그분이 간절히 원하시는 바인데 말이다. 하나님은 이스라엘에게 자신을 나타내시려고 그리고 모세와 하신 것처럼 그들과도 교제를 나누려고 오셨으나 그들은 가까이 오려 하지 않고 오히려 달아났다. 모세는 그 백성에게 이렇게 말했다.

> 두려워하지 말라 하나님이 임하심은 너희를 시험하고 너희로 경외하여
> 범죄하지 않게 하려 하심이니라(출 20:20).

언뜻 보면 모세의 말이 모순처럼 보이나 그렇지 않다. 그는 하나님을 무서워하는 것과 주를 경외하는 것을 구분한다. 둘은 서로 다르다. 하나님을 무서워하는 사람은 무언가 숨길 것이 있다. 아담이 에덴동산에서 불순종하고 나서 어떻게 했는지 생각해 보라. 그는 주의 임재를 피해 숨었다. 반면 하나님을 경외하는 사람은 그분과 멀어지는 것을 겁낸다. 오히려 불순종을 피해 달아난다. 거룩한 두려움의 첫 번째 정의는 하나님에게서 멀어지는 것을 무서워하는 것이다.

쉽게 풀자면 이렇다. 주를 경외하는 마음은 누구보다 그 무엇보다 그분을 높이고, 중시하고, 귀히 여기고, 존중하고, 공경하는 것이다. 그것은 그분이 사랑하시는 것을 사랑하고 그분이 미워하시는 것을 미워하는 것이다. 그분께 중요한 것은 우리에게도 중요하고, 그분께 중요하지 않은 것

191

은 우리에게도 중요하지 않다. 그분을 경외하면 우리는 그분의 말씀 앞에 떨게 된다. 즉 그분의 말씀이 이해가 안 되고, 상처가 되고, 혜택들과 무관해 보일 때에도 그분께 즉각 순종하고 반드시 끝까지 온전히 순종하는 것이다. 주를 경외하는 마음은 그분의 말씀, 길, 법에 순종하는 것으로 나타난다.

성경은 여호와를 경외하는 것이 지혜의 근본이라고 말한다. 지혜의 기초라고 말할 수도 있다. 지혜에 관해서는 이후로 여러 장에 걸쳐서 깊이 살펴보겠지만, 지혜란 적시에 올바른 선택을 내릴 수 있는 지식과 능력이다. 압력에 못 이겨서 잘못된 선택을 하는 사람들은 지혜가 없다. 지혜의 근원은 주를 경외하는 마음이다.

성경은 우리의 인생을 집짓기에 비유할 수 있다고 말한다. 우리는 먼저 기초를 놓고, 그다음에 건물을 짓는다. 성경에 보면 "집은 지혜로 말미암아 건축"(잠 24:3)된다고 했다. 바르게 선택하는 능력으로 삶을 지어 나간다면 우리는 심판대 앞에 담대히 설 수 있는 건강한 인생을 짓게 된다. 이 지혜의 근본이자 기초는 바로 주를 경외하는 마음이다.

신앙의 길을 떠나지 않게 지키시다

주를 향한 경외가 마음속 깊이 단단히 심긴 그리스도인은 타락하지 않는다. 그럴 때만이 우리는 예수님을 향한 견고한 헌신에서 떠내려가지 않는다. 그분의 말씀을 당연시하거나 경솔히 취급하지 않는다. 죄를 가지고 장난치지 않는다. 많은 경우 이 경외를 잃어버려 마음이 강퍅해져서 결국

배교를 저지른다(히 3:12-13). 주를 경외하는 마음으로 가득하다면 우리는 은
밀하게 말하고 행동한 것들이 심판대에서 밝히 드러나리라는 것을 늘 인
식할 것이다. 하나님이 신약 시대의 사람들에 관해 예레미야에게 하신 말
씀을 들어 보라.

> 그들은 내 백성이 되겠고 나는 그들의 하나님이 될 것이며 내가 그들에게
> 한마음과 한길을 주어 자기들과 자기 후손의 복을 위하여 항상 나를
> 경외하게 하고 내가 그들에게 복을 주기 위하여 그들을 떠나지 아니하리라
> 하는 영원한 언약을 그들에게 세우고 나를 경외함을 그들의 마음에 두어
> 나를 떠나지 않게 하고(렘 32:38-40).

하나님은 "항상 나를 경외하게 …… 나를 떠나지 않게"라고 말씀하신
다. 말레이시아에서 있었던 한 집회가 생각난다. 성령께서 주를 경외하는
마음으로 강력하게 역사하신 집회였다. 동양의 각지에서 사람들이 모였
다. 성경학교 학생들, 목회자들, 다른 많은 사람들이 내가 말씀을 전하는
강당을 가득 메웠다. 예배가 끝날 무렵, 많은 사람들이 걷잡을 수 없이 통
곡하면서 강단 근처 앞쪽 전체에 드러누웠다. 그 분위기 속에 주의 두려
우심이 아주 위엄 있게 나타났다. 이런 생각이 들었다. "존 비비어, 여기서
뭐 하나 잘못했다가는, 말 한번 잘못했다가는, 너는 죽는 거다!" 정말 그
랬을지는 모르지만, 신약 성경에 어떤 남녀가 비슷한 분위기에서 무엇 하
나 잘못했다가 죽었던 것만은 분명하다. 그들에게 즉각 심판이 임한 결과
"온 교회와 이 일을 듣는 사람들이 다 크게 두려워"(행 5:11)했다.

집회가 끝난 뒤, 인도에서 온 한 부부가 내게 와서 말했다. "존, 우리의

속이 아주 정결해진 기분입니다."

나는 대답했다. "예, 저도 그렇습니다."

며칠 후에 내가 머물던 숙소에서 이런 말씀을 만났다. "여호와를 경외하는 도는 정결하여 영원까지 이르고"(시 19:9). 성령께서 즉시 내 마음에 말씀하셨다. "루시퍼는 천국에서 예배를 인도하던 천사였다. 기름 부음과 복을 받은 아름다운 천사였다. 그러나 그는 나를 두려워하지 않았고 그래서 영원히 견디지 못했다." 그 말을 되새기는데 다시 음성이 들려왔다. "내 보좌를 에워싸고 나를 보던 천사들의 3분의 1도 나를 두려워하지 않았고 그래서 영원히 견디지 못했다." 나는 성령의 계시에 깜짝 놀랐다. 그때 다시 음성이 들려왔다. "아담과 하와는 내 영광의 임재 안에 행하며 나와 교제를 나누었다. 그러나 그들은 나를 두려워하지 않았고 그래서 내 임재 안에서 영원히 견디지 못했다."

주를 경외하는 마음은 우리에게 오래 버티며 견딜 힘을 준다. 또한 하나님의 말씀에 시종일관 순종하게 해 준다. 성경은 신자들에게 경고한다. "그러므로 우리는 두려워할지니 그의 안식에 들어갈 약속이 남아 있을지라도 너희 중에는 혹 이르지 못할 자가 있을까 함이라"(히 4:1). 흥미롭게도 "사랑하라"고 하지 않고 "두려워하라"고 했다. 우리를 도로 죄 속으로 떠내려가지 않게 해 주는 것은 하나님을 향한 경외다.

주를 사랑하지만 두려워하지는 않을 때

5년 징역형을 받고 마지막 해를 복역하던 어느 유명 전도자를 방문한 일을 절대 잊지 못할 것 같다. 그의 사건은 온 천하에 알려졌고 그는 하나님 나라를 심히 욕되게 했다. 그러나 복역 첫해에 그는 주님을 진정으로 만났다. 4년 후 내가 면회 갔을 때에 그가 건넨 첫마디가 아직도 생생하다. "존, 이 감옥은 내 인생에 내리시는 하나님의 심판이 아니라, 그분의 자비였습니다. 그때 살던 대로 계속 살았더라면 나는 결국 영원한 지옥으로 갔을 것입니다."

어느새 나는 그에게 빨려 들어갔다. 나는 내가 하나님의 깨어진 사람, 그리스도의 참된 종과 대화하고 있음을 알았다. 나는 그가 처음에 예수님을 깊이 사랑해서 사역에 들어선 것을 알고 있었다. 그의 열정은 확연했다. 사역이 아직 한창인데 어쩌다 그가 주님과 그렇게 멀어졌는지 나는 궁금했다.

그래서 물었다. "예수님께 사랑이 식은 것이 언제입니까?"

그는 주저하지 않고 대답했다. "사랑은 식지 않았습니다!"

나는 몹시 놀라서 말했다. "그러면 지난 7년간 당신이 저지른 우편 사기와 간음은 뭡니까? 그것 때문에 지금 감옥에 와 있는 것 아닙니까?"

그는 말했다. "존, 나는 그러는 동안에도 늘 예수님을 사랑했으나 다만 그분이 내 삶의 최고 권위가 아니었습니다"(즉 그는 하나님을 두려워하지 않았다). 이어서 그가 한 말에 깜짝 놀랐다. "존, 미국에 나와 같은 그리스도인이 얼마나 많은지 모릅니다. 그들은 예수님을 구주라고 부르고 그분을 사랑하지만 최고의 주인으로 두려워하지 않습니다."

그 순간 내 안에 불이 확 켜졌다. 우리는 예수님을 사랑할 수 있지만 그것만으로는 우리의 배교를 막지 못함을 나는 깨달았다. 우리는 또한 하나님을 두려워해야 한다. 모세가 한 말을 생각해 보라. "하나님이 임하심은 너희를 시험하고 너희로 경외하여 범죄하지 않게 하려 하심이니라"(출 20:20). 루시퍼와 천사들의 3분의 1과 아담은 하나님께 순종하는 삶에서 떠내려갔고, 이 말세에 교회에도 배교할 사람들이 많이 있다. 우리도 그렇게 떠내려가지 않도록 우리에게 지구력을 주는 것은 주를 경외하는 마음이다.

구원을 이루라?

그래서 바울은 이렇게 말한다.

경외심과 두려움과 떨림으로(자신을 믿지 않고, 심히 주의하여, 유순한 양심으로, 유혹을 경계하며, 하나님께 거슬리고 그리스도의 이름에 욕이 될 만한 것이면 무엇이든 꺼리고 피하면서) 너희 자신의 구원을 이루라(가꾸고 목표를 달성하고 전부 마치라)(빌 2:12, AMP).

우리는 두려움과 떨림으로 자신의 구원을 완성한다. 이로 말미암아 우리는 자신의 모든 마음과 말과 행동이 심판 때에 드러날 것을 늘 의식하며 산다. 이렇게 의식하며 살면 우리는 겸손하고, 조심하고, 분별력 있고, 불순종의 유혹 또한 금세 알아챈다. 그러면 하나님이 기뻐하지 않으실 것들을 늘 멀리하며 살 수 있다.

바울이 우리의 구원을 "사랑과 온유"로 다 이루거나 완성한다고 하지 않았다. 주를 경외하는 마음은 그분의 은혜를 떠나서 불법한 삶에 빠지지 않을 힘을 준다. 반면, 하나님을 사랑하는 마음은 그분과의 친밀함을 파괴

하는 율법주의에 빠지지 않게 해 준다. 또한 이 사랑은 우리의 동기와 의지를 강하고도 올바르게 유지시켜 주는 연료 역할을 한다. 하나님과의 건강한 관계를 유지하기 위해서는 사랑과 경외라는 두 가지 강력한 힘이 모두 필요하다.

그래서 바울은 하나님을 우리의 "하늘 아버지, 아바"(아빠라는 뜻)라고 부르면서도 또한 우리 하나님은 "소멸하는 불"(히 12:29)이라고 말한다. 그분은 사랑이시지만 또한 공의롭고 거룩하신 재판장이시다. 그분을 두려워하지 않으면 나중까지 견디는 안정성을 잃는데, 예수님은 "끝까지 견디는 자는 구원을 얻으리라"(마 10:22)고 거듭 말씀하신다.

진짜 집을 기준으로

영원한 심판과 형벌을 제대로 이해하는 것이 그토록 중요한 다른 이유는, 우리가 다른 사람들에게 미치는 영향 때문이다. 우리가 하나님을 경외하지 않으면 말이나 행동으로 균형 잃은 복음을 전할 우려가 있다. 그러면 우리에게서 영향을 받는 사람들은 실족하거나 영원히 멸망할 수밖에 없다.

복음을 가르치는 교사나 목사로서 이런 교리적 기초를 갖추지 못하면 주로 성경에서 발견되는 복과 번영, 행복한 삶에 관한 원칙들만 가르칠 수밖에 없다. 물론 이런 원칙 또한 통해서 분명 건강, 재정적인 성공, 평안, 더 좋은 관계 등을 낳는다. 하지만 영원한 형벌에 관한 올바른 이해라는 기초가 없다면, 십자가와 예수님을 따르는 대가에 관해서는 바른 가르침을 줄 수 없다. 자기 삶을 온전히 내려놓으라는 부름보다는 자기만족을 주는 메시지를 주로 전하고 만다.

'영원'이 우리를 이끌지 않는다면, 우리는 인생을 영원한 시각으로 보는 대신 이생에 득이 될 것들을 더 많이 전하고 또 그렇게 살 것이다. 우리는 사람들에게 "하나님이 계획하시고 지으실 터가 있는 성을 바랐"던 (히 11:10) 족장들처럼 살기보다는 오늘만 생각하며 살아가라고 가르칠 것이다.

물론 하나님의 원리들에 순종하면 이생에서도 보상이 있다. 그 부분은 잘 가르쳐 왔다. 그러나 우리는 이 땅을 잠시 지나는 나그네임을 잊지 말자. 이생에서도 성공해야 하지만 우리의 문화가 아니라 천국의 기준으로 성공해야 한다. 우리의 진짜 집은 여기가 아니다. 이 세상을 버리고 하나님을 따른 성도들의 동기를 잘 읽어 보라.

> 이 사람들은 다 믿음을 따라 죽었으며 약속을 받지 못하였으되 그것들을 멀리서 보고 환영하며 또 땅에서는 외국인과 나그네임을 증언하였으니 그들이 이같이 말하는 것은 자기들이 본향 찾는 자임을 나타냄이라 그들이 나온 바 본향을 생각하였더라면 돌아갈 기회가 있었으려니와 그들이 이제는 더 나은 본향을 사모하니 곧 하늘에 있는 것이라 이러므로 하나님이 그들의 하나님이라 일컬음 받으심을 부끄러워하지 아니하시고 그들을 위하여 한 성을 예비하셨느니라(히 11:13-16).

이 성도들이 바란 본향은 하나님의 도성, 새 예루살렘이다. 이 책 나머지 부분에서는 우리의 시선을 거기로 돌리고자 한다. 이 도성에 살게 될 사람들을 이기는 자 곧 승리자라고 한다. 그들이 받을 상급은 여기 이 땅의 삶이 줄 수 있는 최고의 것보다도 무한히 더 좋은 것이다.

DRIVEN
BY ETERNITY

PART 4

그 나라
셈법은
다르다

8

'마음 깊은 곳'을 아시는 분께
충성할 때

나는 사람의 뜻(생각, 감정, 의도)과 (가장 은밀한) 마음을 살피는 자인 줄 알지라
내가 너희 각 사람의 행위대로 (그에 합당한 상으로, AMP) 갚아 주리라.
요한계시록 2장 23절

"그분께 받은 그 어떤 것도 나는 정말 받을 자격이 없었어.
그런데도 그분의 사랑과 후하심은 우리의 이해를 초월한다네.
영원히 나는 그분의 넘치는 자비에 빚진 자일세."

이제 애퍼벨 나라 우화로 돌아가서 이기심과 참사랑이 어떻게 되었는지 알아보자. 신자가 받을 심판의 중요한 단면들을 배울 터인데, 그중 하나는 모든 신자들의 상급이 똑같지 않다는 것이다.

신자가 받을 심판

이 심판은 엔델 사람들이 생명의 홀에 도착하고 얼마 안 되어 오전에 이루어졌다. 생명의 홀에서 약 500명의 엔델 사람들이 걱정 반 기대 반으로 잴린왕과의 첫 만남을 기다렸다. 참사랑과 이기심이 둘 다 옛 친구들과 새 친구들을 만나서 한참 서로 근황을 나누는데 갑자기 왕실 호위대가 홀 안에 들어왔다. 일순간 대화는 그치고 호위대장이 입을 열었다.

"잠시 후면 여러분은 왕을 대면하여 만날 것입니다. 그분은 언제나 여러분을 사랑하셨고 여러분과 연합할 이 날을 고대하셨습니다. 여러분은 그분을 만나 본 적이 없지만 그분은 여러분을 보셨습니다. 그분은 여러분의 중심을 보셨고 열매를 분별하셨습니다. 그분은 여러분의 마음과 동기와 생각과 감정과 행위를 다 아십니다. 그분께는 하나도 숨겨진 것이 없습니다. 그분의 심판이 공의롭다는 것을 아십시오. 아무도 무시당하거나 억울할 일은 없을 것입니다."

호위대장은 이어서 그들에게 대전에 들어가는 절차와 들어간 뒤에 필요한 의전을 설명해 주었다. 설명을 끝낸 그가 한층 목청을 돋우어 말했다. "가장 먼저 잴린왕 앞에 설 사람은 이기심입니다. 우리가 대전까지 호위할 테니 앞으로 나오십시오."

이기심, '생명의 홀'에 들어서다

이기심은 자기가 먼저 소환된 이유가 엔델 시장이라는 자신의 직책 때문일 거라고 추측했다. 왕의 외곽 영토인 엔델에서 지도자로 일한 만큼 그는 자신이 후한 상을 받으리라고 자신했다. 그는 엔델에서 충성을 보인 사람들은 애퍼벨에서 상급과 다스리는 지위를 얻는다는 옛글에서 보았던 가르침이 기억났다. 자신이 시장으로 재임하던 2년 동안 그는 지역사회가 살아나는 것을 보았다. 그는 자신 있게 왕을 대면하러 나아갔다.

대전 문들이 열리고 이기심은 왕의 존전으로 들어갔다. 그는 어마어마한 대전의 위용에 압도되었다. 잘 보니 거의 꽉 차 있었고, 회중들은 전원 기립해 있었다. 이기심은 왜 군데군데 자리가 비어 있는지 궁금했으나 시민들이 아무렇게나 자리를 잡다 보니 그랬겠지 하고는 금방 그 생각을 떨쳐 버렸다.

　저만치 멀리에 잴린의 보좌가 있는데, 그 위엄이란 가히 상상을 초월했다. 작은 보좌들도 보였는데 그는 그것이 잴린을 섬기는 공동 통치자들의 자리라고 제대로 짐작했다. 그는 심장이 멎는 줄 알았다. 아직 비어 있는 보좌들이 두엇 있었던 것이다. 그는 그 빈자리가 자기에게 돌아오리라는 확신이 들었다.

내가 베푼 사랑의 동기들

　앞으로 나가면서 이기심은 엔델 출신으로 지금은 애퍼벨의 시민이 된 사람들의 용모가 영광스럽게 변한 것에 크게 놀랐다. 보좌 쪽으로 불과 몇 걸음 못 가서 그는 대전 맨 뒷줄에 있는 옛 친구를 알아보았다. 그의 이름은 사교(Social)였다. 그는 이기심이 단골로 다니던 어느 식당 주인이었다. 이기심이 말을 걸어도 되느냐고 묻는 듯이 호위대장을 쳐다보자 호위대장은 고개를 끄덕였다.

　이기심이 다가가 둘은 얼싸안았다. "어떻게 지냈나, 사교?" 이기심이 물었다.

　"아주 잘 지냈네." 옛 친구가 대답했다. "그런데 내 이름은 더 이상 사교가 아니라 이제 자족일세. 주 잴린께서 내게 새 이름을 주셨지. 그분의 보좌 앞에 가면 모든 종들에게 그렇게 하시거든.

　애퍼벨은 우리가 꿈에도 생각지 못할 만큼 놀라운 곳일세. 이 대전은 이 수려한 도성의 아름답고 눈부시고 광대한 영토로 들어가는 입구에 지나지 않아. 왕은 여태까지 자네가 만났거나 알았던 그 누구보다도 더 다정다감하시고 자애로우시며 위엄이 있으시지. 그분을 알고 섬길 수 있어서 얼마나 감사한지 모른다네. 그분의 나라에 있다는 것이 영광일세. 우리가 여태까지 알았던 그 무엇보다도 좋거든. 지금 아는 것을 엔델에서도 알았더라면 나는 다르게 살았을 걸세. 왕을 기쁘시게 하는 데에 더 주력했을 걸세. 엔델에 짧게 체류하는 동안 더 나은 시민으로 살았을 거야. 그랬다면 나는 지금 그분께 더 가까이 가 있겠지."

이기심이 되물었다. "그게 무슨 말인가? 자네는 엔델의 훌륭한 시민이었어. 자네는 최고에 속하는 식당을 운영했고 지역사회의 여러 행사도 지원했지. 모금 행사 때면 재정과 무료 식사를 제공하기 일쑤였고. 그런 일을 하느라고 자네는 저녁 장사까지 희생하지 않았는가!"

자족은 고개를 저었다. "나는 인정을 받고 사람들에게 받아들여지고 싶어서 그런 일들을 했다네. 또 그렇게 하면 손님들을 더 많이 끌 거라는 것도 알았지. 사실 나는 그저 성공하고 싶은 마음뿐이었어. 축복하는 마음은 조금도 없었지. 나는 잴린의 말씀을 들었어야 했네. 그분은 우리에게 '네가 점심이나 저녁이나 베풀거든 벗이나 형제나 친척이나 부한 이웃을 청하지 말라 두렵건대 그 사람들이 너를 도로 청하여 네게 갚음이 될까 하노라 잔치를 베풀거든 차라리 가난한 자들과 몸 불편한 자들과 저는 자들과 맹인들을 청하라 그리하면 그들이 갚을 것이 없으므로 네게 복이 되리니 이는 의인들의 부활 시에 네가 갚음을 받겠음이라'(눅 14:12-14)고 하셨지. 내가 무료로 베푼 저녁 식사들은 지역사회가 아닌 그저 내 이익을 위한 것이었네. 엔델의 세력가들 틈에 끼고 싶었거든."

이기심은 더 깊이 파고들었다. "하지만 자네는 엔델학교에 자주 기부했네. 그거야말로 잴린의 눈에 드는 일 아닌가?"

자족이 되받았다. "엔델학교에 기부한 것은 사실이지만 내 사업의 성공 정도에 비례해서 그리하지는 않았네. 사실 비율로 보면 아주 낮았지. 나는 혹시라도 망할까 두려워서 식당 수익을 대부분 쌓아 두었다네. 거기다가 '잘살아 보려는' 욕심까지 있었지. 내 진짜 의도는 나를 보호하는 것이었어. 쥐꼬리만큼 베푼 것은 그래야 내 양심이 좀 편해서였네. 다른 교사들이 이 나라와 가난한 사람들에게 베푸는 일이 얼마나 중요한지 누차 거론하는 바람에 어쩔 수 없었던 것도 있고. 결국 나는 긍휼과 사랑이 아니라 죄책감과 강박 때문에 베풀었던 걸세."

자족은 말을 이었다. "잴린이 들려주었던, 애퍼벨 나라를 사랑한 어느 과부 이야기를 나는 잊고 있었어. 그분은 '내가 진실로 너희에게 이르노니 이 가난한 과부는 헌금함에 넣는 모든 사람보다 많이 넣었도다 그들은 다 그 풍족한 중에서 넣었거니와 이 과부는 그 가난한 중에서 자기의 모든 소유 곧 생활비 전부를 넣었느니라'(막 12:43-44) 하시지 않았는가."

이기심은 자기 집에서 있었던 사교 모임과 저녁 식사들을 곰곰 생각해 보았다. 그 자리에는 가난한 사람들은 고사하고 자기보다 형편이 덜 좋은 사람들조차 없었다. 이어서 그는 부지를 학교 대신 백화점 측에 주기로 한 자신의 결정에 실망한 사람들을 무마하려고 자신이 기부한 5천 달러가 생각났다. 당시에는 그것이 꽤 거액인 줄 알았으나 이제 그는 자기가 베푼 것이 너무나 적어서 창피했다. '잴린 앞에서 이것 가지고 될까?'

이어지는 자족의 말이 그의 상념을 가로막았다. "잴린과 그분의 사람들을 향해 정말로 열정이 있었다면 나는 시간을 바쳐서 학교에서 섬겼을 걸세. 모두가 제 역할을 하면 짐이 가벼워지지만 그렇지 않으면 그 짐을 소수의 사람들이 지게 되지. 잴린의 구상대로만 시행된다면 아무도 과도한 짐에 시달리지 않을 걸세. 무거운 짐을 진 소수의 사람들은 큰 상을 받았다네. 아무튼 나는 조금 베푼 것으로나마, 잴린의 나라에 헌신하지 못하는 내 양심을 달래려고 했다네.

여하튼 내 인생을 되돌아보는 시간에 이 모든 것이 만인에게 훤히 드러났어. 내가 그분의 영광보다 내 안락과 안전과 평판을 위해서 살았다는 것이 말일세. 지금 나는 이 도성의 가장 낮은 시민들 중 하나일세. 그럼에도 불구하고 나는 그분의 선하심과 나를 향한 엄청난 사랑에 감격하고 있다네. 그분께 받은 그 어떤 것도 나는 정말 받을 자격이 없었어. 자네도 곧 알게 되겠지만, 그런데도 그분의 사랑과 후하심은 우리의 이해를 초월한다네. 영원히 나는 그분의 넘치는 자비에 빚진 자일세."

이기심은 충격을 받아서 목소리가 높아졌다. "가장 낮은 시민이라니? 여기도 계층이 있다는 말인가?"

자족이 씩 웃으며 말했다. "응, 그런 셈이지. 엔델에서도 배운 내용이야. 다들 심각하게 생각하지 않았던 것뿐이지. 하지만 내면 깊은 곳에서 우리는 알았어. 사실 자네는 이 대전에 들어올 때에도 이 진리를 생각했지. 내가 자네의 생각들을 들었거든. 자네는 보좌에 앉게 되기를 바라고 있지. 수업 시간에 배운 옛글을 통해서 자네도 이것을 알고 있었네. 그때는 인정하지 않았겠지만 자네는 엔델에 있을 때에 이것을 믿었네.

엔델에 짧게 머무는 동안 잴린에게 충성한 사람들은 이 사회에서 가장 좋은 지위들에 오른 지도자들이고 시민들일세. 그들은 이 도성의 가장 아름다운 구역에 살고 있고, 왕과 자주 대면하는 특권을 누리고 있지. 엔델에서 자기를 위해서 살았던 우리 같은 사람들은 도성 외곽 자리들을 배정받았네. 이 대전 안에서도 그것을 볼 수 있다네. 뒤쪽에 있는 사람들은 평지에 사는 사람들일세. 우리는 노동집약적인 일들을 배정받았지. 이 나라에서 가장 작은 자들일세. 중간부에 있는 사람들은 좀 더 창의적인 지위들을 얻어서 산지에 거하고 있네. 그리고 앞쪽과 보좌들에 있는 사람들은 리글 센터에 사는데, 바로 왕이 거하시는 곳이지. 그들은 그분과 나란히 살며 일하는 특권을 누리고 있어. 이 나라에서 가장 큰 자들일세."

자족은 이렇게 말을 맺었다. "이보게, 부디 잴린이 공의와 사랑의 왕이심을 알게. 그분이 자네에게 무엇을 주시든 그것은 상일세. 그분이 아니었다면 이 도성의 가장 낮은 자리의 삶이라도 누릴 자가 우리 가운데 누가 있겠는가."

그 말을 하고서 자족은 자기 자리로 물러났다. 호위대장은 이기심에게 계속 보좌 쪽으로 가라고 손짓을 했다.

그분이 주신 권위로 영혼을 살리는가

몇 걸음 더 가서 이기심은 자기가 알고 존경했던 다른 사람을 알아보았다. 그의 이름은 동기부여였다. 그는 전에 엔델학교 교사였다. 이기심이 생각하기에 그는 탁월한 교사였다. 박식하고 표현력이 뛰어났으며 말할 때마다 이기심에게 감화를 주었다. 이 전설적인 교사는 학생들의 사기를 높여 주고 자존심을 살려 주는 방식으로 가르쳤다. 다른 교사들도 사기를 높여 주기는 했지만 간혹 약간 엄해 보일 때가 있었고, 그들의 말에 학생들은 죄를 뼈아프게 깨닫기도 했다. 하지만 동기부여는 그러지 않았다.

그의 수업을 듣고 나면 학생들은 항상 기분이 아주 좋아졌다. 사실 그는 단연 이기심이 가장 좋아하던 교사였다.

이기심은 은사와 대화하고 싶어서 역시 눈짓으로 호위대장에게 허락을 구했다. 이번에도 호위대장은 고개를 끄덕였다. 이기심은 동기부여에게 다가갔고, 두 사람은 서로 따뜻하게 인사를 나눴다.

이기심은 묻지 않을 수 없었다. "왜 여기 뒷줄에 계십니까?"

"여기가 내 지위, 내 자리네. 나는 애퍼벨의 가장 작은 시민들 가운데 하나일 뿐이지. 나는 평지에 살면서 배관공으로 일하고 있다네."

"뭐라고요?" 이기심이 놀라 큰 소리로 말했다. "선생님은 잴린의 가장 뛰어난 교사들 가운데 하나였습니다. 보좌에 앉아 계셔야 할 분이 어떻게 가장 낮은 시민들 가운데 하나가 될 수 있단 말입니까?"

"내가 이 큰 회중의 서열에서 더 높지 못하고 잴린과 함께 다스리지 못하는 데는 여러 가지 이유가 있어. 시간상 내 어리석음의 뿌리만 말하겠네. 잴린에게 인생을 바친 모든 사람들을 집 짓는 자에 비유하던 것이 생각나지? 우리가 학교에서 다 배운 내용이네. 엔델에서 우리가 맡은 주요 책임 가운데 하나는 다른 사람들의 삶을 세우는 것이었어. 그것은 말로든 행위로든 일로든 우리가 전하는 메시지들을 통해서 이루어졌지. 특히 교사인 내게는 커다란 특권과 책임이 함께 주어졌고 말이야. 나는 학생들에게 잴린의 길과 원리들을 가르쳤네. 그런데 나는 교사로서 여러모로 실패했어. 우선 내 가르침에는 균형이 없었네. 나는 잴린을 섬기는 삶의 긍정적인 면들만 강조했지. 많은 학생들에게 나는 장기적인 영향은 생각할 것 없이 성공만 추구하도록 동기부여를 했고 말이야. 인생의 가장 참된 목표가 잴린을 기쁘시게 하는 것임을 그들에게 가르치지 않았어. 그분의 방법들을 이용해 인생에 성공하는 법만 가르쳤네. 그러다 보니 나는 우리 사회 곳곳에 얼마나 많은 함정과 덫이 있는지 미처 그들에게 경고하지 못했네. 옛글에는 내가 잴린의 뜻을 다 가르쳐야 한다고 분명히 나와 있는데 말이지. '우리가 …… 각 사람을 권하고(경고하고, NKJV) 모든 지혜로 각 사람을 가르침은 각 사람을 그리스도 안에서 완전한 자로 세우려 함이니.'¹ 나는 가르치기는 했으나 경고하는 데는 소홀했던 걸세. 나는 긍정 일변도의 교사가 되었고 건강한 경고를 준 적이 없어. 그래서 내가 세운 많은 인생들은 잴린에게 별로 영광을 돌리지 못했고." 여기서 그는 고개를 숙였다. "그중에 꽤 많은 사람들은 지옥에 있네."

이기심의 얼굴에 어린 충격을 보면서 동기부여는 요점을 다시 강조했다. "그래, 그들은 지옥에 떨어졌다네. 내가 균형 잃은 가르침을 준 것도 일부 원인이 되어 지금 많은 사람들이 버려진 고립의 땅에 살고 있어. 나는 학생들에게 꼭 필요한 것을 준 것이 아니라 그들이 원하는 것을 주었던 걸세. 그저 내 인기를 지키고 싶은 욕심 때문에 나는 부실 공사를 했던 거야. 나는 그들 삶의 약하고 잘못된 부분들을 뿌리 뽑지 못했어. 그들의 자기 본위적인 욕심을 부추길 뿐인 교훈들로 그것을 덮어 버렸지. 옛글에 교사들에게 준 경고를 생각해 보게. '그들이 내 백성을 유혹하여 평강이 없으나 평강이 있다 함이라 어떤 사람이 (엉성한, AMP) 담을 쌓을 때에 그들이 회칠을 하는도다 그러므로 너는 회칠하는 자에게 이르기를 그것이 무너지리라'(겔 13:10-11). 많은 학생들이 한시적인 것들로 자신의 삶을 세우고 가렸네. 그것이 엉성한 담이라는 것을 나는 양심 깊이 알면서도 그들에게 경고하지 않았네. 괜찮지 않은데도 나는 다 괜찮다고 말했어. 나는 그들의 노선을 조장했고, 그들의 기만을 굳혀 주었어. 다행히 그중에서 애퍼벨에 온 사람들도 있지만, 고립의 땅에 보내진 그 학생들을 생각하면 가슴이 아프네. 긍정적인 가르침만 품고서 애퍼벨에 온 사람들도(그는 어깨 너머로 보면서 갑자기 목소리를 작게 낮추었다) 다수는 이 뒷줄에 있네. 그들의 인생은 헛된 낭비였고 그들의 노력은 이 심판대 앞에서 다 불타 버렸어."

이기심은 물었다. "이 심판대 앞에서 불탔다고요?"

"그래." 교사가 대답했다. "자네도 이런 옛글이 기억날걸세. '만일 누구든지 금이나 은이나 보석이나 나무나 풀이나 짚으로 이 터 위에 세우면 각 사람의 공적이 나타날 터인데 그 날이 공적을 밝히리니 이는 불로 나타내고 그 불이 각 사람의 공적이 어떠한 것을 시험할 것임이라 만일 누구든지 그 위에 세운 공적이 그대로 있으면 상을 받고 누구든지 그 공적이 불타면 해를 받으리니 그러나 자신은 구원을 받되 불 가운데서 받은 것 같으리라'(고전 3:12-15)."

유명했던 이 교사는 말을 이었다. "옛 사도가 말한 기초(터)는 잴린의 주권이며, 자네와 내가 알다시피 그것은 인간이 이 나라에 들어올 수 있는 유일한 길이라네. 그러나 일단 진정으로 그분께 속했으면 우리는 그 기초 위에 세워야 해. 옛글의 기준으로 볼 때 내 인생은 그분의 기대에 못 미쳤고 나는 학생들에게 미친 영향력 부분에서 실패했네. 나는 내 권위를 가지고 학생들에게 애퍼벨을 위해 영향을 미치지 못했고, 그래서 어쩔 수 없이 상급을 잃었네. 옛적의 훌륭한 교사인 바울은 자신의 영향권에 있는 사람들에 관해 이렇게 말했네. '우리의 소망이나 기쁨이나 자랑의 [상급과, NLT] 면류관이 무엇이냐 그가 강림하실 때 우리 주 예수 앞에 너희가 아니냐 너희는 우리의 영광이요 기쁨이니라'(살전 2:19-20). 처음 가르칠 때부터 나는 잴린의 진리들을 잘 알았으나 정서적 불안, 사람들에게 인정받고 싶은 욕심, 그리고 마지막으로 자존심에 휩쓸렸네. 머잖아 나는 내가 알던 것들에서 빗나갔어. 결국 나는 내가 전하는 내용대로 살기 시작했지. 그렇게 떠내려가면서 나는 내 사생활에서도 잴린의 경고들을 놓치고 말았네. 미혹당한 거지. 여기서 바라보는 인기와 평판은 엔델에서의 시각과는 전혀 딴판일세. 거기서 우리가 대단하게 알았던 것들의 태반이 여기서는 가장 작은 것들로 통한다네."

이기심은 진지하게 물었다. "동기부여 선생님, 잴린이 우리 이름을 바꿔 준다고 내 친구가 그러던데…… 선생님이 받은 새 이름은 무엇입니까?"

교사는 씩 웃었다. "내 이름은 겸손이네." 그 말과 함께 그는 고개를 숙이고는 자기 자리로 갔다. 이기심이 고개를 돌리니 호위대장은 지금까지 겸손에게서 들었던 말이 다 사실이라는 듯 고개를 끄덕였다.

이기심은 계속 보좌 쪽으로 나아갔다. 처음 호명될 때의 자신감은 이제 사라졌다. 그는 자신의 인생을 돌아보았다. 그의 동기들은 무엇이었던가? 시장으로서 그는 잴린의 영광을 위해 다스렸던가, 아니면 이기적인 야망으로 그리했던가? 그는 인생을 어떻게 영위했던가? 잴린의 말씀에 부합되게 살았던가, 아니면 그 역시 미혹되었던가? 그는 다른 사람들을 세웠던가, 아니면 그들을 이용해서 자신의 성공을 세웠던가?

사랑이 흠뻑 밴 냉혹한 진실

이기심은 이제 대전 중간부를 지나고 있었다. 그곳의 시민들을 보니 더욱더 왕 같아 보였다. 그들은 저마다 넘치는 사랑과 수용으로 그를 바라보았다. 그는 그들의 눈길과 얼굴 표정에서 위안을 얻었다. 그것은 엄청난 도움이 되었다. 그가 자신에 대해서 그리고 곧 당하게 될 일에 대해서 전혀 자신이 없었기 때문이다.

보좌까지 가는 길은 긴 세월처럼 느껴졌다. 한 걸음 한 걸음마다 그는 자신이 엔델에서 보낸 세월들을 되돌아보았다. 아직도 그는 자신이 시장으로 성공했으니 잴린과 함께 다스리는 통치자로 임명될지도 모른다는 희망이 있었다.

마침내 그는 잴린을 섬기는 공동 통치자들이 있는 곳 한복판에 이르렀다. 그는 그들이 입은 왕복과 머리에 쓴 면류관을 보았다. 저마다 홀(笏)을 들고 있었다. 과연 그들은 이 큰 도성의 모든 시민들 중에서 가장 왕 같았다. 인간이 그토록 영광스러워 보일 수 있다는 사실에 그는 놀랐다.

이 통치자들 가운데서 이기심은 이전에 한 시의원의 비서로 일하던 여자를 보았다. 그는 궁금했다. '저 여자가 왜 보좌에 앉아 있지?' 그녀는 학교에서 딱히 두드러진 적이 없었다. 그녀는 그보다 1년 먼저 졸업했다. 사실 그는 그녀를 개인적으로 몰랐다. 그만큼 그녀는 말수가 적고 아주 얌전한 성격이었다.

그녀가 앞으로 나오자 호위대장이 멈추어 그녀에게 절했다. 그녀는 웃으며 이기심을 따듯이 안아 주었다. "이기심, 애퍼벨에 온 것을 환영합니다. 나는 인내입니다. 잴린이 저에게 당신이 그분 앞에 오기 전에 대화를 나누라고 하셨습니다. 나는 애퍼벨에서 그분의 통치자들 가운데 하나입니다."

이기심은 생각하기도 전에 말부터 튀어나왔다. "통치자? 어떻게 당신이 통치자가 될 수 있습니까? 당신은 엔델에서 아무것도 한 일이 없습니다." 그는 자신의 말이 밑도 끝도 없고 상대를 전혀 배려하지도 못했다는 생각에 얼굴이 붉어졌다.

인내는 이해한다는 듯이 고개를 끄덕였다. "그 말을 했다고 부끄러워 할 것은 없습니다. 이 대전이나 이 큰 도성 안에서는 마음속에 품은 생각을 숨길 수 없어요. 당신은 솔직히 말한 것뿐입니다. 엔델에서 당신은 이미지와 평판에 신경을 썼습니다. 그래서 많은 사람들이 자신의 어리석음조차 모른 채 말로 속이게 되지요. 여기서는 말도 아주 중요하지만, 우리의 동기와 의도를 훨씬 중시합니다. 여기서는 동기와 의도가 항상 훤히 보입니다. 당신도 곧 알게 될 것입니다. 당신이 엔델에서 했던 모든 말을 이제 곧 심판받을 테니."

"모든 말이라고요?" 이기심이 큰 소리로 물었다. "모든 대화의 모든 단어 하나하나까지 전부 말입니까?"

"그래요." 인내가 대답했다. "모든 말입니다. 옛글에 나오는 주 잴린의 말씀이 기억납니까? '내가 너희에게 이르노니 사람이 무슨 무익한 말을 하든지 심판 날에 이에 대하여 심문을 받으리니 네 말로 의롭다 함을 받고 네 말로 정죄함을 받으리라'(마 12:36-37). 무익한 말은 부질없고 쓸데없고 부주의한 말로 모두 잴린의 성품에 어긋납니다."

이기심이 물었다. "나는 늘 다르게 생각했습니다. 각자의 선행과 굵직한 업적 그리고 그와 아울러 각자의 큰 거짓말이나 큰 참말만 보고하면 된다고 말이에요." 그는 잠시 생각에 잠겼다가 말을 맺었다. "내가 장차 당할 일을 아십니까?"

인내가 대답했다. "옛글에 분명히 나옵니다. '사람은 입의 열매로 말미암아 복록에 족하며 그 손이 행하는 대로 자기가 받느니라'(잠 12:14). 그러니까 당신은 모든 행위 즉 행실에 관해서만 아니라 모든 말에 관해서도 심판을 받습니다. 여기에는 악한 말, 선한 말은 물론 당신 입에서 나온 모든 무익한 말도 다 들어갑니다. 사실은 당신 말과 행위만 아니라 그 배후 동기까지 다 조사받을 거예요. 또 당신이 품었던 생각도 심판의 대상입니다. 잴린의 심판이 의로우며 '사람의 마음과 생각을 감찰'(렘 11:20, NKJV)한다는 사실을 잊지 마십시오. 그분이 친히 '나 잴린은 심장을 살피며 폐부를 시험하고 각각 그 행위와 그의 행실대로 보응하나니'²라고 하셨습니다. 그분은 모든 행동과 말뿐만 아니라 배후의 의도까지 다 시험하십니다."

인내는 계속 말을 이었다. "그래서 당신은 보좌에 앉은 나를 보고 큰 충격을 받은 것입니다. 당신은 엔델의 기준으로 내 성과물만 보고 나를 판단했습니다. 잴린의 판단은 기준이 다릅니다. 그 심판을 당신은 이미 보기 시작했고 잠시 후에 생생히 볼 것입니다. 사랑하는 형제여, 당신은 엔델의 삶에 맞게 공정한 상을 받을 것입니다."

이기심은 이런 식의 냉혹한 진실을 경험한 적이 없었지만, 그러나 거기에는 그가 여태까지 알지 못했던 사랑, 엄청난 사랑이 흠뻑 배어 있었다. 이제 그는 잴린이 틀림없이 사랑과 긍휼이 넘치는 통치자라는 것을 알았다. 방금 막 그는 그 수하의 한 통치자에게서 그것을 조금 맛보았다. 그것은 사랑 속에 담긴 교정이었다. 사랑이란 다른 사람들의 비위를 맞추는 것이 아니라 진실이라는 것을 그는 깨달았다.

인내는 고개를 숙였다. "왕께서 당신을 기다리십니다." 그 말과 함께 그녀는 자신의 보좌로 물러났고, 호위대장은 이기심에게 잴린의 보좌 앞으로 혼자 걸어가라는 몸짓을 해 보였다. 호위대원들은 잴린을 섬기는 공동 통치자들의 보좌가 있는 그 아래 단에서 기다릴 것이었다.

영원한 새 이름을 받다

지시받은 대로 이기심은 위엄 있는 보좌 바로 밑의 평평한 단까지 조심스레 계단을 올라갔다. 그러고는 눈을 들어 왕을 보았다. 이 전체 회중 가운데 잴린만큼 수려하고 왕의 자태와 위엄이 풍기는 사람은 아무도 없었다. 그의 광채는 매혹적이면서도 두려웠다. 일찍이 이기심은 이런 사람을 본 적이 없었다. 아무도 잴린의 지혜와 힘에 저항할 수 없음을 그는 즉각 알았다.

처음으로 잴린의 눈을 응시하면서 이기심은 이 왕의 다정함과 무서움이 자신의 상상을 초월함을 깨달았다. 잴린의 눈이 이기심을 똑바로 꿰뚫어 보았다. 그는 벌거벗은 기분이었고 정말로 아무것도 숨겨진 것이 없었다. 이기심은 유리한 심판을 받으리라는 자신감을 모두 잃었으나 더 이상 거기에 마음이 쓰이지 않았다. 이제 그는 무엇보다도 더 진실을 원했다.

잴린이 말했다. "이기심, 내 나라에 온 것을 환영한다. 나는 이 순간을 고대해 왔다. 엔델에서 너는 내 백성의 통치자였다. 너는 애퍼벨에서도 보좌에 앉아 다스릴 자격이 있느냐?"

평소에 말문이 막혀 본 적 없는 이 자신만만한 남자가 유구무언이 되었다. 그는 한때 자신이 지도자로서 맡은 일을 훌륭히 해낼 수 있다고 생각했으나 그 대전 안에서 나눈 모든 대화 끝에 이제는 그것이 아마도 착각일 거라는 생각이 들었다.

젤린이 가까이에 있는 한 수하 통치자에게 물었다. "이기심이 이 나라를 위해 영향을 끼친 시민들이 몇이나 되느냐?"

극소수라는 답이 나왔다. 이기심은 그 계시에 충격을 받아서 할 말을 잃었다.

그러자 왕이 그 통치자에게 물었다. "인내가 이 나라를 위해 영향을 끼친 시민들은 몇이나 되느냐?"

"주여, 5천 명이 넘습니다." 통치자가 말했다.

"어떻게 그럴 수 있습니까?" 이기심이 불쑥 내뱉었다. "그녀는 그저 비서였고 나는 시장이었습니다. 어떻게 내 숫자는 이렇게 적고 그녀의 숫자는 그렇게 많을 수 있습니까?"

젤린이 단호히 대답했다. "나는 네가 영향을 끼친 사람이 몇이냐고 묻지 않고, 이 나라를 위해 네가 영향을 끼친 사람이 몇이냐고 물었다!"

젤린의 어조는 부드러워졌으나 여전히 단호했다. "너를 가르친 교사였던, 지금은 겸손이라고 하는 동기부여는 사람들의 삶에 준 영향이 너보다 많았다. 그러나 이 나라에까지 이어진 것은 거의 없다. 그래서 그는 이 도시에서 통치자가 되지 못한 것이다. 내 도(道)와 내 나라에 맞는 영향력만이 이 심판대를 견딜 수 있다."

젤린은 말을 이었다. "인내가 어떻게 5천 명이 넘는 사람들에게 영향을 끼쳤는지 보여 주마. 그녀는 재정과 봉사로 엔델학교에 즐거이 베풀었다. 그래서 학교 사역의 혜택을 누린 사람들이 모두 그녀의 공으로 돌아갔다."

이기심이 항변했다. "하지만 저도 학교에 기부했습니다."

젤린이 대답했다. "네 기부의 동기는 네 양심을 달래거나 평판을 유지 또는 회복하려는 욕망이었다. 그 상이라면 너는 엔델에서 이미 다 받았다. 반면에 인내는 이 나라를 위한 열정과 사람들을 향한 사랑으로 기부했다. 인내는 잔인이라는 사람을 인도해 나를 섬기게 했다. 지금 그는 생명의 홀에서 심판을 기다리고 있다. 그는 내 도를 잘 전하는 사람이 되었으므로 전도자라는 새 이름을 받을 것이다. 개인적으로 그는 이 나라를 위해 천 명 이상의 사람에게 영향을 끼쳤다. 그가 세운 그 모든 삶들도 인내의 공이 되었다. 그녀가 그를 인도해 나를 섬기게 했고, 그가 훈련받은 학교를 후원했기 때문이다."

이기심은 엔델에서 알고 지내던 잔인이 기억났다. 그와 대화를 나눈 후에 이기심은 그의 신념이 너무 광적이라고 생각했다. 그는 지역 신문 기고가였는데, 자신의 칼럼에 애퍼벨 나라를 향한 시민들의 헌신이 부족하다고 자주 썼다. 그는 또 많은 엔델 사람들을 규합해 전화와 이메일로 시의원들에게 학교 확장의 지원을 요청하도록 했다. 이기심의 결정적인 한 표로 학교가 부지를 잃었을 때에 그는 불쾌감을 감추지 않았다. 이런 이유들 때문에 이기심은 잔인을 싫어했다. 그런데 이제 잔인의 그런 모든 조치가 이 나라의 확장과 맥을 같이했다는 것을 깨닫고 이기심은 부끄러웠다. 자신이 어찌 그리 눈이 멀 수 있었단 말인가?

잴린은 계속해서 인내가 이 나라를 위해 엔델 사람들의 삶에 영향을 미친 다른 방식들을 보여 주었다. 많은 작은 일들이 한데 합쳐져서 큰 의미가 되었다. 그녀는 순전한 사랑의 마음으로 누구한테나 친절히 대했다. 그녀는 가난한 사람들에게 인심을 베풀었다. 또 단호하고 견고하게 진리편에 섰다. 인내에 대한 평을 마친 왕은 이번에는 이기심의 삶을 광범위하게 검토했다. 인내가 예고한 대로, 모든 동기와 말과 행위까지 다 평가 대상이었다.

이기심은 왕의 이름으로 한 자신의 선행도 보았으나 자신의 삶의 동기가 대부분 자신의 비호, 평판, 이기적인 목적에 있었음을 알고는 아찔해졌다. 검토가 끝나갈 즈음에는 자신의 파멸이 확실히 느껴졌다.

그는 왕 앞에서 부르짖었다. "저는 남은 평생 벌을 받아 마땅합니다. 고립의 땅에 가야 마땅합니다. 주신 재능과 책임에 비해 저는 낭비한 것은 너무 많고 이룬 것은 너무 없습니다." 이기심은 이루 말할 수 없는 고통을 느꼈고, 얼굴에 눈물이 주르르 흘렀다. 대전에 들어오기 전에만 해도 그토록 자신만만하던 사람이 지금은 지푸라기라도 붙잡으려고 하고 있었다. 남은 희망이라고는 잴린의 자비밖에 없었다. 그러나 그것조차도 그는 정말 받을 자격이 없다고 느껴졌다. 그는 왕에게서 고립의 땅이라는 심판의 선고가 떨어질 것을 예상하며 가까스로 서 있었다.

무거운 침묵의 시간이 흐른 후에 왕이 마침내 입을 열었다. "이기심, 너는 내 종이다. 낭비한 것이 너무 많기는 하지만, 너는 나를 믿었고 내 주권에 따랐다. 나는 너를 사랑하며 남은 평생 동안 내 나라에 온 것을 환영한다."

이기심은 깜짝 놀랐다. 고개를 들자 눈물이 터져 나왔다. 슬픔의 눈물이 아니라 말할 수 없는 기쁨의 눈물이었다. 그는 위대한 왕의 자비와 선하심에 압도되었다. 그간 잴린의 성품에 관해서 들었던 말들이 한순간에 거의 다 사실로 드러났다. 몇 초 전까지만 해도 그는 상상조차 못했던 파멸과 고통을 느꼈다. 그는 아무것도 받을 자격이 없고 오직 추방되어야만 했다. 그는 정죄당해 마땅했다. 그의 인생을 검토한 결과, 그것은 분명했다. 그런데 인간이 상상할 수 있는 가장 부드럽고 자애로운 음성이 그에게 들려왔다. 이 장엄한 왕이 이 웅장한 도시로 그를 환영한 것이다. 얼마나 큰 자비인가! 얼마나 크고 놀라운 사랑인가!

이기심은 자기가 엔델에서 행한 일들이 모조리 불타는 것을 보았는데, 그럼에도 "나는 너를 사랑하며 내 나라에 온 것을 환영한다"는 말을 들었다. 그는 자기 친구 자족이 한 말이 사실임을 깨달았다. 무엇을 받든지 그 것은 그에게 턱없이 과분한 것이었다.

왕이 다시 말했다. "이기심, 네 이름은 이제 그것이 아니다. 보라, 내가 너에게 새 이름을 준다. 내 나라에서 네 이름은 겸양이다. 내가 평지에 네 처소를 예비해 두었고, 네 직업은 조경사가 될 것이다. 너는 비록 이 도시 의 통치자는 아니지만 외곽 영토에서 나를 도와 다스리게 될 것이다."

이기심은 물었다. "외곽 영토에서 왕과 함께 다스린다고요?"

잴린이 대답했다. "이 도시에 사는 사람들은 다 통치자다. 내 영토는 행성 가장 먼 구석들에까지 뻗어 있고, 내 나라에는 다른 도시들도 많이 있다. 이 외곽 도시에 사는 시민들은 애퍼벨의 시민들처럼 엔델의 훈련도 거치지 않았고 심판도 받지 않았다. 따라서 이 도시 시민들에게 있는 탁월한 능력들이 그들에게는 없다. 너는 애퍼벨 도시 자체의 지도자는 아니지만 전 세계에 두루 펼 내 통치를 보좌하게 될 것이다. 지도자로서 너의 구체적인 사명은 벵길라 대륙의 스무 도시의 모든 조경사들을 섬기고 훈련하는 것이다."

이기심은 고개를 숙이고 눈물을 흘렸다. 왕의 자애로움을 감당할 수 없었기 때문이다.

왕은 식탁으로 걸어가서 뭔가를 손에 들고는 다시 겸양에게 돌아왔다. 왕은 평평한 단으로 내려와서 말했다. "자, 이 과일 조각을 받아먹으라."

겸양은 잴린의 손에서 과일을 받아서 먹었다. 그렇게 맛있는 음식은 처음이었다. 마음과 생각이 밝아지는 것 같았다. 그의 생각은 풍성한 사랑과 그분을 섬기고픈 열망으로 넘쳐났다. 그것을 먹는 동안 이전의 고통과 어두운 생각들이 말끔히 씻기었다. 그는 새 힘이 나면서 행복해졌고, 소망과 믿음으로 충만해졌다. 그 과일이 수업 시간에 교사들이 말했던 유명한 생명나무의 열매라고 그가 결론짓기까지는 오래 걸리지 않았다. 겸양의 얼굴에 미소가 한가득 퍼지는 것을 잴린은 즐거이 지켜보았다.

이어서 잴린은 말했다. "돌아서서 네 가족들을 보라."

겸양은 조심스레 돌아섰다. 자신의 시시콜콜한 삶을 모두가 보고 들었음을 알기에 그는 아직도 약간 수치심이 있었다. 그가 완전히 돌아서자 무리가 우레 같은 박수와 기쁨의 환호성을 보냈다. 음악이 울리면서 시민들은 춤까지 추었다. 겸양은 이 왕 같은 시민들한테서 느껴지는 사랑과 수용이 차마 믿기지 않았다. 그것이 약이 되어 그가 엔델에서 범한 모든 과오들을 깨끗이 치유해 주었다.

겸양은 다시 돌아서서 잴린의 얼굴에 피어오르는 가장 영광스럽고 기쁨에 찬 미소를 보았다. 그러다가 그는 잴린의 눈을 보았다. 잴린의 눈은 여태껏 겸양이 한 번도 본 적이 없는 사랑과 온화함으로 그를 바라보았다. 인내나 다른 사람들이 그의 생각을 들을 수 있었던 것처럼 이제 그도 잴린의 생각을 들을 수 있었는데, 그것은 수용과 기쁨의 생각이었다. 그리고 그토록 사랑하는 이 시민에게 앞으로 두고두고 임할 축복을 고대하는 생각이었다. 겸양은 무릎을 꿇고 왕께 감사했다. 왕은 그를 일으켜 세우고는 꼭 안아 주었다. 그리고 다시 미소를 지으며 말했다. "친구여, 잘 왔네."

그 후에 겸양은 대전 뒤쪽 자기 자리로 가 동료 엔델 사람들의 심판을 기다렸다. 이제 눈물은 다 씻기었다. 더 이상 슬픔도 고통도 통곡도 없었다. 이전 것들은 다 지나갔다.

우리의 중심을 보시는 분

　오전 시간이 흐르면서 참사랑만 빼고 모든 시민들은 생명의 홀에서 불려 나갔다. 그녀는 혼자 남았으나 마음에 부담이 되지는 않았다. 실내에 그 도성의 저자들이 쓴 몇몇 아름다운 책들이 있었기 때문이다. 그녀가 애퍼벨 역대하를 읽고 있는데 호위대장이 와서 그녀를 부드러운 어조로 불렀다. 호위대장은 "참사랑, 왕께서 당신을 기다리고 계십니다"라고 말했다.

　그녀의 심장이 기뻐 뛰었다. 그토록 보고 싶었고 사랑했던 그분을 뵙는 특권을 드디어 누리게 된 것이다. 오랜 세월 기다려 온 이 순간이 이제 그녀의 눈앞에 다가왔다. 그녀가 다가가자 호위대원들은 웃음을 지었다. 그들은 함께 대전으로 걸어갔다.

　대전의 문들이 열리자 참사랑은 눈앞의 장엄한 분위기에 압도되었다. 그러나 그녀의 초점은 멀리 젤린의 보좌에 있었다. 여기서는 그분의 윤곽 밖에 보이지 않았다. 청중인 애퍼벨의 왕 같은 시민들을 쭉 훑어보면서 그녀는 이런 생각이 들었다. '아, 얼마나 멋진 사람들인가. 어찌 감히 이 왕들을 나의 친구들이라 부를 수 있으리.'

　자신이 지나가자 그들이 모두 절하는 것을 그녀는 보았다. 이 품위 있는 남녀들이 왜 그녀에게 절하는 것일까? 그들은 멋있고 아름다웠으며, 보좌 쪽으로 갈수록 옷의 광채가 점점 더했다. 그들은 마치 초인처럼 보였다. 그런 그들이 어떻게 특히 그녀에게 절을 할 수 있단 말인가?

그녀는 엔델에서 알았던 몇몇 사람들을 알아보았다. 그들의 미소에는 그녀를 향한 반가움과 사랑이 가득했다. 그녀는 멈추어 일일이 끌어안고 싶었으나 지금은 때가 아니라고 느껴졌다. 그러나 무자비를 알아보고는 자신도 어쩌지 못한 채 그에게 달려가서 반갑게 포옹했다. 둘은 함께 기뻐했다.

포옹 후에 무자비가 그녀에게 절하며 말했다. "새집에 온 것을 환영합니다."

참사랑이 말했다. "무자비, 왜 내게 절을 하나요? 나는 예배받을 신이 아닙니다."

왕 같은 시민이 대답했다. "예배와 공경은 다르지요. 예배를 받으실 분은 오직 주님뿐이지만 이 나라의 우리들은 엔델에서 우리를 잘 섬긴 사람들을 공경합니다. 또 우리 가운데서 다스리는 사람들도 우리는 공경합니다. 우리는 엔델에서는 공경의 중요성을 몰랐습니다. 참사랑, 당신은 엔델에서 나를 섬겼습니다. 당신이 왕께 순종하지 않았다면 나는 여기 있지 못할 것입니다. 버려진 고립의 땅에 살고 있을 테지요. 나는 가장 먼저 왕께 고마운 빚을 졌지만 당신에게도 고마운 빚을 졌습니다. 내 남은 평생 당신을 섬기고 공경하는 것이 내 기쁨이 될 것입니다."

그는 계속했다. "참사랑, 내 이름은 이제 무자비가 아닙니다. 주 잴린이 이 심판대에서 내 이름을 화해로 바꾸어 주셨습니다. 아마도 내가 우리의 왕 앞에서 가장 큰 자비를 입은 사람일 것입니다."

참사랑이 대답했다. "화해, 정말 멋진 이름이네요. 사랑하는 친구여, 내가 엔델에서 당신에게 다가간 것은 당신의 섬김으로 보답받으려고 한 일이 아닙니다. 당신을 사랑해서, 당신의 인생과 운명이 걱정되어 그랬던 것입니다."

"바로 그 동기 때문에 내가 당신을 공경하고 섬기겠다는 것입니다. 왕께서 당신에게 큰 상을 주실 것입니다. 당신은 잴린을 향한 사랑으로 수고했습니다. 당신은 동료 제자들의 인정을 얻거나 보상을 받으려고 남을 도운 적이 없습니다. 잴린은 그분의 사랑으로 다른 사람들에게 다가가는 사람들을 기뻐하십니다. 엔델에 있을 때에 우리는 그분의 비전만 아니라 그분의 심장을 받는 것이 아주 중요했어요. 사랑하는 자매여, 당신은 그 둘을 다 받았고, 당신 심중의 동기가 내게도 주어졌습니다. 그래서 나는 엔델에서 마지막 한 주 동안 그렇게 열심히 그렇게 많은 사람들에게 다가갔던 것입니다. 비록 짧은 시간이었지만 이제 나는 그 수고에 맞는 후한 상을 받았습니다."

참사랑이 미소를 지었다. "화해, 당신이 잘돼 정말 기뻐요. 내 남은 평생 당신을 섬기겠습니다."

"참사랑, 당신은 이미 애퍼벨에 오래 살았던 사람처럼 말하는군요." 화해가 대답했다. "이 위대한 도시에서 우리는 서로 섬기려고 삽니다. 사실, 지도자인 우리들은 여기서 최고의 종들입니다. 우리의 책임이 가장 무거운데, 오히려 그것이 우리의 기쁨입니다. 엔델과는 다릅니다. 여기서는 지도자들이 섬김을 받으려고 하지 않고 오히려 섬길 기회가 더 많이 주어진 것을 기뻐합니다. 너나없이 이곳 시민들의 가장 큰 기쁨은 먼저 우리의 왕을 섬기고, 그다음 우리의 동료 시민들과 특히 엔델에서 우리에게 감화를 주었던 사람들을 섬기고, 끝으로 당신이 곧 알게 될 외곽 영토에 사는 시민들을 섬기는 것입니다."

화해는 이렇게 말을 맺었다. "사랑하는 자매여, 나는 당신이 자랑스럽

습니다! 왕께 가십시오. 그분이 당신을 보기를, 그리고 그분을 섬긴 당신
에게 상을 주시기를, 애타게 바라고 계십니다."

그 말과 함께 둘은 포옹을 나누었다. 참사랑은 다시 호위대원들에게
돌아와서 함께 보좌를 향해 나아갔다.

모든 것이 드러나다

참사랑이 보좌에서 25미터쯤 떨어진 곳에 이르자 이제 잴린의 모습이
똑똑히 보였다. 통치자들 앞을 지나면서도 그녀는 그들이 절하는 것도 몰
랐다. 그녀의 시선은 잴린에게 꽂혀 있었다. 그의 위풍당당한 광채에 그
녀는 압도되었다.

계단을 올라 평평한 단에 이른 그녀는 왕 앞에 엎드렸다. 잴린은 내려
와서 그녀를 일으켜 세웠다. 그리고 애정 어린 소리로 말했다. "내 사랑하
는 종 참사랑아, 내 나라에 온 것을 환영한다. 나는 너를 직접 만나는 이
순간을 고대해 왔다."

참사랑이 대답했다. "주여, 이 순간을 학수고대해 온 것은 저입니다.
주님은 저의 왕이십니다. 이제 저는 남은 평생 주님의 임재 안에 거하며
더 풍성히 주님을 섬기기를 원합니다."

그러자 왕이 말했다. "나아와 창세로부터 너를 위하여 예비된 나라를
상속받으라. 내가 주릴 때에 네가 먹을 것을 주었고, 목마를 때에 마시게
했고, 나그네 되었을 때에 네 집에 영접했고, 헐벗었을 때에 옷을 입혔고,
병들었을 때에 돌보았고, 옥에 갇혔을 때에 와서 보았다."

참사랑은 깜짝 놀라서 대답했다. "주여, 제가 언제 주의 주리신 것을 보고 음식을 대접하였으며 목마르신 것을 보고 마시게 했습니까? 언제 나그네 되신 것을 보고 제 집에 영접했으며 헐벗으신 것을 보고 옷 입혔습니까? 언제 병드신 것이나 옥에 갇히신 것을 보고 가서 뵈었습니까?"

왕이 대답했다. "내가 말하거니와 네가 여기 내 형제들 중에 가장 덜 중요한 자 하나에게 한 것이 곧 내게 한 것이다!"[3]

이어서 잴린은 참사랑이 어떻게 그분의 사람들을 섬기고 그분의 법에 순종함으로써 그분을 그토록 크게 섬겼는지 보여 주었다. 모든 말, 행동, 생각, 마음의 동기까지 그녀의 인생을 돌아보는 시간이었다. 모든 것이 드러났다. 그녀의 봉사, 학교에 기부한 일, 동료 시민들에게 베푼 사랑, 부주의하거나 부적절한 활동과 변론에 가담하기를 거부한 일, 잴린을 향한 열정 때문에 받은 박해, 식당을 통해서 다른 사람들을 섬긴 수고, 방황하는 영혼들에게 다가간 일, 잃어버린 영혼들을 위해 탄식하며 울던 시간들, 단호한 태도로 잴린의 길을 고수한 일, 잴린을 향한 열정이 문제가 되어 사교 모임들에서 제외당한 일, 동료 시민들을 비방하거나 험담에 끼기를 거부한 일 등 목록은 끝없이 이어졌다.

참사랑은 자신이 다른 사람들에게 영향과 감화를 끼친 모든 방식들에 깜짝 놀랐다. 그녀가 잴린의 영광을 위해 한 일들은 의식적으로 계획했거나 미리 궁리해 둔 일이 아니었다. 그녀는 그저 옛글에서 배운 삶의 방식을 열심히 따르고 있었을 뿐이다.

그녀가 한 일들 가운데 불타 없어진 부분도 있었다. 그렇게 기회를 놓치고 실수를 저지른 일들에 대해 참사랑은 큰 슬픔과 후회를 느꼈다. 그러나 평생의 수고 중에서 잃은 것은 작은 부분에 지나지 않았다.

충성한 종이 받을 상급

그녀의 마지막 생각과 말과 행동을 검토한 후에 왕은 가까이 앉아 있던 한 수하 통치자를 보며 물었다. "참사랑이 내 나라를 위해 영향을 끼친 생명들이 몇이나 되느냐?"

통치자는 대답했다. "주여, 5,183명입니다. 지역사회 인구의 6분의 1이 조금 넘는 수입니다."

참사랑은 깜짝 놀랐다. "어떻게 그렇게 많을 수 있나요?"

잴린이 대답했다. "옛글에 내가 '너희 심은 씨를 배가시키고[multiply] 너희 의의 열매를 더하게 하리라'(고후 9:10, NKJV)고 한 약속을 생각해 보라. 참사랑아, 내 나라는 배가의 원리로 돌아간다."

왕은 이어서 그녀가 지역사회의 지도자가 아니었음에도 불구하고 그 순종의 수고들이 어떻게 배가되어 그런 큰 무리에게 영향을 미쳤는지 더 자세히 보여 주었다. 파급 효과는 어마어마했다. 잴린은 이렇게 덧붙였다. "'기록된 바 그가[베푸는 사람이, AMP] 흩어 가난한 자들에게 주었으니 그의 의(와 선과 자비와 덕의 행위)가 영원토록 있느니라 함과 같으니라'(고후 9:9). 내게 삶을 주면 이렇게 흩는 효과를 내는데, 이 심판대 앞에 설 때까지는 그것을 다 아는 시민이 하나도 없다. 그래서 많은 사람들이 작은 일들에 순종하지 않았던 것이다. 시시해 보여서 말이다. 하지만 대부분의 경우에 이 나라에서 가장 큰 수확을 낳는 것은 그런 시시해 보이는 일들이다. 열쇠는 어떤 상황에서도 네가 순종한 것이었다."

그러고 나서 잴린은 말했다. "참사랑아, 왼쪽으로 내 보좌와 가까운 곳에 빈 보좌가 보이느냐?

그녀가 대답했다. "예, 주님."

"여기가 네가 앉을 자리다. 남은 평생 동안 너는 나와 함께 다스릴 것이다."

참사랑은 충격에 빠졌다. "주님, 저는 다스릴 자격이 없습니다. 저는 그냥 식당 주인이었어요. 저보다 재능이 뛰어난 사람들이 얼마든지 많습니다. 어떻게 제가 이런 장엄한 나라에서 주님과 함께 다스릴 수 있습니까? 이기심은 우리 지역사회의 훌륭한 지도자였습니다. 그는 어떻습니까? 제게는 그저 주님이나 주님의 사람들을 섬기는 그런 일을 주십시오."

잴린이 대답했다. "이기심은 이 대전 뒤쪽에 있으며 장차 우리 도시 평지 지역에서 조경사가 될 것이다. 그는 또 일부 외곽 도시들의 조경사들을 섬길 것이다. 하지만 너는 나와 내 백성에게 보인 사랑 때문에 통치자가 될 것이다. 네 인내, 충성, 겸손이 네게 이 영예를 안겨 주었다. 옛글에서 내가 한 말을 너도 기억하지 않느냐? '무릇 자기를 높이는 자는 (영예나 상급을 받은 다른 사람들보다 서열이) 낮아지고 자기를 낮추는(자신을 부족하게 여기고 그에 맞게 행동하는) 자는 (서열이, AMP) 높아지리라'(눅 14:11). 너는 나와 함께 다스릴 뿐만 아니라 내가 너를 위해 리글 센터에 있는 내 집 옆, 드넓은 바다 가장자리에 영광스러운 집을 예비해 두었다. 나는 네가 물과 파도 소리를 얼마나 좋아하는지 안다. 그래서 네 소원과 낙을 내가 들어주었다. 나는 모든 충성된 종들에게 그 마음의 소원을 들어준다."

참사랑은 할 말을 잃었다.

왕이 말을 이었다. "너는 이 도시의 열 고을을 관장하는 지도자가 될 것이다. 너와 함께 11명의 다른 지도자들이 더 있어서 애퍼벨 도시에 있는 총 120개 고을을 다스릴 것이다. 너는 여기 이 보좌들에 앉아 있는 우리

도시의 다른 통치자들 77명과 힘을 합해 나와 함께 긴밀하게 일할 것이다. 이들 다른 통치자들은 교육, 제조업, 오락, 예술 같은 부분들과 기타 다양한 분야를 관할하는 권세가 있다. 애퍼벨의 삶을 계획하고 예측하고 감독하는 이는 77명의 통치자들과 나와 내 아버지다. 너는 내가 신임하는 고문단원이 되고, 시민들과 나 사이를 잇는 여러 연락책 가운데 하나가 될 것이다.

"너는 이 도시에서 나와 함께 다스릴 뿐만 아니라 다른 77명과 마찬가지로 외곽 영토의 다른 도시들에도 지도권을 행사할 것이다. 내가 벵길라 대륙의 스무 도시를 너의 권한에 맡기겠다. 그곳에 사는 모든 거주자들과 지도자들은 네게 보고해야 한다. 너는 나한테만 보고하면 된다."

잴린이 참사랑에게 이런 말을 하는 동안 겸양은 동료 급우가 잘되는 것이 너무 기뻐서 뒷줄에서 벌떡 일어났다. 그러나 그 기쁨에 한 가닥 후회가 섞여 들었다. 자기도 이 나라를 위해 많은 사람들에게 영향을 미칠 수 있는 기회가 있었건만 그러지 못했다는 생각이 들었던 것이다. 그도 수하의 통치자들 가운데 하나가 되어서 잴린과 직접 함께 일하는 특권을 누릴 수도 있었다. 물론 그는 자신이 애퍼벨 나라에 받아들여진 것이 감사했다. 그러나 엔델에 짧게 머무는 동안 자신이 시간을 허송했으며 그 영향이 자신의 남은 130년 인생에 미치리라는 것을 그는 깨달았다.

왕이 이어서 호위대장에게 말했다. "승리자를 위한 면류관과 통치자의 홀을 내게 가져오라."

면류관과 홀을 받아 든 잴린은 참사랑의 머리에 면류관을 씌워 주었다. "잘하였다!" 왕이 큰 소리로 말했다. "착한 종이여 네가 지극히 작은 것에 충성하였으니 열 고을(과 스무 도시, NLT)의 권세를 차지하라"(눅 19:17).

그리고 나서 왕은 그녀에게 홀을 건네며 말했다. "네 이름은 더 이상 참사랑이 아니다. 내가 너에게 새 이름을 주겠다. 이제부터 너는 귀한 승리자다. 내가 엔델의 모든 시민들에게 미리 말하지 않았더냐. '이기는 자와 끝까지 내 일을 지키는 그에게 만국을 다스리는 권세를 주리니 그가 철장을 가지고 그들을 다스〔리리라〕 …… 나도 내 아버지께 받은 것이 그러하니라'(계 2:26-27)."

잴린은 마지막 한 조각 과일이 놓인 식탁으로 걸어갔다. 그는 그것을 귀한 승리자에게 가져다주며 말했다. "내 사랑하는 친구요 동료 통치자여, 너는 생명나무의 열매를 먹을지어다."

다른 사람들이 이 가장 맛있는 음식을 먹고서 경험했던 것과 마찬가지로 귀한 승리자도 그것을 먹고는 강력한 씻음과 정화(淨化)를 경험했다. 그녀의 생각에는 이전보다도 더 큰 사랑이 넘쳐흘렀고, 그녀의 섬기려는 갈망은 이전에 알지 못했던 정도로 한없이 커졌다. 이전의 엔델의 고통과 어두운 생각은 다 씻겼다. 모든 것이 새롭게 되었다. 그녀는 완전히 새 힘이 나면서 행복해졌고, 소망과 믿음으로 충만해졌다. 그녀는 잴린을 올려다보며 미소를 지었다. 그때 딱히 왜랄 것도 없이 둘은 함께 즐거운 웃음을 터뜨렸다. 평생 계속될 동반의 시작이었다.

잴린은 자신의 보좌로 그녀를 데리고 가서 말했다. "귀한 승리자, 돌아서서 네 가족들을 보라."

그녀가 돌아서자 우레 같은 박수가 쏟아졌다. 청중들은 목청껏 기쁨의 함성을 지르며 흥겹게 춤을 추었다. 다른 누구의 심판 때에도 이런 축하의 광경은 볼 수 없었다. 환희와 축제로 가득 찬 분위기였다. 귀한 승리자의 얼굴에 환한 미소가 만면했고, 그렇게 흘러나오는 사랑이 그녀를 놀라게 했다. 왕은 그녀를 팔로 감싸며 기쁨에 겨워 선포했다. "잘하였도다 착하고 충성된 종아 ······ 네 주인의 즐거움에 참여할지어다"(마 25:21).

위대한 왕과 그의 종들 그리고 애퍼벨 나라에 대한 우리의 이야기는 이렇게 막을 내린다.

주의 사항

이 장에서 우리는 성도들이 받을 심판이 어떤 것인지 살짝 엿보았다. 그리스도의 심판대에서 맛볼 영광이 이 이야기에서 말한 어떤 영광보다도 훨씬 크다는 사실은 아무리 강조해도 지나치지 않다. 그러나 이 우화는 하나님 나라에 담겨 있는 많은 진리들을 보여 준다. 이 이야기의 세부 사항들은 진리를 자세히 설명하고 전달하기 위한 것이다. 예수님이 비유로 말씀하실 때에 우리는 그분이 그 이야기를 통해 우리에게 전하시려는 요점들을 보았고, 그 전하시려는 진리와는 사실상 아무 관련이 없는 소소한 세부 사항들 때문에 실족하지 않았다. 마찬가지로 나도 이 이야기에서 그리스도의 영원한 나라와 관련되는 중요한 요점들만 조심스레 강조하려고 했다. 이 책을 다 읽고 나면 당신은, 이 우화를 다시 읽으면서 이 책에서 두루 소개한 성경의 여러 가르침에서 지금보다도 더 깊은 것들을 건질 수 있을 것이다.

9

더할 나위 없는
'새 하늘과 새 땅'이 기다린다

나는 의로운 중에 주의 얼굴을 뵈오리니
깰 때에 주의 형상으로 만족하리이다.

시편 17편 15절

우리 영이 하나님의 형상대로 지음받았고 또 우리가 거듭났으므로,
이제 우리는 언제라도 도움이 필요하거나 예배하고 싶을 때마다
예수님의 피와 성령의 능력으로 말미암아
하나님의 알현실에 들어갈 수 있게 되었다.
–

이제 의인들의 죽음을 살펴보자. 불신자들에게 음부(하데스)라는 일시
적인 처소와 나중에 불못이라는 최종 거처가 있는 것처럼, 신자들도 죽
어서 거하는 곳이 두 군데 있다. 일시적인 처소를 흔히들 천국이라고 하
는데 성경적으로는 하늘의 예루살렘이 맞다. 의인들의 최종 거처도 예루
살렘이라고 하지만 그 위치는 이 땅이 될 것이다. 최후의 심판 후에 하늘
에서 내려올 도시가 바로 그것이다. 그것을 "새 예루살렘"이라고 한다(계
21:2).

위에 있는 예루살렘

그러나 너희가 이른 곳은 시온산과 살아 계신 하나님의 도성인 하늘의
예루살렘과 천만 천사와 하늘에 기록된 장자들의 모임과 교회와 만민의
심판자이신 하나님과 및 온전하게 된 의인의 영들과 새 언약의 중보자이신

예수 …… 니라(히 12:22-24).

"하늘의 예루살렘" 또는 "위에 있는 예루살렘"(갈 4:26)은 앞서 우화에 나
온 도성 애퍼벨이다. 그것은 시온이라는 산 위에 세워진다. 하나님 아버
지와 아들이 그곳에 사시며 허다한 천사들도 함께 있다. 장자들의 모임과
교회가 그곳에 거하는데, 이는 각각 구약의 성도들과 그리스도 안에서 죽
은 자들을 가리킨다.

또 그 도시에는 "온전하게 된 의인의 영들"도 있다. 죽어서 상급을 받
은 신구약의 성도들은 이미 언급했다. 그렇다면 이 사람들은 누구인가?
하나님의 영으로 거듭날 때에 우리는 새로운 피조물이 된다고 했다. 즉 우
리의 영은 그리스도를 닮은 모습으로 온전케 되며 우리는 그분 안에 있다.
이 구절에서 기자는 그들의 혼이나 몸이 아니라 영만 가리킨다. 개인적으
로 나는 이것이 여기 이 땅에서 예수님을 섬기고 있는 성도들을 가리킨다
고 믿는다. 생각해 보라. 히브리서 기자는 우리에게 강권한다. "그러므로
…… 은혜의 보좌 앞에 담대히 나아갈 것이니라"(히 4:16). 은혜의 보좌는 하
나님의 도성 한가운데에 자리하는데 이 초청은 이 땅에 있는 우리에게 한
것이다. 그렇다면 아직 이 땅에 사는 많은 사람들도 왕의 알현실에 기도로
자주 나아가기 때문에 그곳에 잘 알려진 것이 아닐까?

우리 인간은 혼(지성, 의지, 감정)이 있는 영이며 지금은 물리적인 몸 안에
살고 있다. 예수님은 우리가 하나님을 진정으로 예배할 수 있는 유일한 길
은 "영과 진리로"(요 4:23) 하는 것이라고 하셨다. 바울도 그것을 재차 강조
한다. "내가 그의 아들의 복음 안에서 내 심령(영, NKJV)으로 섬기는 하나님
이 나의 증인이 되시거니와"(롬 1:9). 우리 영이 하나님의 형상대로 지음받

았고 또 우리가 거듭났으므로, 이제 우리는 언제라도 도움이 필요하거나 예배하고 싶을 때마다 예수님의 피와 성령의 능력으로 말미암아 하나님의 알현실에 들어갈 수 있게 되었다.

천국 체험

"위에 있는 예루살렘"은 현재 "셋째 하늘"이라고 하는 곳에 자리한다. 그곳은 실존하는 장소로, 사도 바울은 죽기 전에 그곳에 갔다. 그는 이렇게 썼다.

> 내가 …… 주의 환상과 계시를 말하리라 내가 그리스도 안에 있는 한
> 사람을 아노니 그는 십사 년 전에 셋째 하늘에 이끌려 간 자라 (그가 몸
> 안에 있었는지 몸 밖에 있었는지 나는 모르거니와 하나님은 아시느니라)
> 내가 이런 사람을 아노니 (그가 몸 안에 있었는지 몸 밖에 있었는지 나는
> 모르거니와 하나님은 아시느니라) 그가 낙원으로 이끌려 가서 말로 표현할
> 수 없는 말을 들었으니 사람이 가히 이르지 못할 말이로다(고후 12:1-4).

성경학자들은 바울이 지금 본인을 두고 하는 말이라는 데에 의견을 같이한다. 사실 "나는 십사 년 전에 셋째 하늘에 이끌려 갔었다"(NLT)고 옮긴 역본도 있다. 바울 자신이 몸 안에 있었는지 몸 밖에 있었는지 몰랐다는 점에 주목하라. 이것은 천국이 실존하는 물리적인 장소라는 사실로만 설명이 가능하다. 천국을 사람들이 귀신처럼 떠다니는 어떤 비가시적인 영

역이라고 생각하는 사람들도 많다. 하지만 아니다. 천국은 거리, 나무, 동물, 건물, 물 따위가 존재하는 물리적인 장소다.

바울처럼 천국에 갔다 온 사람들을 몇 알고 있다. 여기서는 내가 아주 좋아하는 사람들 가운데 하나를 소개하고자 한다. 내 친구 목사 그렉이다. 1979년 10월, 그가 처음 사역을 시작한 날이었다. 그가 집회를 마치고 저녁 때 집에 돌아가 보니 그의 아내가 계단에 쭈그리고 앉아서 하염없이 울고 있었다. 그는 뭔가 큰일이 났다는 것을 직감했다. 알고 보니 그의 열 살 짜리 아들 저스틴(가명)이 목욕하면서 풋볼 시합을 보려고 조그만 텔레비전을 화장실로 가지고 들어갔다가 잘못해서 텔레비전을 욕조에 빠뜨리는 바람에 감전된 것이다. 아이는 죽었다.

그렉은 아들에게 달려갔다. 아이는 맥박이 뛰지 않았고 살도 퍼렇고 싸늘했다. 동공이 완전히 풀려 있었는데 그것은 뇌 활동이 없다는 표였다. 그렉은 로스앤젤레스 카운티 경찰국에서 경찰관으로 일할 때 긴급구조와 응급조치 훈련을 받았고 사망 현장도 많이 목격했다. 만일 경찰관으로서 이와 비슷한 상황에 처했더라면 그는 피해자가 사망한 것으로 판단하고 검시관을 불렀을 것이다.

하지만 그렉은 기도의 능력을 아는 그리스도인이었다. 그는 아들에게 인공호흡을 하면서 기도했다. 몇 분 후에 구조대원들이 도착하자 그는 의료 행위는 전문가들에게 맡기고 계속 기도를 했다. 그들은 45분이나 현장에 있었지만 그의 아들은 다시 살아나지 않았다. 심전도 기계는 처음부터 줄곧 일직선을 그리고 있었다. 구조대원들도 이제 인내심이 떨어져서 이 광신자 같은 사람이 포기하기만을 기다렸다.

그렉은 마침내 이렇게 기도했다. "아버지, 저는 더 이상 믿음이 없습니다. 제 믿음은 다 떨어졌습니다. 하지만 주님의 말씀에 다른 믿음이 있다고 하신 것을 압니다(고린도전서 12장 9절에 나오는 믿음의 은사를 두고 한 말이었다)."

그렉은 그때 자기 머리 정수리에 손 같은 것이 느껴졌다고 했다. 그러면서 그는 자신의 영 안에서 아주 강한 힘과 권세가 솟아오르는 것을 느꼈다. 그는 아들에게 "예수님의 이름으로 너는 죽지 않고 살 것이다!"라고 외쳤다.

갑자기 심전도 기계가 삐삐 소리를 내면서 화면에 파동이 나타났다. 구조대원들은 흥분하여 펄쩍 뛰었다. 그들이 저스틴을 아래층으로 옮겨서 앰뷸런스에 실었을 때에는 아이의 퍼렇던 살이 홍조로 바뀌었고 눈도 완전히 회복되었고 몸에도 온기가 돌았다.

그렉은 흥분해서 어쩔 줄 몰랐다. 아들이 멀쩡히 살아난 것이다. 게다가 그는 모든 친구들에게 하나님이 행하신 일을 들려줄 놀라운 기적의 사연도 생겼다. 그러나 아들의 소생을 위한 싸움이 이제 겨우 시작에 불과하다는 것을 그는 몰랐다. 의사들은 아이가 의식불명이라고 했다. 검사 결과 도뇨관(導尿管)에서 신장 조직이 검출되었다. 쉽게 말해서 그의 몸이 녹았다는 뜻이었다. 그들은 그렉에게 설령 아이가 산다고 해도 식물인간이 될 거라고 말했다. 아이의 사회적인 기능 연령이 생후 3개월 수준이며 아이큐가 0.01이라는 것도 차차 밝혀졌다.

장황한 이야기를 짧게 줄이면, 이후 7개월 동안 포기하지 않고 기도한 끝에 저스틴은 마침내 의식이 깨어났다. 마침 그 순간에 내 친구가 병상 곁에 있다가 아들에게 질문을 퍼부었는데, 저스틴은 즉각즉각 대답했다. 훗날 저스틴은 고등학교와 UCLA와 성경학교를 모두 우수한 성적으로 졸업했다. 고등학교 3학년 때에는 학생회장을 지내기도 했다. 지금은 결혼해 두 자녀를 낳고 행복하게 살고 있다.

"예수님과 같이 있다 왔어요."

퇴원한 지 사흘 후에 그렉은 아들의 얼굴이 빛나는 것을 보았다. 그는 아들에게 무슨 일이 있었는지 물었다.

저스틴이 대답했다. "아빠, 나 예수님과 같이 있다 왔어요. 텔레비전이 욕조에 빠질 때 아무 느낌도 없었어요. 커다란 천사가 내 오른팔을 잡고는 바로 나를 몸 밖으로 끌어냈어요. 우리는 엄청난 가속도로 어떤 터널을 통과해 날아갔어요. 그렇게 광속으로 날아서 천국의 어느 길에 내렸지요."

계속해서 저스틴은 아버지에게 천국의 길들이 금색이 아니라 순금 자체였고 투명하게 속이 비치더라고 말했다. 땅에서는 금을 천국만큼 그런 순도로 제련할 수 없다. 하지만 땅에서도 금을 가지고 창(窓)에 금색을 낼 때가 많다(우주비행사의 낡아진 안면 보호구, 제트기 조종실의 창 등). 순도가 극에 달한 금은 투명하다.

저스틴은 그 길에서 자기를 처음 맞아 준 사람들은 죽은 친척들이었다면서 그들의 이름을 하나하나 댔다. 그중에는 그가 만나 본 적도 없고 이름조차 모르던 사람들도 있었다. 그러나 그의 부모는 그들을 알았다. 그를 환영하던 무리 중에는 필리스라는 여자도 있었다. 그녀는 아이가 감전사를 당하기 한 달 전에 아이의 어머니와 함께 기도하여 예수님을 영접한 이웃 사람이었다. 그녀는 회심하고 두 주 만에 세상을 떠났다.

모두들 대화를 나누고 있는데 갑자기 옷 스치는 소리가 나더니 아이를 둘러싸고 있던 무리가 양쪽으로 갈라졌다. 거기 예수님이 서 계셨다. 주님은 아이를 데리고 천국을 구경시켜 주셨다. 길과 건물이 많았다. 정말 큰 도시였다. 꽃과 풀과 심지어 돌들도 모두 살아 있어서 화음에 맞추어 노래를 불렀다. 모두 하나님을 찬양하는 것 같았다고 아이는 말했다. 풀이나 꽃을 밟으면 눌린 채로 있는 것이 아니라 바로 원위치로 돌아갔다. 그는 색깔들이 밝고 생생한 것을 보았다. 땅에서 보던 것보다 훨씬 더했다. 생전 처음 보는 색깔들도 있었다. 아이는 또 자기 어머니와 아버지와 두 형제의 큰 집들을 미리 보는 특권도 누렸다.

그때 뜻밖의 일이 벌어졌다. 예수님이 저스틴에게 이 땅으로 돌아가야 한다고 말씀하신 것이다. 아이는 천국을 떠나고 싶지 않았으나 예수님이 그를 어딘가로 데려가셨다. 거기서 그분이 휘장을 걷으시자 저스틴은 자기를 도로 부르는 아버지가 보였다. 그때 예수님이 말씀하셨다. "그는 너의 아버지이며 너를 도로 부를 권세가 있다."

그 후로 저스틴은 그렉한테 만약에 자기가 다시 죽거든 절대로 도로 부르지 말라고 말하곤 한다. 친구한테 이야기를 듣다가 그 대목에서 웃음이 났다. 그렇다. 천국은 이 땅보다 훨씬 좋은 곳이다. 내가 본 바로도, 천국을 경험한 사람들은 항상 다시 돌아오기가 아주 힘들다. 바울도 그런 싸움이 있었다. 그래서 빌립보 교인들에게 "내가 …… 떠나서(이 세상을 벗어나서, 떠나가서, AMP) 그리스도와 함께 있는 것이 훨씬 더 좋은 일이라"(빌 1:23)라고 말했다. 그냥 좋거나 조금 더 좋은 정도가 아니라 훨씬 더 좋다고 했다. 그는 그 도성을 체험했고 그래서 다시 가고 싶었으나 그 나라의 유익을 위해서 남아 있기로 했다.

저스틴은 나중에 그렉에게 천국에서는 자기가 열 살이 아니었다고 말했다. 그는 어른의 몸이었다. 나중에 영광의 몸을 입으면 우리 모두 예수님이 십자가에 달리실 때의 나이인 서른세 살이 될 거라고, 많은 사람들이 그렇게 믿고 있고 저스틴도 마찬가지다. 성경에 "사랑하는 자들아 우리가 지금은 하나님의 자녀라 장래에 어떻게 될지는 아직 나타나지 아니하였으나 그가 나타나시면 우리가 그와 같을 줄을 아는 것은"(요일 3:2)이라고 했으니 말이 된다.

이것은 내가 나눌 수 있는 많은 실화들 가운데 하나일 뿐이다. 하지만 그것은 성경과 함께 천국의 실체를 보여 준다. 예수님의 충성된 종들은 이 땅을 떠나는 순간 그 도성에 들어가게 된다.

영혼육이 온전케 되는 날

이미 말했듯이 사람의 영은 예수님을 주님으로 영접하는 순간 새로운 피조물이 된다. 그 즉시 예수님을 닮는 것이다. "주께서 그러하심과 같이 우리도 이 세상에서 그러하니라"(요일 4:17)라고 사도 요한도 말하지 않았던가! 보다시피 요한은 이미 죽어서 상급을 받은 신자들이 아니라 지금 이 땅에 있는 신자들을 따로 가리켜 말한다. 하나님의 영으로 진정 거듭난 사람은 지금 여기서 그 영이 온전해진다.

일단 영이 구원을 얻었으면 그때부터 우리의 혼이 구원받는 과정이 시작되는데, 혼은 앞서 말한 것처럼 우리의 지성과 의지와 감정으로 구성된다. 혼이 구원받거나 변화하는 것은 하나님의 말씀과 우리의 순종으로 이루어진다. 사도 야고보는 그것을 이렇게 확증해 준다. "내 사랑하는 형제들아 …… 그러므로 모든 더러운 것과 넘치는 악을 내버리고 너희 영혼[혼, NKJV]을 능히 구원할 바 마음에 심어진 말씀을 온유함으로 받으라 너희는 말씀을 행하는 자가 되고 듣기만 하여 자신을 속이는 자가 되지 말라"(약 1:19, 21-22). 주의 깊게 보아야 할 것이 있다. 야고보는 지금 불신자들에게 말하는 것이 아니라 형제들에게 그들의 혼을 구원하는 일을 말한다. 그는 하나님의 말씀을 듣는 것과 순종하는 것을 둘 다 강조한다.

인간의 영과 혼과 몸 중에서 혼은 우리가 구원의 진도를 결정하는 데에 일조할 수 있는 유일한 부분이다. 우리는 하나님의 말씀을 듣고 순종함으로 협력하며, 그것을 어떻게 하느냐에 따라서 과정이 더 빨라지기도 하고 거꾸로 하나님이 하신 말씀에 불순종함으로써 구원의 과정이 더뎌지기도 한다. 신자로서 끝까지 잘 달리려면 혼의 변화가 매우 중요하다.

끝으로, 구원받아야 할 마지막 부분이 하나 더 있다. 우리 몸이다. 바울이 이 문제에 관해 뭐라고 썼는지 잘 읽어 보라.

만일 땅에 있는 우리의 장막 집이 무너지면[우리가 죽어서 이 몸을 떠나면]
하나님께서 지으신 집 곧 손으로 지은 것이 아니요 하늘에 있는 영원한
집[몸]이 우리에게 있는 줄 아느니라 참으로 우리가 여기 있어 탄식하며
하늘로부터 오는 우리 처소로[하늘의 몸으로] 덧입기를 간절히 사모하노라
이렇게 입음은 우리가 벗은 자들로 발견되지 않으려[몸 없는 영이 되지 않으려]
함이라 참으로 이 장막에 있는 우리가 짐진 것같이 탄식하는 것은 벗고자
함이 아니요 오히려 [새 몸을] 덧입고자 함이니 죽을 것이 [영원한, NLT] 생명에
삼킨 바 되게 하려 함이라 곧 이것을 우리에게 이루게 하시고 보증으로
성령을 우리에게 주신 이는 하나님이시니라 그러므로 우리가 항상 담대하여

몸으로 있을 때에는 주와 따로 있는 줄을 아노니 이는 우리가 믿음으로 행하고 보는 것으로 행하지 아니함이로라 우리가 담대하여 원하는 바는 차라리 몸을 떠나 주와 함께 있는 그것이라(고후 5:1-8).

이런 말씀을 읽으면 우리에게 큰 희망이 생기고 우리의 혼마저 정결해진다. 바울은 우리에게 영원한 몸이 있다는 사실을 그저 언급하는 정도가 아니라 상세히 설명한다. 다른 곳에서 그는 "이 썩을 것이 반드시 썩지 아니할 것을 입겠고 이 죽을 것이 죽지 아니함을 입으리로다"(고전 15:53)라고 말한다. 우리의 몸은 예수님의 몸과 다르지 않을 것이다. 그래서 성경에 "우리가 …… 또한 그의 부활과 같은 모양으로 연합한 자도 되리라"(롬 6:5)고 했고, 또 "사랑하는 자들아 우리가 지금은 하나님의 자녀라 장래에 어떻게 될지는 아직 나타나지 아니하였으나 그가 나타나시면 우리가 그와 같을 줄을 아는 것은"(요일3:2)이라고 했다.

부활하신 후의 예수님의 몸을 잘 생각해 보자. 우리도 몸의 구원을 경험하고 나면, 그분의 물리적인 몸이 지녔던 모든 특성을 지닐 것이다. 우선 그분이 부활하시던 아침에 무덤에서 있었던 일부터 보자. 빈 무덤을 처음 발견한 막달라 마리아는 누군가 주님의 시신을 훔쳐간 줄 알고 울었다.

이 말을 하고 뒤로 돌이켜 예수께서 서 계신 것을 보았으나 예수이신 줄은 알지 못하더라 예수께서 이르시되 여자여 어찌하여 울며 누구를 찾느냐 하시니 마리아는 그가 동산지기인 줄 알고 이르되 주여 당신이 옮겼거든 어디 두었는지 내게 이르소서 그리하면 내가 가져가리이다(요 20:14-15).

예수님은 여느 사람과 다를 바 없으셨다. 즉 그분은 공상과학 영화에 나오는 외계인의 모습이 아니었다. 마리아가 예수님을 알아보지 못한 것은 그분이 살아 계시리라고 감히 믿지 못했기 때문이다. 마리아는 그분이 참혹한 죽임을 당하시고 무덤에 옮겨져 묻히시는 것을 보았다. 그분이 마리아에게 개인적으로 말을 거시고 나서야 마리아는 정말로 그분임을 믿을 수 있었다. 한편 마리아는 그분을 동산지기로 잘못 보았다. 이는 그분께도 우리와 아주 비슷한 몸이 있었다는 말이다.

그분의 몸은 여느 사람과 달라 보이지 않았지만, 그래도 질문이 남아 있다. 그녀는 그분의 영의 환상을 본 것인가, 아니면 그분께 정말로 육신이 있었는가? 이 질문의 답은 나중에 그분이 제자들에게 나타나셨을 때에 확실히 나온다. 그분은 "어찌하여 두려워하며 어찌하여 마음에 의심이 일어나느냐 내 손과 발을 보고 나인 줄 알라 또 나를 만져 보라 영은 살과 뼈가 없으되 너희 보는 바와 같이 나는 있느니라"(눅 24:38-39) 하고 말씀하셨다. 그분은 살과 뼈가 있으시다. 하지만 피에 대한 말씀은 하지 않으신다. 그것은 그분의 피가 하나님의 속죄소 위에 뿌려졌기 때문이다. 이제 그분의 혈관을 타고 흐르는 것은 하나님의 영광이라고 나는 믿는다. 그래서 우리도 살과 뼈가 있을 것이다.

예수님은 또 물리적인 음식을 드실 수 있었다. "그들이 너무 기쁘므로 아직도 믿지 못하고 놀랍게 여길 때에 이르시되 여기 무슨 먹을 것이 있느냐 하시니 이에 구운 생선 한 토막을 드리니 받으사 그 앞에서 잡수시더라"(눅 24:41-43).

그분은 그때 한 번만 제자들 앞에서 잡수신 것이 아니다. 두 번의 사건이 더 기록되어 있다. 한번은 엠마오로 가는 길에서 만난 사람들과 어떤 집에서 그러셨고, 또 한번은 그분이 직접 바닷가에서 제자들에게 아침을 차려 주셨을 때 그러셨다. 그러므로 우리도 영원한 몸을 입고도 음식을 먹을 수 있다.

영광의 몸을 입으신 예수님은 평범한 인간처럼 말씀하시고 노래하시고 걸으시고 물건을 잡으시는 등 다 하실 수 있었지만, 또한 벽을 통과해 순식간에 사라지실 수도 있었다. 이런 질문이 나올 법하다. "살과 뼈가 있으신 그분이 벽을 통과하실 수 있다고? 사라지신다고?" 하지만 엄연한 사실이다. 요한이 남긴 기록을 보라. "이 날 곧 안식 후 첫날 저녁 때에 제자들이 유대인들을 두려워하여 모인 곳의 문들을 닫았더니 예수께서 오사 가운데 서서"(요 20:19).

자기 사람들을 만난 이 자리에서 그분은 도마에게 자신의 손에 손가락을 넣어 보고 자신의 옆구리에 손을 넣어 보라고 하셨다. 그분께 살과 뼈가 있음을 여기서 또 분명히 볼 수 있다. 문들이 닫혀 있는데 예수님이 홀연히 그들 가운데 서 계셨다니 어찌된 일일까? 그분은 벽을 통과해 나타나셨다. 그분께는 사라지시는 것도 똑같이 쉬웠고 그 일도 기록되어 있다. 엠마오로 가는 길에서 만난 사람들에게 그분이 떡을 떼어 주신 후의 일이다. "그들의 눈이 밝아져 그인 줄 알아보더니 예수는 그들에게 보이지 아니하시는지라"(눅 24:31).

우리도 부활의 몸을 입으면 그렇게 사라져서 다른 장소에 다시 나타날 능력이 생길 것이다. 새 하늘과 새 땅에서 우리가 장거리를 어떻게 다닐 수 있을지가 그것으로 설명된다. 하나님의 도성은 길이와 너비가 각각 약 2,250킬로미터("만 이천 스다디온"-계 21:16)쯤 되므로 장거리 이동이 불가피하다. 다른 은하계들을 오가는 거리는 더 말할 나위도 없다. 우리는 또 공중에 떠다닐 수도 있다. 예수님이 40일 동안 제자들을 대하신 후에 하늘로 떠오르셨던 것을 생각해 보라. 앞서 말한 저스틴은 자기 아버지한테 천국에서는 걷거나 떠다니거나 순식간에 다른 곳으로 옮겨 갈 수 있다고 말했는데, 내가 아는 천국에 갔다 온 다른 사람들도 똑같이 말했다. 천국을 구경할 때에 그 아이는 걸어 다닌 구간도 있었고 다른 곳까지 공중에 붕 떠서 이동한 구간도 있었다고 했다.

주께서 자신의 백성을 위해 다시 오시는 때

하나님의 도성의 위치 이동을 살펴보기에 앞서, 그 전에 벌어질 사건들부터 생각해 보겠다. 교회 시대가 끝나면 7년간 환난이 있을 것이다. 불법의 사람 적그리스도가 정체를 드러내서 많은 사람들을 미혹할 것이다. 그는 하나님을 대적하고 스스로 그분보다 높아질 것이다. 그는 성도들을 핍박하고 많은 나라들을 짙은 어둠 속으로 이끌어 하나님을 대적하게 할 것이다.

그 기간에 주께서 자신의 성도들을 위해 오실 것이다. 그분이 오시는 시점을 7년이 시작되기 전이라고 믿는 사람들도 있고, 중간이라고 믿는 사람들도 있고, 7년이 끝난 후라고 믿는 사람들도 있다. 여기서는 그 문제는 논하지 않겠다. 다만 중요한 것은 우리가 준비되어 있느냐는 것이다. 이렇게 교회가 들림받는 것에 관해 바울은 신약 성경에 몇 차례 논했다. 다음은 그런 본문 가운데 하나다.

주께서 호령과 천사장의 소리와 하나님의 나팔 소리로 친히 하늘로부터 강림하시리니 그리스도 안에서 죽은 자들이 먼저 일어나고 그 후에 우리 살아남은 자들도 그들과 함께 구름 속으로 끌어 올려 공중에서 주를 영접하게 하시리니 그리하여 우리가 항상 주와 함께 있으리라 그러므로 이러한 말로 서로 위로하라(살전 4:16-18).

그리스도의 재림을 말하는 것이 아니다. 그분이 땅에까지 오시지 않고 구름 속에서 성도들을 만나실 것이기 때문이다. 재림은 7년 환난이 끝나고 예수님이 천군을 이끄시고 백마를 타고 다시 오실 때에 이루어진다. 그분의 허다한 거룩한 자들이 함께 나타날 것이다(유 1:14).

적그리스도, 거짓 선지자, 세계 지도자들, 각국의 군대들이 함께 모여서 주님과 그분의 군대에 맞서 싸울 것이다. 예수님은 단 하루의 전투에서 자신의 검으로 그들을 쳐부수실 것이고, 공중의 새들이 그들의 살을 먹을 것이다. 이것을 "아마겟돈"이라고 하는데, 전쟁이 벌어질 곳이 갈멜산에서부터 동남쪽 예루살렘까지 뻗어 있는 므깃도 골짜기라는 곳이라서 그렇다(계 16:16; 19:11-21).

이 전쟁에서 주님을 대적하지도 않고 적그리스도에게 충성을 바치지도 않은 사람들이 온 세계에 수없이 많을 것이다. 많은 신학자들은 이 사람들이 살아남아서 흔히 그리스도의 천 년 통치라고 하는 다음 시대에까지 계속 살게 될 거라고 믿는다. 그들은 각자 자기 나라에 남아서 그리스도의 세계 통치에 복종할 것이다. 그들은 땅의 몸을 가지고 계속 지상에 거할 것이다.

이렇듯 본질상 환난의 날들이 끝나면 이 땅에는 두 부류의 사람들이 거할 것이다. 하나는 아마겟돈 전쟁에서 살아남은 사람들이고 하나는 예수님과 함께 다시 온 성도들이다. 그 성도들에게는 왕 되신 예수님을 닮은 영광의 몸이 있을 것이다. 지상에서 예수님과 함께 다스릴 사람들이 바로 그들이다. 두 집단이 서로 어떤 식으로 대할지는 이해하기 어렵지 않다. 그것은 부활하신 예수님이 제자들을 대하신 방식과 다르지 않다. 이미 영광을 입은 성도들은 땅의 몸을 입은 사람들과 함께 말하고 걷고 먹고 사귈 수 있다.

성경에 보면 이 시기에 온 세상에, 사실은 온 우주에, 평화가 있을 것이다. 사탄과 그 일당이 천 년 동안 결박되기 때문이다. 모든 나라가 하나님께 대대적으로 돌아오므로 전쟁, 편견, 증오, 수치, 범죄, 질병 따위가 없을 것이다. 선지자 미가는 이렇게 말한다.

끝 날에 이르러는 여호와의 전의 산이 산들의 꼭대기에 굳게 서며 작은 산들 위에 뛰어나고 민족들이 그리로 몰려갈 것이라 곧 많은 이방 사람들이 가며 이르기를 오라 우리가 여호와의 산에 올라가서 야곱의 하나님의 전에 이르자 그가 그의 도를 가지고 우리에게 가르치실 것이니라 우리가 그의 길로 행하리라 하리니 이는 율법이 시온에서부터 나올 것이요 여호와의 말씀이 예루살렘에서부터 나올 것임이라 그가 많은 민족들 사이의 일을 심판하시며 먼 곳 강한 이방 사람을 판결하시리니 무리가 그 칼을 쳐서 보습을 만들고 창을 쳐서 낫을 만들 것이며 이 나라와 저 나라가 다시는 칼을 들고 서로 치지 아니하며 다시는 전쟁을 연습하지 아니하고 각 사람이 자기 포도나무 아래와 자기 무화과나무 아래에 앉을 것이라 그들을 두렵게 할 자가 없으리니 이는 만군의 여호와의 입이 이같이 말씀하셨음이라(미 4:1-4).

248

만국이 하나님의 율법 안에 거하므로 온 세상이 형통하고 금융 체제도 안정적이다. 태평성대가 될 것이다.

크고 흰 보좌의 심판

천 년이 다하면 사탄 또한 한동안 옥에서 풀려난다. 나가서 만국을 미혹하는 일을 허용하신다. 이미 영광의 몸을 입은 성도들은 거기에 해당하지 않지만, 땅의 몸을 입고 아마겟돈에서 살아남은 성도들과 천 년 통치 중에 태어나 만국에 거주하던 사람들은 그 대상이 된다.

반항 세력들은 함께 모여서 예루살렘 도성을 에워싸고 전쟁을 벌일 것이며, 그때 하늘에서 하나님의 불이 내려와 그들을 소멸할 것이다. 마귀는 "불과 유황 못"에 던져져 영원토록 밤낮 괴로움을 당하게 된다. 그리고 다시는 풀려나지 못한다(계 20:7-10).

"크고 흰 보좌"의 심판이 곧바로 이어진다. 음부는 아담에서부터 이 마지막 전투에 이르기까지 모든 세대의 죽은 자들을 내줄 것이다. 구약 시대에 여호와의 언약에 들지 못했거나 이후에 예수님의 주권에 순복하지 않은 모든 인류는 왕 앞에 서서 직고하게 된다. 우리의 우화에서 독립, 미혹, 겁쟁이, 이중생활이 심판을 받은 것처럼 말이다. 생명책에 이름이 기록되지 못한 사람은 모두 사탄과 그의 패거리들과 함께 영원히 불못에 던져진다.

새 하늘과 새 땅이 펼쳐지다

일단 기존에 있던 하늘과 땅이 불타면(벧후 3:10-13) 새 하늘과 새 땅이 출현한다. 사도 요한은 "또 내가 새 하늘과 새 땅을 보니 처음 하늘과 처음 땅이 없어졌고"(계 21:1)라고 썼다.

이어서 사도 요한은 새 예루살렘이 위에서 내려와서 영원히 땅 위에 자리하게 된다고 말한다. 새 예루살렘은 어린양의 아내 또는 신부로 지칭되는데, 이는 아담에서부터 그분의 재림 시에 영광에 들어가는 성도들에 이르기까지 주님의 모든 속량된 자들의 처소이기 때문이다. 요한은 새 예루살렘을 전체적으로 이렇게 묘사한다.

〔천사가〕 성령으로 나를 데리고 크고 높은 산으로 올라가 하나님께로부터 하늘에서 내려오는 거룩한 성 예루살렘을 보이니 하나님의 영광이 있어 그 성의 빛이 지극히 귀한 보석 같고 벽옥과 수정 같이 맑더라 크고 높은 성곽이 있고 열두 문이 있는데 문에 열두 천사가 있고 …… 동쪽에 세 문, 북쪽에 세 문, 남쪽에 세 문, 서쪽에 세 문이니 …… 내게 말하는 자〔천사〕가 그 성과 그 문들과 성곽을 측량하려고 금 갈대 자를 가졌더라 그 성은 네모가 반듯하여 길이와 너비가 같은지라 그 갈대 자로 그 성을 측량하니 만 이천 스다디온〔약 2,250킬로미터〕이요 길이와 너비와 높이가 같더라 그 성곽을 측량하매 백사십사 규빗〔약 66미터〕이니 사람의 측량 곧 천사의 측량이라 그 성곽은 벽옥으로 쌓였고 그 성은 정금인데 맑은 유리 같더라 그 성의 성곽의 기초석은 각색〔열두 가지, NLT〕 보석으로 꾸몄는데 …… 그 열두 문은 열두 진주니 각 문마다 한 개의 진주로 되어 있고 성의 길은 맑은 유리 같은 정금이더라(계

21:10-21).

이 도성은 숨이 막힐 정도로 수려하다. 그렇게 경이로운 도시를 우리는 이 땅에서 본 적이 없다. 풍요와 광휘와 운치를 발하는 도시다. 더없이 순전한 곳이므로 더러운 것은 일절 없다.

요한은 계속해서 이렇게 묘사한다.

또 그(천사)가 수정같이 맑은 생명수의 강을 내게 보이니 하나님과 및
어린양의 보좌로부터 나와서 길 가운데로 흐르더라 강 좌우에 생명나무가
있어 열두 가지 열매를 맺되 달마다 그 열매를 맺고 그 나무 잎사귀들은
만국을 치료하기 위하여 있더라 다시 저주가 없으며 하나님과 그 어린양의
보좌가 그 가운데에 있으리니 그의 종들이 그를 섬기며 그의 얼굴을 볼
터이요 그의 이름도 그들의 이마에 있으리라 다시 밤이 없겠고 등불과
햇빛이 쓸 데 없으니 이는 주 하나님이 그들에게 비치심이라 그들이
세세토록 왕 노릇(통치, NIV) 하리로다(계 22:1-5).

우리가 그분의 얼굴을 볼 것이라고 성경에 분명히 기록돼 있다. 모세는 간절히 원했으나 거절당했지만 우리는 볼 것이다. 얼마나 황송하고 가슴 설레는 일인가!

생명나무의 잎사귀들이 모든 나라들에 치유를 가져다준다는 점에도 주목하라. 여기서 몇 가지 흥미로운 질문이 생긴다. 성도들은 이미 그 도성에 거할 터인데, 그렇다면 이 나라들은 어떤 사람들로 이루어질까? 성도들이 영원무궁토록 다스릴 대상은 누구인가? 이 시기에도 몸으로 태어

나는 사람들이 있을까? 이사야가 거기에 대답한다.

보라 내가 새 하늘과 새 땅을 창조하나니 이전 것은 기억되거나 마음에
생각나지 아니할 것이라 너희는 내가 창조하는 것으로 말미암아 영원히
기뻐하며 즐거워할지니라 보라 내가 예루살렘을 즐거운 성으로 창조하며
그 백성을〔구속받은 성도들을, NLT〕기쁨으로 삼고 내가 예루살렘을 즐거워하며
나의 백성을 기뻐하리니 우는 소리와 부르짖는 소리가 그 가운데에서 다시는
들리지 아니할 것이며.

이제 이사야는 새 예루살렘 바깥에 사는 사람들에게로 초점을 돌린다.

거기는 날 수가 많지 못하여 죽는 어린이와 수한이 차지 못한 노인이 다시는
없을 것이라 곧 백 세에 죽는 자를 젊은이라 하겠고 백 세가 못되어 죽는
자는 저주받은 자이리라 그들이 가옥을 건축하고 그 안에 살겠고 포도나무를
심고 열매를 먹을 것이며 그들이 건축한 데에 타인이 살지 아니할 것이며
그들이 심은 것을 타인이 먹지 아니하리니 이는 내 백성의 수한이 나무의
수한과 같겠고 내가 택한 자가 그 손으로 일한 것을 길이 누릴 것이며 그들의
수고가 헛되지 않겠고 그들이 생산한 것이 재난을 당하지 아니하리니 그들은
여호와의 복된 자의 자손이요 그들의 후손도 그들과 같을 것임이라 그들이
부르기 전에 내가 응답하겠고 그들이 말을 마치기 전에 내가 들을 것이며
이리와 어린양이 함께 먹을 것이며 사자가 소처럼 짚을 먹을 것이며 뱀은
흙을 양식으로 삼을 것이니 나의 성산에서는 해함도 없겠고 상함도 없으리라
여호와께서 말씀하시니라(사 65:17-25).

많은 사람들이 성경의 이 부분을 그리스도의 천 년 통치에 잘못 적용한다. 그러나 분명히 이것은 새 하늘과 새 땅이 이미 들어선 시대에 관한 말이다. 사도 요한과 이사야의 글을 둘 다 살펴보면, 그 도성 바깥에 사는 사람들이 있다. 우주에 평화와 형통이 임하는 그 영원한 시간 속에서 그들은 자기들의 집을 짓는다. 이것은 거룩한 도성 안에 거하는 성도들일 수 없다. 그들에게는 이미 예수님이 친히 예비해 주신 처소가 있기 때문이다 (요 14:2-4).

아이들도 있다. 이 역시 영광의 몸을 입은 성도들일 수 없다. 영광의 몸을 입은 사람들은 결혼하지 않으며, 따라서 아기도 낳지 않는다고 예수님이 분명히 이르셨기 때문이다. 예수님은 "부활 때에는 장가도 아니 가고 시집도 아니 가고 하늘에 있는 천사들과 같으니라"(마 22:30) 하셨다.

이 나라들이 새 땅에 거주할 것이다. 그들은 심고 거두고 집도 지어서 그곳을 풍요롭게 할 것이다. 그들은 막힘없이 번식하여 지구에 충만할 것이다. 아담이 타락하지 않았다면 그 후손이 그랬을 것처럼 말이다.

이것을 논리적으로 어떻게 설명할 수 있을까? 논란의 여지가 있기는 하지만 이런 설명이 가능하다. 성경에 나오듯이, 일단 천년왕국이 시작되면 우리의 마지막 원수인 사망이 짓밟혀 멸망당하기 때문에(고전 15:26) 자연인의 수명이 연장된다. 그때는 예수님이 영적인 사망과 육적인 사망의 저주를 이미 멸하신 뒤다. 따라서 인류는 천 년의 기간을 견딜 잠재력이 있다. 사탄이 잠깐 풀려난 동안 그들이 하나님을 대적하지 않는다면, 천년왕국이 끝날 때에 자연적 몸 안에 있는 자들에게는 이 선물이 영원히 주어질 수 있다. 시편 기자는 "그러므로 만민(만국, NLT)이 왕을 영원히 찬송하리로다"(시 45:17)라고 썼다. 이 사람들을 타락 이전의 아담과 하와로 보면 이런 설명이 좀 더 이해가 될 것이다. 아담은 죽도록 지음받은 것이 아니라 영원히 살도록 지음받았다. 불순종으로 그는 이 선물을 잃었다. 자신의 후손에게 사망과 썩음의 저주를 불러온 것이다.

그리스도께 구속함을 받은 자들, 곧 영광의 몸을 입은 자들만이 새 예루살렘에 거할 수 있다. 그러나 성경에 보면 땅의 몸을 입은 사람들도 왕래하고, 열매를 먹고, 주님을 경외할 수 있는 것으로 보인다. 요한의 글을 보자.

〔땅의〕만국이〔새 예루살렘의, NLT〕 그 빛 가운데로 다니고 땅의 왕들이 자기 영광을 가지고 그리로 들어가리라 낮에 성문들을 도무지 닫지 아니하리니 거기에는 밤이 없음이라 사람들이 만국의 영광과 존귀를 가지고 그리로 들어가겠고(계 21:24-26).

태초에 인간은 죄의 유혹에 빠져 타락했다. 그 형벌은 몸과 영의 죽음이었고 거기서 영원한 죽음이 왔다. 그러나 인류의 타락은 이 땅의 인간을 위해 하나님이 본래 세우신 영원한 계획을 막지 못했다. 인간이 불순종하면 하나님이 자신이 설계하신 일에 실패하실까? 아니다. 대신 하나님은 인간의 패배를 축복으로 돌려놓으셨다. 그리스도의 구속으로 말미암아, 타락한 인류로부터 영화로운 천국 백성을 모아 내신 것이다. 그들은 결국 새 땅에서 살아갈 인류를 다스릴 자들이다. 이것을 보면 예수님이 충성된 종에게 하신 말씀이 더 잘 이해가 된다. "잘하였다 착한 종이여 네가 지극히 작은 것에 충성하였으니 열 고을 권세를 차지하라"(눅 19:17). 이는 천년왕국 시대와 새 땅의 영원한 시대에 있을 고을(도시)들이 아닐까?

천년왕국이 시작되어 새 땅의 영원한 시대로 이어지면 자연인들이 땅에 거주하여 영원히 사는 하나님의 본래의 목적이 이루어진다. "나라가 임하시오며 뜻이 하늘에서 이루어진 것같이 땅에서도 이루어지이다"(마 6:10)라고 하신 예수님의 말씀도 완전히 이루어진다. 저스틴이 천국에서 본 그대로, 땅에서도 그와 같을 것이다. 아름다운 새로운 색깔들, 하나님을 찬양하는 살아 있는 식물과 돌들, 완벽한 건축물, 생수 등등 그야말로 완전한 세상이다.

이사야는 새 땅에서 펼쳐질 시대를 다음과 같이 기록하며 자신의 예언서를 맺는다.

> 내가 지을 새 하늘과 새 땅이 내 앞에 항상 있는 것같이 너희 자손과 너희
> 이름이 항상 있으리라 여호와의 말이니라 여호와가 말하노라 매월 초하루와
> 매 안식일에 모든 혈육이 내 앞에 나아와 예배하리라 그들이 나가서 내게
> 패역한 자들의 시체들을 볼 것이라 그 벌레가 죽지 아니하며 그 불이 꺼지지
> 아니하여 모든 혈육에게 가증함이 되리라(사 66:22-24).

약간 섬뜩하지만 그러나 영원토록 우리는 그 도성 밖 어느 특정한 곳에 가면 사탄, 그의 천사들, 주님을 대적한 인류의 가공(可恐)할 운명할 볼 수 있다. 어쩌면 이것은 죄를 짓고 반항해서 처참한 결과를 모든 피조물 앞에 항상 두시려는 하나님의 지혜일지도 모른다. 생각해 보라. 사탄은 유혹자 없이 반항에 떨어졌다. 만일 하나님이 영원토록 모든 피조물 앞에 그것을 두신다면, 루시퍼와 그의 천사들이 떨어진 그 처참한 죄에 떨어지지 않도록 하는 강력한 억제책이 될 것이다.

앞서 말한 것처럼, 영광을 입은 성도들은 하나님의 도성, 새 예루살렘에 거하게 된다. 그들은 천년왕국 전에 그리스도의 심판대에서 상급과 아울러 영원하신 왕을 섬길 영원한 지위를 얻게 된다. 다음 장에서는 그리스도의 심판대에 관해 살펴볼 것이다.

10

신자도
'그리스도의 심판대' 앞에 선다

네가 어찌하여 네 형제를 비판하느냐 어찌하여 네 형제를 업신여기느냐
우리가 다 하나님의(그리스도의, NKJV) 심판대 앞에 서리라 ……
이러므로 우리 각 사람이 자기 일을 하나님께 직고하리라.

로마서 14장 10, 12절

영원을 '어디서 보낼 것인가'는 우리가 예수님의 십자가와
그 구원의 은혜에 어떻게 반응하느냐로 결정되지만,
그분의 나라에서 영원히 '어떻게 살 것인가'는
신자로서 우리가 여기서 어떻게 살았는가를 기준으로 결정된다.
—

"우리가 다 그리스도의 심판대 앞에 서리라."

바울이 누구를 가리켜서 하는 말인가? 신자들인가 불신자들인가? 구절의 문맥을 살펴보면 대상이 명확해진다. 대상은 신자들이다. 바울은 지금 그리스도인이 동료 형제를 판단하거나 업신여기는 것이 심각한 일이며, 그렇게 하는 사람들은 하나님께 그 일을 직고(直告)하게 되리라고 경고한다. 그러므로 앞에서 살펴본 것처럼 불신자들만 하나님 앞에 서서 심판을 받는 것이 아니라, 모든 그리스도인들도 하나님의 보좌 앞에 서서 자신이 이 땅에서 살았던 인생을 직고하게 된다. 앞 장에서 살펴보았듯이 바울이 고린도 교회에 보낸 편지에 그 점이 더 강조되어 있다.

우리가 담대하여 원하는 바는 차라리 몸을 떠나 주와 함께 있는 그것이라
그런즉 우리는 몸으로 있든지 떠나든지 주를 기쁘시게 하는 자가 되기를
힘쓰노라 이는 우리가 다 반드시 그리스도의 심판대 앞에 나타나게
되어 각각 선악간에 그 몸으로 행한 것을 따라 받으려 함이라 우리는

주의 두려우심을 알므로 사람들을 권면하거니와 우리가 하나님 앞에

알리어졌으니 또 너희의 양심에도 알리어지기를 바라노라(고후 5:8-11).

바울이 죄인들의 심판이 아니라 그리스도인들의 심판을 말하고 있음이 여기서도 분명히 나타난다. "우리가 담대하여 원하는 바는 차라리 몸을 떠나 주와 함께 있는 그것이라"는 말을 보면, 그가 거론하는 대상이 누구인지 의심의 여지가 없어진다. 불신자는 몸을 떠날 때에 주와 함께 거할 수 없다. 즉시 지옥으로 옮겨진다. 불신자의 영원한 집은 불못이다.

앞서 말한 것처럼, 경건치 않은 자들은 크고 흰 보좌의 심판이라고 알려진 심판 앞에 서게 되며, 그 심판은 앞 구절에 언급된 신자들의 심판보다 훨씬 나중에 이루어진다. 앞에서 살펴보았던 내용을 여기서 간단히 복습해 보자. 예수님은 천군을 거느리고 이 땅에 다시 오셔서 적그리스도를 정복하시고, 사탄을 옥에 던지시고, 예루살렘에 천 년 통치를 수립하신다. 그 후에 사탄이 무저갱에서 풀려나 얼마 동안 온 세상 만국을 미혹하도록 허용된다. 그러다가 하늘에서 불이 내려와 반항 세력들을 소멸하고, 마귀는 영원토록 불못에 던져진다. 그러면 모든 경건치 못한 자들과 불신자들이 음부에서 일어나서 크고 흰 보좌 앞에 서게 된다. 예수님은 이것을 "심판의 부활"이라고 부르신다(요 5:29). 생명책에 이름이 기록되지 못한 사람들은 모두 불못에 던져진다.

반면, 신자들이 받는 심판은 크고 흰 보좌의 심판보다 오래전에 이루어진다. 그 타이밍은 성경에 분명히 나와 있지 않지만, 그러나 교회가 구름 속으로 들어 올려진 후와 그리스도의 천 년 통치가 시작되기 전의 어느 시점이라는 것만은 확실하다. 그러므로 두 개의 커다란 심판 사이에

대략 천 년의 기간이 있는 것이다. 애퍼벨 우화에는 이 점이 반영되지 않았다.

"이는 우리가 다 반드시 그리스도의 심판대 앞에 나타나게 되어"(고후 5:10). 로마서와 고린도후서에 나오는 이 "심판대"(judgment seat)라는 말은 헬라어 '베마'에서 왔다. 《스트롱 성경 색인 사전》에서는 이 단어를 "계단, 댓돌, 연단(올라서는 단), 판사석(법정)"[1]이라고 정의했다. 《UBS 주석》에는 "심판대란 로마 제국의 시 법정에 있던 판사석이었다. 바울은 이 이미지를 가지고 그리스도의 심판 활동을 지칭하고 있다"[2]는 설명이 나온다. 이를 바탕으로 지금부터 우리는 신자들이 받을 심판을 "그리스도의 심판대"로 지칭할 것이다.

그리스도의 심판대는 말 그대로 하나님의 신성한 판사석이다. 성경은 아버지께서 모든 심판을 아들에게 맡기셨다고 선포한다(요 5:22). 예수 그리스도는 우리의 구주이실 뿐 아니라 또한 우리의 재판장이시며, 곧 자신의 집을 심판하실 것이다. 심판에 해당하는 원어를 가장 간단하게 정의하면 이렇다. 심판이란 면밀한 조사 후에 내리는 결정으로써 그 결정은 당사자에게 유리할 수도 있고 불리할 수도 있다.

자신이 이 땅에 짧게 머무는 동안 행한 일들을 장차 직고하게 된다는 사실을 모르는 사람들이 교회 안에 얼마나 많은지 모른다. 자신이 구원받았으므로 미래의 모든 심판이 제해졌다고 잘못 알고 있는 사람들도 많이 있다. 사실 우리를 하나님 나라에 들어가지 못하게 하는 모든 죄는 예수님의 피로 깨끗이 씻긴다. 그러나 신자로서 우리의 선악 간의 행위까지 심판에서 면제되는 것은 아니다.

바뀌거나 변경되지 않는 영원한 결정

그분의 심판대에서 우리에게 내려질 심판 내지 결정은 영원한 것이다. 절대로 바뀌거나 변경되지 않고 영원히 지속된다. 1장에서 우리는 영원을 머릿속에 그려 보려고 했다. 잠시 멈추어 그 내용을 생각해 보라. 야고보는 이 땅의 짧은 인생을 "잠깐 보이다가 없어지는 안개"라고 표현했다(약 4:14). 80년에서 100년 사이의 한평생을 그는 그런 은유로 영원에 비교한 것이다. 오늘 우리에게 있는 수학 지식이 그에게도 있었다면 더 정확한 표현이 가능했을 것이다. 수학을 공부한 나는 어떤 숫자든 무한대(영원)로 나누면 0이 된다는 것을 일찌감치 배웠다.

$$80년 \div 무한대(영원) = 0$$
$$또는$$
$$100년 \div 무한대(영원) = 0$$

어떤 숫자든 무한대(영원)로 나누거나 영원과 비교하면 0이 된다. 이 땅에서 얼마나 오래 사는가는 중요하지 않다. 설령 당신이 150년을 살다 간다고 해도 이 땅의 인생은 영원에 비하면 0이다. 그러니까 이 말은 예수 그리스도를 믿는 신자로서 우리가 영원을 어떻게 지낼 것인가가 여기서 0이라는 시간 동안 행하는 모든 일들로 결정된다는 뜻이다. 잊지 말라. 영원을 '어디서 보낼 것인가'는 우리가 예수님의 십자가와 그 구원의 은혜에 어떻게 반응하느냐로 결정되지만, 그분의 나라에서 영원히 '어떻게 살 것인가'는 신자로서 우리가 여기서 어떻게 살았는가를 기준으로 결정된다.

애퍼벨 우화에서 이기심과 그가 대전 뒤쪽에서 만난 다른 사람들이 엔델에서 보낸 짧은 시간을 허송한 것을 후회하던 일이 기억나는가? 엔델에서 보낸 5년 세월을 그들은 잴린의 뜻에 온전히 자신을 드리기보다는 자신의 욕심과 이익을 좇는 데 거의 다 썼다. 그 결과 그들은 남은 평생을 자신의 잠재력에 훨씬 못 미치게 살게 되었다. 그들 각자에게도 잴린과 가까이서 일하고 살며 잴린 곁에서 그 도성을 통치할 기회가 있었지만, 그들은 그것을 놓치고 말았다.

학교를 졸업한 후 5년이라는 짧은 시간을 그들은 즐겁게 살았을 수도 있고 그렇지 않았을 수도 있지만, 어쨌든 그들의 미래는 이제 정해졌다. 이후 130년 동안 그들의 생활 방식은 그 짧은 5년을 어떻게 살았는가에 따라 달라질 것이었다. 생각해 보라. 5년에 비하면 130년은 아주 긴 시간이다. 엔델에서 그런 장수의 근처라도 가는 사람조차 별로 없다. 만일 이기심과 나머지 사람들이 엔델의 시간이 끝나기 전에 그런 생각을 했더라면 그들은 분명히 다르게 살았을 것이다.

이 우화가 주는 교훈이 엄숙하기는 하지만 지금 우리가 논하는 것과는 가히 비할 바가 못 된다. 그러니 다른 시나리오를 생각해 보자. 이런 상상을 해 보라. 당신에게 하루가 주어졌는데, 그 단번의 24시간을 어떻게 쓰느냐에 따라 당신이 이후 천 년을 어떻게 보낼지가 결정된다. 천 년을 한번 상상해 보라. 미국이 생겨나기도 전이고, 크리스토퍼 콜럼버스가 신세계를 찾아서 항해에 나서기도 전이고, 영국이 노르망디를 정복하기도 전이다.

천 년은 아주 긴 시간이다. 하지만 당신이 받을 보상(당신이 어떤 지위를 받고, 어떤 직업을 갖고, 어떤 사람들과 함께 일하고, 어떤 동네에서 살고, 어떤 집에서 살고, 집 앞에 어떤 경치가 펼쳐질지를 비롯해서 천 년 동안의 삶에 관한 모든 것)은 그 하루를 어떻게 보내느냐에 따라 결정될 것이다. 그렇다면 당신은 그 하루에 최선을 다하지 않을까? 당신은 어떻게 살까? 지금 살고 있는 것과 다르게 살까? 당신의 우선순위가 바뀔까? 주님께 순종하는 것이 절대 우선이 될까? 하나님의 말씀을 더 주의 깊게 읽고 더 부지런히 실천하려고 노력하지 않을까? 그 나라를 위해 사람들의 삶에 영향을 미치려고 할까? 사람들을 다르게 대할까? 묻자면 한이 없다. 그러나 그것도 지금 여기서 우리가 논하는 영원의 수준에 비하면 아무것도 아니다.

더 늘려 보자. 그 하루를 어떻게 보내느냐에 따라 당신이 앞으로 100만 년을 어떻게 지낼지가 결정된다고 하자. 당신이 얼마나 많은 재산을 가지고, 어떤 직업을 갖고, 어떤 사람들과 함께 일하고, 어떤 집에서 살고, 어떤 동네에서 살고, 어떤 차를 몰지를 비롯한 모든 것이 그 하루에 결정된다고 생각해 보라! 100만 년이라는 시간을 상상해 보라. 이는 도무지 감이 잡히지 않는 시간이다. 인류가 지구상에 산 기간은 불과 약 6천 년이니까 말이다. 그러니까 그것은 인류가 지구상에 산 기간의 150배가 넘는다. 이 정도도 이미 헤아릴 수 없는 차원이다. 그러나 이것 역시 지금 우리가 논하는 영원의 수준에 비하면 아무것도 아니다. 10억 년이라고 해도 마찬가지다.

이 땅에서 아무리 장수해도 이곳의 시간을 영원과 비교하면 0이다. 그래서 사도 바울은 최고의 상을 받게끔 살라고 우리에게 신신당부하는 것이 아닐까? 고린도 교인들에게 보낸 편지에 그는 운동 시합에서 겨루는 사람들은 누구나 이기기 위해서 그리한다고 말한 다음, 우리 모두에게 이렇게 말한다.

> 너희도 상을 받도록〔이기도록〕이와 같이 달음질하라 이기기를 다투는
> 자〔운동선수〕마다 모든 일에 절제하나니 그들은 썩을 승리자의 관을 얻고자
> 하되 우리는 썩지 아니할 것〔영원한 상〕을 얻고자 하노라 그러므로 나는
> 달음질하기를 향방 없는 것같이 아니하고 싸우기를〔권투하기를〕허공을 치는
> 것같이 아니하며 〔운동선수처럼〕내가 내 몸을 쳐 복종〔훈련, NLT〕하게 함은(고전
> 9:24-27).

바울에 따르면, 우리는 한 가지 목적을 품고 살아야 한다. 그 목적은 썩지 아니할 영원한 상을 받는 것이다. 이생에서 우리는 이기기 위해 달려가야 한다. 그런데 이기려면 오로지 목표만을 바라보며 인내와 절제로 노력해야만 한다.

나는 오랫동안 운동선수로 활동했다. 미국테니스협회 리그, 주니어 데이비스컵, 미국대학스포츠협회 디비전 원 테니스에서 활동할 당시 무척 열심히 훈련했다. 하루에 여섯 시간씩 테니스 코트를 지켰다. 때로는 감독과 동료 선수들과 함께 특정한 샷들을 수백 번씩 연습했다. 코트 밖에서도 훈련은 계속되었다. 웨이트트레이닝, 러닝, 줄넘기, 눈손 협응 개선을 위한 저글링을 하루도 빼먹지 않았다. 이외에도 수많은 훈련을 했다. 나는 오로지 승리만 바라보며 목적의식으로 불타올랐다. 내가 워낙 유난을 떠니까 어머니가 내 침대를 동네 테니스 코트로 옮기겠다고 협박할 정도였다. 나는 내 발전에 방해가 되는 모든 활동이나 스포츠는 무조건 멀리했다. 왜 그랬을까? 이기기 위해서였다. 챔피언이 되기 위해서였다. 최고가

되기 위해서였다. 가장 큰 상을 받기 위해서였다.

그런데 하나님 나라에서는 조금 다르다. 우리는 다른 사람들과 싸우는 것이 아니라 오직 자신과 싸우는 것이며, 우리의 목표는 무슨 일을 하든지 예수님을 기쁘시게 하는 것이다(고후 5:9). 성경 말씀을 잘 읽어 보라. 주님이 우리가 사람들을 어떻게 대하고, 무엇을 추구하고, 무엇에 시간을 쓰고, 어떻게 영원을 위해 다른 영혼들에게 영향을 끼치고, 어떻게 그분의 나라와 사람들에게 헌금하고, 사람들을 어떻게 용서하기를 원하시는지 알아보라. 이 부분은 뒤에서 더 깊이 살펴볼 것이다. 어쨌든 결론은, 이기기 위해서 살라는 것이다.

말씀의 빛을 따라가라

성경에 보면 신자들이 받을 영원한 상급과 지위는 서로 다를 뿐만 아니라 그 범위가 아주 넓다. 모든 것이 불타 없어지는 데서부터 영원토록 그리스도 곁에서 다스리는 데에 이르기까지 다주 다양하다(고전 3:15; 계 3:21).

자신의 삶과 관련해 불타 없어진다는 말을 들으면 움찔하는 사람들이 많다. 그들은 천국에서 그런 일이 있으리라는 것을 좀처럼 믿지 못한다. 그러나 성경에 그것이 더할 나위 없이 분명히 나와 있다. 구절을 살펴보기 전에 우선 짚어 둘 것이 있다. 성경에 보면 개인의 인생을 가리켜 집 짓는 은유를 쓸 때가 많으며, 교회를 하나의 건물 내지 성전으로 말할 때도 있다. 이런 은유에서 우리는 자신의 삶, 다른 사람들의 삶, 교회 전반에 미치는 영향과 관련하여 건축자로 묘사된다. 이 책 나머지 부분에서 이 은유가 자주 등장할 것이다. 바울의 말을 보자.

우리는 …… 하나님의 집이니라 …… 그러나 각각 어떻게 그 위에 세울까를 조심할지니라 이 닦아 둔 것 외에 능히 다른 터를 닦아 둘 자가 없으니 이 터는 곧 예수 그리스도라 만일 누구든지 금이나 은이나 보석이나 나무나 풀이나 짚으로 이 터 위에 세우면 각 사람의 공적이 나타날 터인데 그 날이 공적을 밝히리니 이는 불로 나타내고 그 불이 각 사람의 공적이 어떠한 것을 시험할 것임이라 만일 누구든지 그 위에 세운 공적이 그대로 있으면 상을 받고 누구든지 그 공적이 불타면 해를 받으리니 그러나 자신은 구원을 받되 불 가운데서 받은 것 같으리라(고전 3:9-15).

어떻게 지을지는 우리에게 달린 일인데, 생의 매 순간 이 건축에서 우리가 택할 수 있는 길은 크게 두 가지다. 하나는 일시적인 것, 육신을 채워 주는 것 쪽으로 끌리는 것이다(나무, 풀, 짚). 또 하나는 우리의 거듭난 영의 갈망, 하나님의 영원한 말씀에 맞추어 사는 것이다(금, 은, 보석). 각자 어떻게 짓느냐, 즉 인생을 어떻게 사느냐에 따라 그분의 임재의 불이 우리의 공력 즉 행위를 시험할 때 각자의 상태가 결정된다.

우리의 행위만 아니라 생각, 동기, 의도까지도 다 시험을 받고 그뿐 아니라 다 드러날 것이다. 그래서 신자들이 하나님 말씀을 듣고, 거기에 주의하고, 그것을 마음에 두는 것이 그토록 중요하다. 그분의 말씀이 계속 우리의 "혼과 영과 및 관절과 골수를 찔러 쪼개기까지 하며 또 마음의 생각과 뜻을 판단"(히 4:12)하기 때문이다. 그분의 말씀만큼 우리 마음속에 깊이 들어갈 수 있는 것은 아무것도 없다.

인간의 이성이나 논리나 심리학이나 지혜를 따라 산다면 우리의 생각과 마음의 동기는 일시적인 것 쪽으로 끌리게 되어 있다. 그리고 대개는 자신도 그것을 전혀 모른 채 살아간다. 우화에 나오는 이기심이 심판의 대전에 들어가기 전에 그랬던 것처럼 말이다. 그래서 예수님은 경고하신다.

> 숨은 것이 장차 드러나지 아니할 것이 없고 감추인 것이 장차 알려지고 나타나지 않을 것이 없느니라 그러므로 너희가 어떻게 들을까 스스로 삼가라 누구든지 있는 자는 받겠고 없는 자는 그 있는 줄로 아는 것까지도 빼앗기리라 하시니라(눅 8:17-18).

우리가 듣는, 즉 주의를 기울이는 내용이 바로 우리 마음속에 스며들어서 내면의 생각과 목적을 형성하며, 그것은 다시 우리가 인생을 짓는 방식을 결정한다고 예수님은 말씀하신다. 하나님의 말씀은 우리가 가는 길을 비추는 빛이므로 우리는 말씀에 주의를 기울여야 한다. 말씀이 없으면 길을 잃을 수밖에 없기 때문이다. 사람이 캄캄한 밤에 길을 잃는 것과 마찬가지다. 어쩌다 한동안은 길을 잘 따라갈지 모르나 결국은 벗어나서 헤매게 되어 있다. 그렇게 일단 벗어나면 일시적인 것이 우리가 집을 짓는 동기가 되기 쉽고, 그 동기는 하나님 말씀의 빛이 비출 때까지는 드러나지 않는다. 바울은 그것을 이렇게 부연 설명한다. "그러나 책망을 받는 모든 것은 빛으로 말미암아 드러나나니 드러나는 것마다 빛이니라"(엡 5:13).

길을 잃으면 두 가지 일이 벌어질 수 있다. 첫째는, 그중에 더 나은 것으로, 설교나 성경, 또는 친구나 리더에게서 하나님 말씀을 듣고 우리의 양심이 찔리는 것이다. 하나님 말씀을 지속적으로 꾸준히 섭취하는 것이 그래서 그토록 중요하다. 지혜로운 사람은 속히 회개하고 자신의 생각, 동기, 의도가 좋지 않았다고 용서를 구한다. 그러나 범죄를 반복적으로 범하다 어느새 우리의 양심이 둔해졌다면 듣기가 더 힘들어지고, 양심에 아예 화인을 맞았다면 사실상 듣기는 불가능해진다. 그래서 성경은 우리의 양심을 청결하게 지키는 것이 중요하다고 말한다(잠 4:23; 딤후 1:3). 양심을 깨끗하게 지키고 간수하면 살아 계신 말씀이 우리 마음을 다루시는 것을 쉽게 감지할 수 있다.

둘째는, 바람직하지 않은 것인데, 우리의 동기가 심판대에서 밝혀지는 것이다. 이렇게 되면 우리는 받을 수 있던 상을 잃는다. 그래서 당신은 이런 질문을 던져야 한다. "하나님 말씀의 지적에 저항할 가치가 있는가?" 매번 저항할 때마다 당신 마음은 더 강퍅해지고 더 큰 기만에 빠지기 때문이다. 우리는 자신의 실상을 깨닫지 못할 것이고, 그러다가 마침내 심판대에서 그분의 영광의 빛이 그것을 드러낼 것이다.

영원한 미래를 위한 준비

우리의 인생을 심판받는 그 때, 모든 것이 눈앞에 훤히 드러난다. 그래서 바울은 심판대를 "주의 엄위하신 두려우심"이라 칭한다. 그것은 우리의 동기, 의도, 생각, 말, 행동 등을 전격적으로 조사할 것이다. 고린도전서 3장 9, 12-15절을 메시지 성경으로 보면 바울은 건축과 심판에 대해 강하게 역설하고 있다.

달리 말하면, 여러분은 하나님의 집입니다. …… 그러니 각별히 신경 써서
건축 재료를 고르십시오. 그러다 보면 마침내 준공 검사를 받을 날이
올 것입니다. 여러분이 값싸거나 부실한 재료를 쓴다면 다 드러나고 말
것입니다. 준공 검사는 철저하고 엄격하게 이루어질 것입니다. 어느 것 하나
대충 넘어가지 않을 것입니다. 여러분이 지은 것이 검사를 통과하면 잘된
일입니다. 그러나 검사에 통과하지 못하면, 여러분이 지은 것을 뜯어내고
다시 시작해야 할 것입니다. 여러분은 뜯기지 않고 살아남겠지만, 간신히
살아남을 것입니다.

당신은 어떨지 모르지만 나는 그리스도의 심판대에서 간신히 살아남
고 싶지 않다. 지금 우리는 우리의 영원한 운명에 대해 말하고 있다. 많은
사람들이 얼마나 큰 충격을 받을지 당신은 상상이 되는가? 애퍼벨 우화에
서, 준비된 사람 참사랑만 빼고는 모든 인물이 자신에게 닥친 결과에 완전
히 허를 찔렀다. 그들은 처음부터 알고 있었어야 할 도의 초보를 진지하게
여기지 않았다.

이 세상의 지혜로운 사람들은 자신의 미래를 일찍부터 준비한다. 먼저
좋은 직장을 잡기 위해서 학교에서 열심히 공부하는 것에서 시작한다. 일
단 직장에 들어가면 그들은 순자산을 늘리려고 내 집 마련에 힘쓴다. 그리
고 저축과 은퇴연금도 붓기 시작한다. 여윳돈으로 투자를 해서 돈을 불리
는 사람들도 있다. 이 모두가 자신의 미래를 준비하기 위한 일이다. 그들
은 돈에 쪼들리는 상황을 원치 않으며 노후 생활은 더 말할 것도 없다. 이

사람들이 만일 지금 수많은 이들이 영원을 준비하듯 그렇게 자신의 은퇴 생활을 준비한다면 결국 큰 문제를 자초할 것이다.

이런 가상의 시나리오를 생각해 보자. 한 사람이 은퇴하는 당일에 이런 황당한 상황이 벌어진다고 상상해 보라. 첫째, 국민연금이 파산해서 그가 매달 받을 연금이 공중분해된다. 게다가 그가 모든 현금을 넣어 둔 은행이 문을 닫고 영업을 정지한다. 평생 모은 저축액이 하루아침에 날아간다. 같은 날 이 남자가 아침에 눈을 떠 보니 집이 온통 불길에 휩싸여 있다. 놀란 남자는 겨우 외투 하나만 걸치고 허겁지겁 집을 탈출한다. 남자는 전 재산이 잿더미로 변하는 현장을 하릴없이 지켜만 보고 있다.

이 날은 이 남자의 인생에서 가장 슬픈 날일 것이다. 그런데 바로 이것이 바울이 그리는 그림이다. 그리스도의 심판대에서 일부 그리스도인들에게 실제로 이런 일이 벌어질 것이다. 그분의 말씀을 다시 들어 보라. "누구든지 그 공적이 불타면 해를 받으리니 그러나 자신은 구원을 받되 불 가운데서 받은 것 같으리라"(고전 3:15). 하나님 나라에 있는 지혜로운 사람들은 우리가 은퇴 후를 준비하는 수준이 아님을 알고 있다. 우리는 바로 영원을 준비한다.

내가 말하는 지혜로운 사람들은 영원한 미래를 설계하는 이들이다. 그들은 목적을 가지고 살며, 자신의 영원한 운명이 이 땅에서 어떻게 사느냐에 따라 지금 기록되고 있음을 안다. 그래서 그들은, 모든 행위가 불타 없어진 채 간신히 들어가는 것이 아니라, 하나님 나라에 당당히 들어가게 된다. 베드로가 이에 관해 뭐라고 말하는지 보라.

그러므로 형제들아 더욱 힘써 너희 부르심과 택하심을 굳게 하라 너희가 이것을 행한즉 언제든지 실족하지 아니하리라 이같이 하면 우리 주 곧 구주 예수 그리스도의 영원한 나라에 들어감을 넉넉히 너희에게 주시리라(벧후 1:10-11).

넉넉히 들어간다는 말은 주인한테서 "잘하였도다 착하고 충성된 종아 네가 적은 일에 충성하였으매 내가 많은 것을 네게 맡기리니 네 주인의 즐거움에 참여할지어다"(마 25:21)라는 말씀을 듣는 것이다.

최근 주께서 내게 어떤 환상을 보여 주셨다. 하나님 나라의 승자들이 그분의 도성에 행진해 들어가는 모습이 보였다. 줄지어 황금 길을 행진하는 그들에게 허다한 남녀들이 길가에서 환호를 보냈다. 왕이신 예수님은 온 도시에 다 보이게 단 위에 높이 계셨다. 무리가 즐거워하는 가운데 충성된 전사들은 계단을 올라가서 예수님께 그분의 전리품을 바쳤다. 환상 속에서 주님이 그 전사들에게 "잘하였도다" 하고 말씀하시는 것 같았다.

이어서 주님은 내 마음에 말씀하셨다. "너는 나를 위해 거둔 열매를 가져오는 전사가 되고 싶으냐, 아니면 길가에서 환호하는 사람이 되고 싶으냐?"

내 부르심과 택하심을 굳게 해야겠다는 각오가 이전 어느 때보다 더 굳어졌다. 내 인생을 평가하실 주님의 얼굴에서 슬픔이 아니라 기쁨의 미소를 보고 싶은 마음이 간절했다. 주님이 주신 잠재력을 내가 다 잃는다면 그분은 그것을 아시고 슬퍼하실 것이다. 나는 또 이것을 내 세대의 그분을 사랑하는 모든 사람들에게 알려야겠다고 결심했다. 그들도 나와 함께, 그분이 마땅히 받으셔야 하는 전리품을 가지고 그 놀라운 임재 안에 들어가서, 그토록 사모하던 우리 아버지의 영광스러운 미소를 볼 수 있도록 말이다. 우리가 이처럼 넉넉히 들어가게 될지 아닐지는 이 땅에서 우리가 그분을 어떻게 섬기는지에 따라 결정된다. 다음 장부터 말하려는 것이 바로 그것이다.

이어지는 내용

다음 장부터 어떤 영역들이 심판과 상급을 가르는 주요 대상이 되는지 논하고자 한다. 지면상 광범위하게 전부 다룰 수는 없어 몇 가지 더 중요한 이슈들을 살펴볼 것이다. 여기서 다져질 든든한 기초 위에 계속 지으면 당신의 인생은 영원히 의미 있어질 수 있다.

끝으로, 지금까지 이 장에서 읽은 모든 내용과 관련해 다음 베드로의 말을 천천히 읽고 자신의 것으로 삼기를 바란다. 그간 살펴본 내용을 한결 더 생생하게 해 줄 핵심 단어들과 문구들이 보일 것이다. 또 이 말씀은 우리가 다음 장부터 살펴볼 내용을 만날 준비를 하게 해 줄 것이다.

그의 신기한 능력으로 생명과 경건에 속한 모든 것을 우리에게 주셨으니
이는 자기의 영광과 덕으로써 우리를 부르신 이를 앎으로 말미암음이라 ……
그러므로 너희가 더욱 힘써 너희 믿음에 덕을, 덕에 지식을, 지식에 절제를,
절제에 인내를, 인내에 경건을, 경건에 형제 우애를, 형제 우애에 사랑을
더하라 이런 것이 너희에게 있어 흡족한즉 너희로 우리 주 예수 그리스도를
알기에 게으르지 않고 열매 없는 자가 되지 않게 하려니와 …… 그러므로
형제들아 더욱 힘써 너희 부르심과 택하심을 굳게 하라 너희가 이것을

행한즉 언제든지 실족하지 아니하리라 이같이 하면 우리 주 곧 구주 예수 그리스도의 영원한 나라에 들어감을 넉넉히 너희에게 주시리라 그러므로 너희가 이것을 알고 이미 있는 진리에 서 있으나 내가 항상 너희에게 생각나게 하려 하노라 내가 이 장막에 있을 동안에 너희를 일깨워 생각나게 함이 옳은 줄로 여기노니(벧후 1:3, 5-8, 10-13).

DRIVEN
BY ETERNITY

PART 5

천국 비전,
소명을
힘 있게 북돋다

11

그분의 집을 함께 지을
특권을 받다

너희도 성령 안에서 하나님이 거하실 처소가 되기 위하여
그리스도 예수 안에서 함께 지어져 가느니라.
에베소서 2장 22절

이 땅은 현재 하나님 나라의 성장이 이루어지는 밭(현장)이다.
이 땅에 하나님 나라를 건설하는 성도들을 지켜보며 온 천국이 응원한다.
우리가 여기 이 땅에 존재하는 이유는
그분의 영광스러운 집을 짓기 위해서다.
–

신자들이 받을 심판을 크게 두 범주로 구분하고자 한다. 첫째, 우리가 각자의 부르심과 은사를 따라서 하나님 나라를 세우는 일에 어떻게 동참했는가 하는 것이다. 둘째, 우리가 개개인의 삶을 어떻게 세워 주었는가 하는 것인데, 물론 여기에는 우리 자신의 삶도 포함된다. 다른 사람들의 삶을 세워 주는 것과 관련해서는 그들에게 미친 우리의 영향력에 초점을 둘 것이고, 우리 자신의 개인 생활과 관련해서는 우리가 어떻게 하나님의 은혜에 협력해 그리스도를 닮은 성품을 길렀는가를 볼 것이다. 물론 그런 성품은 우리가 하나님의 말씀에 반응한 방식, 믿은 내용, 그 말씀에 순종한 결과물일 것이다. 모든 경우마다 우리의 활동과 행위, 말, 생각, 동기를 모두 살피게 된다. 우선 하나님 나라를 건설하는 일에 우리가 한 역할이 어떻게 심판받을지부터 살펴보고, 이어서 우리의 개인 생활을 논하기로 한다.

부질없는 수고를 하지 않으려면

천국을 건설하는 우리의 능력은 전적으로 성령께 순종하는 삶에 달려 있다. 예수 그리스도의 은혜가 아니고는 우리는 영원히 가치 있는 일을 아무것도 할 수 없기 때문이다. 그래서 성경은 "여호와께서 집을 세우지 아니하시면 세우는 자의 수고가 헛되며"(시 127:1)라고 말한다. 이 구절은, 하나님의 영을 떠나서도 집을 세울 수는 있겠지만 그런 우리의 수고는 영원에 비추어 보면 다 부질없음을 분명하게 짚어 준다. 심판대에서 모두 불탈 것이다. 이것을 이해하는 것이 중요하다.

구약에서 하나님은 그분을 섬기느라 바쁜 한 무리의 사람들에게 이렇게 말씀하신다.

하늘은 나의 보좌요 땅은 나의 발판이니 너희가 나를 위하여 무슨 집을
지으랴 내가 안식할 처소가 어디랴 나 여호와가 말하노라 내 손이 이 모든
것을 지었으므로 그들이 생겼느니라 무릇 마음이 가난하고 심령에 통회하며
내 말을 듣고 떠는 자 그 사람은 내가 돌보려니와(사 66:1-2).

간단히 말해서 주님의 말씀은 다음과 같다. "나는 하나님이다. 내가 정말로 누구인지 너희는 온전히 아느냐? 그렇다면 너희가 나를 위해서 할 수 있는 일이 무어라고 생각하느냐?" 비유하자면 이 상황은 (사람이 아닌) 하나님의 다른 한 피조물이 어떤 사람에게 "우리가 당신에게 집을 지어 주겠다"고 말하는 것과 같다. 얼마나 웃기는 이야기인가! 우리 힘으로는 그 위엄 있고 불가해하고 장엄하신 하나님을 섬기고 기쁘시게 하기 위해서 할

수 있는 일이 하나도 없다. 그분에게는 정말 우리가 필요 없다.

다른 한편으로 하나님은 자신에게 기쁨과 유익이 될 수 있는 사람들이 누구인지 일러 주신다. "겸손하고 회개하며 하나님을 경외하고 그분께 순종하는 사람들"(사 66:2, TEV)이다. 바로 이들이 그분의 집을 지을 특권을 받은 사람들이다. 그들이 어떻게 장엄하신 하나님께 유익이 될 수 있을까? "만군의 여호와께서 말씀하시되 이는 힘으로 되지 아니하며 능력으로 되지 아니하고 오직 나의 영으로 되느니라"(슥 4:6). 인간이 성령께 순종해 협력할 때에 그런 결과가 나온다. 그럴 때에만 일꾼들의 수고가 헛되지 않다.

순전한 "산 돌"이 되는 것

여기 감당하기 벅찬 사실이 있다. 여호와 하나님은 위엄 있고 장엄하신 분이시건만 이 땅에서 행하실 일에서 일부러 자신을 제한하셨다. 그래서 처음부터 인간에게 권위를 주셨다. 그 결과 오히려 하나님이 제한당하시는 상황이 벌어졌다. 충격을 받았을지 모르지만 성경 도처에 그런 예들이 나온다. 아브라함의 자손들은 "이스라엘의 거룩하신 이를 노엽게(제한, NKJV)"(시 78:41) 했다. 또 예수님은 국가의 영적 지도자들에게 "너희의 유전으로 하나님의 말씀(의 권위)를 폐하여 무효하고 소용없게 만든다"(막 7:13, AMP)고 말씀하셨다. 우리의 책임은 그분과 협력해 그분이 원하시는 목표를 이루는 것이다. 그리고 그 목표란 주로, 예수님의 형상과 모양을 입은 백성, 그분이 영원토록 거하실 수 있는 백성을 만들어 내는 것이다. 그래서 성경은 우리를 동역자들이라고 부른다.

우리는 하나님의 동역자들(공동 제작자들, 작업 동료들, AMP)이요 너희는 하나님의
밭이요 하나님의 집이니라(고전 3:9).

신약 성경에 보면 하나님 나라에서 할 영원한 수고를 언급할 때마다
거의 매번 밭일이나 건축에 비유한다. 왜 밭일까? 이 땅이 현재 하나님 나
라의 성장이 이루어지는 밭(현장)이기 때문이다. 이 땅에 하나님 나라를 일
구고 건설하는 성도들을 지켜보며 온 천국이 응원한다.

왜 건물일까? 하나님이 영원한 처소를 찾고 계시며 우리들이 그분의
거처를 구성하는 "산 돌"이기 때문이다. 베드로는 "이제 하나님이 산 돌인
너희를 그분의 영적인 성전으로 지어 가고 계신다"(벧전 2:5, NLT)라고 썼다.
바울은 "우리는 다 같이 그분의 집이다. …… 그의 안에서 ……… 서로 연
결되어"(엡 2:20-21, NLT)라고 썼다.

그러므로 본질상 우리가 여기 이 땅에 존재하는 이유는 그분의 영광스
러운 성전 내지 집을 짓기 위해서다. 그것이 다른 사람들을 구원받게 하는
일이든, 가르치는 일이든, 섬기는 일이든, 사역하는 일이든, 다른 비슷한
무엇이든 말이다. 순전한 산 돌이 되는 것, 그리고 다른 사람들을 세우는
자가 되어서 그 산 돌들이 서로 맞아들어 하나님의 영광스러운 집을 완성
하는 것이 우리가 맡은 역할이다. 그래서 우리는 개인적인 책임과 하나님
나라의 책임을 둘 다 직고하게 되는 것이다.

내가 맞춤식 주택을 짓는 건축업자라면 다른 어떤 작업보다 우선 설계부터 할 것이다. 설계도를 완성한 다음에는 집을 어떤 방식으로 지을지, 어떤 자재가 필요한지 일일이 기록할 것이다. 하지만 그게 전부가 아니다. 주택 건축업자라면 누구나 알다시피 이 일에서 매우 중요한 부분의 하나는 제때에 맞추어 하청업자들의 일정을 짜는 것이다. 왜냐하면 건물을 올리는 작업을 실제로 하는 사람들은 바로 그들이기 때문이다. 게다가 골격, 콘크리트, 배관, 타일, 전기 등 분야별 하청업자들을 일일이 꼽자면 한이 없을 만큼 많다. 그렇다 보니 그들이 일정을 제대로 맞추지 못하면 일대 혼란에 빠질 수 있다. 예를 들어, 전선과 절연체를 설치하기 전에 석고보드 작업 일정부터 정해야 한다.

어느 하청업자가 일을 엉터리로 하거나 정해진 공사 기일을 놓치면 건축업자는 그 일을 할 만한 다른 사람을 부른다. 새로 선정된 일꾼은 막판에 들어와야 하고, 경우에 따라서는 이전 하청업자가 엉터리로 해 놓은 일을 걷어 내야 할 수도 있다. 이렇게 어느 하청업자가 맡은 일을 빠뜨릴지라도 건축업자는 반드시 집을 완공한다.

나는 또 건축업자가 자기 집을 지을 때에는 특별히 더 신경 써서 최고의 하청업자들을 찾는 것을 보았다. 그는 그들에게 최고의 자재를 쓰게 하고, 완공에 필요한 기타 여러 가지를 철저히 대비하게 한다. 그리고 아주 세심하게 작업을 감독한다. 하나님은 그분 자신의 집을 지으시는 맞춤형 건축가이시다. 단 그분의 집은 사람들로 구성된 하나의 도시다.

이 땅에서 특별한 집에는 이름을 붙이곤 한다. 예를 들어 영국 여왕의 집은 버킹엄 궁전이라고 불린다. 미국 대통령의 집은 백악관이다. 다음 집들은 아마 모르는 사람이 많을 것이다. 배우 필리스 캘버트의 집은 힐 하우스(Hill House), 배우이자 감독인 찰스 에반스의 집은 오크 로지(Oack Lodge), 소설가 찰스 다이어의 집은 올드 워브(Old Wob)로 불린다. 그런데 하나님은 이런 이름 붙이기를 우리 인간들보다 훨씬 오래전부터 하셨다. 하나님은 아직 공사 중인 그분의 영원한 집을 "시온"이라 부르신다.

"여호와께서 시온을 택하시고 자기 거처를 삼고자 하여 이르시기를 이는 내가 영원히 쉴 곳이라 내가 여기 거주할 것은 이를 원하였음이로다"(시 132:13-14).

만일 당신이 자신이 꿈꾸던 집을 직접 설계하는 특권을 누려 본 적이 있다면, 완공을 기다리는 기대와 감격을 알 것이다. 그곳에서의 쉼을 꿈꾸고, 그곳에서 기쁨을 얻고 평안을 누릴 것이다.

우리 부부는 1990년대 중반 맞춤식 주택을 짓는 특권을 누린 적이 있다. 플로리다주 올랜도에서 살 때 로버트라고 하는 수상 경력도 있는 맞춤식 주택 건축업자가 연락을 해 왔다. 우리 사역을 높이 평가한다고 이야기를 시작한 그는 뒤이어 이렇게 말했다. "두 분을 위해 집을 지어드리고 싶습니다." 당시 아주 작은 집에서 살던 터라 왠지 건축비가 너무 비쌀 것 같았다. 그래서 우리가 시원하게 대답하지 못하자 그가 "하나님 가격에 해드릴게요" 하는 것이었다. 그는 조금의 이익도 챙기지 않고 원가에 집을 지어 주었다.

로버트가 처음 연락을 하고 나서 며칠 뒤 우리 집에 찾아왔던 날을 지금도 잊을 수 없다. 그는 주방 식탁에 우리와 함께 마주앉더니 백지 한 장을 내밀며 환한 얼굴로 말했다. "꿈꾸던 집을 그려 보세요!"

우리는 벌린 입을 다물지 못했다. 이런 일이 일어나리라고는 상상도 못했다. 아내는 재빨리 펜을 들어 그림을 그려 나갔다. 아내는 오랫동안 이런 기회를 꿈꾸어 왔다. 나도 거들었다. 우리는 둘 다 신바람이 났다. 아무런 제약도 받지 않고 우리 집을 원하는 대로 설계할 수 있다는 사실에 심장이 마구 뛰었다.

로버트는 우리가 집을 그린 종이를 들고 갔다가 며칠 뒤 청사진을 들고 다시 찾아왔다. 우리는 어서 공사가 시작되는 것을 보고 싶었다. 로버트가 공사를 시작하자 우리는 공사가 진행되는 내내 매일같이 공사 현장을 찾아갔다. 어떤 날은 하루에 두 번도 갔다. 완성된 집을 하루라도 빨리 보고 싶었다. 새집으로 이사할 날을 눈이 빠지게 기다리다 보니 그 몇 달이 마치 몇 년처럼 길게만 느껴졌다. 며칠이 몇 주처럼 느껴졌다. 우리가 백지에 그렸던 꿈의 집이 눈앞에 실제로 모습을 드러낼 날을 손꼽아 기다렸다.

하나님이 꿈꾸시는 집에 품으시는 기대감이 이와 비슷하리라. 다만 하나님의 집은 이 집과 차원이 다르고, 하나님은 그분의 집을 훨씬 더 오랫동안 기다려 오셨다. 하나님은 태초부터 그분의 집이 완성되기를 손꼽아 기다려 오셨다. "여호와께서 시온을 건설하시고"(시 102:16). "온전히 아름다운 시온에서 하나님이 빛을 비추셨도다"(시 50:2).

그분은 수천 년에 걸쳐 자신의 집을 지어 오셨다. 그분은 지구상에 인간을 두시기 전부터 설계도를 작성하셨다. 인간의 타락은 그분의 계획이 아니고 그분이 그리하신 것이 아닌데도 전지하신 그분은 인간이 타락할 것을 아셨다. 그래서 그분은 구속받은 인류를 재료로 시온을 지으실 것을 그 예지(豫知) 가운데 계획하셨다.

하나님은 기초와 머릿돌로 시작하셔야 했는데 그것은 다름 아닌 구속자이신 예수님이다. 예수님을 두고 하나님이 하신 말씀을 보라. "보라 내가 한 돌을 시온에 두어 기초를 삼았노니 곧 시험한 돌이요 귀하고 견고한 기촛돌이라"(사 28:16). 아버지께서 이 집을 창세전부터 계획하고 설계하셨으므로 성경은 예수님을 "창세로부터 죽임을 당한 어린양"(계 13:8, NKJV)이라 했고, 베드로는 "그는 창세전부터 미리 알린 바 되신 이"(벧전 1:20)라고 했다.

예수님은 기초요 머릿돌이실 뿐만 아니라 핵심 하청업자이시다. 예수님은 맡으신 일을 빠뜨리지 않으시고 완전히 이루셨다. 십자가에 달리시기 직전에 그분은 아버지께 기도하시면서 "아버지께서 내게 하라고 주신 일을 내가 이루"었다고 말씀하셨다(요 17:4).

하나님 아버지는 예수님의 일정을 적시에 맞추시는 것으로(갈 4:4) 그분 집의 전체 설계 작업에 착수하셨다. 또 그분은 나머지 하청업자들의 일정도 맞추셨다. 이 하청업자들은 바로 당신과 나다. 그러나 우리는 하청업자만이 아니라 그분의 집을 짓는 자재이기도 하다. 바울은 말했다. "곧 창세전에 그리스도 안에서 우리를 택하사 우리로 사랑 안에서 그 앞에 거룩하고 흠이 없게 하시려고"(엡 1:4). 우리가 집 짓는 데 필요한 재료라는 말이다. 우리는 산 돌이다.

그래서 성경은 다시 "우리는 그가 만드신 바라 그리스도 예수 안에서 선한 일을 위하여 지으심을 받은 자니 이 일은 하나님이 전에 예비하사 우리로 그 가운데서 행하게 하려 하심이니라"(엡 2:10)고 말한다. 그분이 우리가 맡은 일들을 미리 준비하셨다. 우리의 맡은 일들이 창세부터 주어졌을 가능성이 충분히 있지만 성경에 그런 말은 없다. 그래도 우리는 "세상을 창조할 때부터 그 일이 이루어졌느니라"(히 4:3)는 것만은 안다. 다만 하청업자로서 우리 각자가 맡은 일들과 관련해 성경에 유일하게 기록된 것은, 우리가 태어나기도 전부터 그 일이 우리에게 주어졌다는 것이다. 다윗은 말한다.

> 내 형질이 이루어지기 전에 주의 눈이 보셨으며 나를 위하여 정한 날이
> 하루도 되기 전에 주의 책에 다 기록이 되었나이다(시 139:16).

우리가 평생 할 일은 우리가 모태에서 형성되기 전에 이미 정해졌다. 예레미야에게 주신 하나님의 말씀 속에 그 진리가 담겨 있다. "내가 너를 모태에 짓기 전에 너를 알았고 네가 배에서 나오기 전에 너를 성별하였고 너를 여러 나라의 선지자로 세웠노라"(렘 1:5). 사도 바울도 "그러나 내 어머니의 태로부터 나를 택정하시고 그의 은혜로 나를 부르신 이가 …… 기뻐하셨을 때에"(갈 1:15-16)라고 썼다. 우리 모두가 태어나기도 전부터 하나님을 위해 특정한 일을 하도록 구별되었다는 다윗의 말을 예레미야와 바울의 간증이 확증해 준다. 여기 놀라운 진실이 있다. 하나님은 당신이 태어나기도 전에 책에 이미 당신에 관해 기록해 놓으셨다. 정한 날이 하루도 지나기 전에 매 순간이 다 기록되었다. 하루하루가 다 정해졌다. 그렇다면 우리는 자신을 위해 계획된 그 일을 이룰 것인가? 솔로몬은 말한다.

> 하나님께서 행하시는 모든 것은 영원히 있을 것이라 그 위에 더할 수도
> 없고 그것에서 덜할 수도 없나니 하나님이 이같이 행하심은 사람들이 그의
> 앞에서 경외하게 하려 하심인 줄을 내가 알았도다 이제 있는 것이 옛적에
> 있었고 장래에 있을 것도 옛적에 있었나니 하나님은 이미 지난 것을 다시

찾으시느니라(전 3:14-15).

이 말씀에 참으로 많은 것들이 담겨 있다. 우선 첫째로, 하나님께는 계획이 있다. 아무것도 그 계획이 성취되는 것을 막을 수 없고, 인류가 거기에 뭔가를 더할 수도 없다. 그러나 솔로몬은 현재 이루어지는 그 일들이 미리부터 하나님의 생각 속에 있었다고 말한다. 미래에 이루어질 일도 미리부터 하나님의 계획 가운데 있었다. 그러나 이미 이루어진 일에 관해서는 우리는 직고해야만 한다. 우리는 하나님이 이루라고 정해 주신 일 가운데 행했는가? 아니면 우리는 일을 망쳤거나 아예 맡은 일에 손도 대지 않았는가? 계획상 우리가 하도록 부름받은 그 일을 그분은 다른 사람에게 맡기셔야만 했는가?

그래서 이 시점에서 내가 하지 않을 수 없는 중요한 말이 있다. 모든 사람에게는 자신의 일생에 대한 하나님의 소명이 있다. 우리 각자가 하나님의 집이라는 하나님이 그리신 설계의 중요한 부분이다. 그래서 우리는 다음 진리를 알아야 한다.

당신의 소명과 관련해, 당신은 무슨 일을 했는지에 따라 심판받지 않고 무슨 일을 하도록 부름받았는지에 따라 심판받는다.

예를 들어 보자. 심판대에서 예수님은 이와 같은 말씀을 하실 수 있다. "전도자 앤더슨! 앞으로 나와서 내가 너를 불러서 내게 이끌도록 한 그 모든 영혼들에 대해 보고하라."

그 사람은 약간 혼란스러워 떨면서 예수님 앞에 나와서 이렇게 말할 수 있다. "주여, 회계사 앤더슨을 말씀하시는 것 맞지요? 저는 회계사로, 제 회사를 갖고 있었습니다. 그것이 제 직업이었습니다. 저는 많은 교회와 비영리 단체를 세우는 일을 도왔습니다. 그런 사역들이 주의 나라의 많은 영혼들에게 영향을 미쳤습니다. 혹시 저를 다른 사람으로 착각하신 것 아닙니까?"

주님은 이렇게 답하실 수 있다. "아니, 네가 태어나기도 전부터 나는 너를 아시아의 수많은 영혼들을 내게 인도하도록 불렀다. 그들이 어디 있는지 고하라. 내게 순종했더라면 너는 나를 위해 거둔 모든 열매에 걸맞는 큰 상을 받았을 것이다. 그러나 이제 결과적으로 네 일은 모두 불탈 것이다. 내게 순종해서 한 일이 아니기 때문이다."

이어서 이런 시나리오도 가능하다. 예수님이 또 말씀하실 수 있다. "회계사 존스, 앞으로 나와서 내가 너를 불러서 하도록 한 일을 보고해 보라."

그 사람 역시 아주 혼란스러워 떨면서 나와서 말할 수 있다. "주여, 목사 존스를 말씀하시는 것 맞지요? 저는 교인이 900명인 어느 교회의 목사였습니다. 교회를 제가 개척했습니다."

그러면 주님은 이렇게 답하실 수 있다. "아니다. 나는 너를 일터에서 회계사로 일하도록 불렀다. 내 많은 교회와 사역 기관들을 도와서 내가 이루라고 준 일을 효과적으로 수행하게 해 줄 그런 든든한 회사를 세우라고 불렀다. 네가 나를 간절히 구했더라면 나는 네게 그것을 알려 주었을 것이다. 그러면 이 사역들을 통해 영원히 변화될 그 허다한 사람들이 다 네 공으로 돌아갔을 것이고, 너는 각 영혼에 상응하는 상을 받았을 것이다. 그러나 이제 너는 네가 한 일과 관련해 아무것도 받지 못할 것이다. 내게 순종해서 한 일이 아니기 때문이다.

나는 또 너를 어느 교회 안내위원장이 되도록 정했는데, 그 교회는 네가 개척한 교회 맞은편 지역에 있었다. 그 교회의 교인 숫자는 500명이 겨우 넘었지만 그들은 그 지역에 사는 많은 사람들에게 영향을 끼쳤다. 네가 순종했더라면 이 교회를 통해 영원히 변화를 입은 2만 명의 영혼들이 다 직접 네 공으로 돌아갔을 것이다. 내가 부른 그 몸(교회)에서 네가 중요한 부분이 되었을 테니 말이다. 그런데 너는 그곳에 없었으므로 그 2만 명의 영혼들과 관련해 아무런 상도 받지 못할 것이다."

예를 들어 보겠다. 우리 사역 기관의 이사(理事)인 내 사랑하는 친구는 미국 동남부의 어느 성장하는 교회에서 목회하고 있다. 그는 1991년에 20명의 사람들과 함께 그 교회를 개척했는데 지금은 교인이 4천 명 가까이 된다. 교인들이 어찌나 갈급해하는지 그곳에서는 설교하기가 참 쉽다. 지금까지 그 교회에서 수많은 사람들이 구원받고 제자가 되었다.

이 교회는 많은 기도와 강력한 설교와 부지런한 수고로 빠르게 성장했고, 많은 사람들이 들어가 함께 예배할 수 있는 아름다운 건물도 건축했다. 그리고 몇 년이 지나, 말쑥한 옷차림으로 예배에 참석하는 기품 있는 어느 백발 신사가 눈에 띄었다. 잘 보니 그 남자는 예배 때마다 눈물을 흘렸다. 아무리 보아도 기쁨의 눈물은 아닌 것 같았다.

마침내 그 신사가 한 부목사를 찾아가 이야기를 꺼냈다. 1981년에 주께서 자기에게 이 도시에 교회를 개척하라고 말씀하셨다고 했다. 며칠 후에 꿈속에서는 자기가 목회할 교회 건물까지 보았다. 꿈이 어찌나 생생하던지 그는 전문가를 불러서 자기가 꿈속에 본 건물의 조감도를 그리게 했다. 하지만 그는 왠지 저항감이 생겨서 교회 개척을 포기했다. 얼마 후에 그는 단기간 다른 도시들을 다니며 사역하다가 결국은 비즈니스 세계로 되돌아갔다.

이어서 신사는 꼬깃꼬깃 접은 종이를 펴 보이며 그것이 1981년에 그 화가가 그린 건물의 조감도라고 부목사에게 말했다. 그림을 본 부목사는 깜짝 놀랐다. 나중에 내 친구가 건축하여 지금 그들이 모이는 그 교회 건물과 정확히 똑같았기 때문이다. 친구가 그 남자를 위로했으나 신사는 그 일을 극복하기가 어렵다고 털어놓았다. 하나님은 그가 정죄 가운데 살기를 원하지 않으신다. 오히려 그가 배우고, 성장하여, 남은 생 동안 주님을 잘 섬길 길을 찾기를 원하신다.

여러 해 전, 한 대규모 집회에서 바로 이 주제로 메시지를 전한 적이 있다. 예배 후에 한 목사가 넋이 나간 얼굴로 우리 팀원 가운데 한 명에게 다가왔다. "오늘 밤 목사님이 하신 말씀은 농담이겠죠?"

우리 팀원은 정색을 하며 대답했다. "농담이라뇨? 100퍼센트 진담입니다. 하나님의 말씀이니까요. 왜요, 뭐가 잘못되었나요?"

50대였던 그 목사는 이렇게 대답했다. "젊은 시절에 필리핀에서 살며 선교하는 꿈을 정말 생생하게 꾸었습니다. 너무 생생해서 정말로 언젠가 그곳으로 이민을 가게 될 거라고 믿었지요. 하지만 아직까지도 저는 이 나라에 머물러 있습니다. 30년 넘게 현재 이 교회에서 목회를 하고 있지요."

이에 우리 팀원이 부드럽게 물었다. "자, 이제 어떻게 하시겠습니까?"

목사는 아무 말도 하지 못하고 몸을 돌렸다.

1년 뒤 그 목사에게서 연락이 왔다. 그는 부목사에게 교회를 맡기고 필리핀에서 살고 있다고 했다. 그곳에서의 생활이 더없이 만족스럽다고 했다. "난생처음으로 제가 창조된 목적대로 사는 기분입니다."

이 진리를 증명해 보이기 위해 한 가지 이야기만 더 소개한다. 얼마 전

내 친구가 저녁 식사 자리에서 한 네이비실(Navy SEALs; 미국 해군 엘리트 특수부대-편집자) 대원과 나의 만남을 주선해 주었다. 내가 이 글을 쓰는 지금도 그는 여전히 현역 군인이기 때문에 프라이버시를 보호하는 차원에서 폴이라는 가명을 쓰겠다. 그의 간증을 듣는 두 시간 동안 나는 벌어진 입을 다물 수 없었다.

폴은 10대 말에서 20대 초까지 2년에 걸쳐 신학교 과정을 마친 뒤 한 교회에 중고등부 전도사로 부임했다. 그런데 사역 2년째 여름 학기를 지난 뒤 그는 가르치던 여학생 중 한 명과 부적절한 성적 관계를 맺었다는 오해를 받았다. "목사님, 저는 절대 그 여학생과 잠자리를 하지 않았습니다. 전혀 그런 사이도 아니었고요! 하지만 목사님과 장로님들은 그 보고를 곧이곧대로 믿었습니다. 덕분에 저는 모든 것을 잃었지요. 신뢰를 잃었고, 평판은 땅에 떨어졌습니다. 결국 떠나라는 요구를 받았습니다."

폴은 계속해서 이렇게 말했다. "그때처럼 하나님을 열심히 찾았던 적도 없었던 것 같습니다. 하루는 기도하던 중 하나님의 분명한 음성을 들었습니다. '나는 너를 목회로 부르지 않았다. 나는 너를 군대로 불렀다.'"

폴은 육군, 해병대, 공군의 신병을 모집하는 부서를 찾아갔지만 하나님의 응답이 느껴지는 직책이 하나도 없었다. 남은 곳은 해군뿐이었다.

해군에 지원했을 때 징병관은 그가 맡을 수 있는 직책들을 나열했다. 하지만 이번에도 하나님의 응답이 느껴지는 직책이 하나도 없어서 그는 매우 낙심했다. 그때 징병관이 해군에 있는 특별 프로그램들을 제시했는데, 징병관의 입에서 네이비실이라는 단어가 나오자 폴은 무릎을 탁 치며 곧바로 계약서에 서명을 했다.

징병관은 그 부대 훈련은 세상에서 가장 혹독하다고 말했다. 하지만 폴은 하나님이 이끄시는 여행을 위한 이 첫걸음을 반드시 떼야 한다는 열정으로 불타올랐다. 그는 반드시 네이비실에 입대해야 한다고 강하게 주장했다.

하지만 두 가지 난관이 있었다. 첫째, 폴은 수영을 못했다. 그는 기도하면서 독학으로 수영을 배워야 했다. 둘째, 설상가상으로 그는 어릴 적에 여러 번 귀에 관을 꽂았고 외이도를 열기 위해 수술을 여러 번 했다. 그래서 청년이 된 뒤에도 귀에 물이 조금만 들어가도 참기 힘든 고통이 찾아왔고 극심한 감염까지 이어지는 경우가 비일비재했다. 하지만 그는 자신의 능력으로 할 수 있는 일이라면 하나님이 부르신 일이 아니라고 굳게 믿었다.

폴은 독학으로 수영을 배웠고, 귀를 고쳐 달라고 간절히 기도했다. 이 훈련은 매일이 고통이었지만 그는 포기할 줄 몰랐다. 그렇게 매일 고통 속에서도 넉 달을 꿋꿋이 버틴 결과, 그는 수영을 할 수 있을 뿐 아니라 전혀 고통 없이 매우 깊이까지 잠수할 수 있게 되었다. 그는 완전히 치유되어 네이비실에 합류하기 위한 본격적인 여행을 시작했다.

그는 극심한 어려움과 장애물을 뚫고 마침내 세상에서 가장 강한 전우애를 자랑하는 네이비실에 입성했다. 그 뒤로 그는 14년 넘게 용맹무쌍한 네이비실로 활동했다. 작전을 하는 동안 하나님의 기적적인 개입을 경험한 적이 한두 번이 아니었다. 그 경험들이 얼마나 놀라웠던지 듣는 내내 내 팔에 난 털이 빳빳하게 설 정도였다.

그날 저녁 나는 하나님의 위대한 사람과 마주하고 있었다. 하지만 하나님은 그를 설교단으로 부르시지 않았다. 하나님은 군대에서 그분을 전하고 그분이 주시는 능력으로 국가를 섬기는 일로 그를 부르셨다. 현재 그는 그냥 네이비실이 아니라 네이비실 교관이다. 그는 하나님이 인생의 방향을 트실 때 순종한 덕분에 자신을 위해 예비된 선한 일을 얻을 수 있었다.

하지만 폴과 달리 자신의 운명을 놓친 사람들의 이야기 또한 많이 안다. 20년이 넘도록 전 세계 여러 교회를 돌아다니면서 나는, 부목사로 부름받은 담임목사들, 전임 사역을 해야 할 사업가들, 소명이 일반 일터에 있는 목사들도 보았다. 기업이나 비즈니스 세계에서 제자리가 아닌 곳에 있는 사람들을 보았다. 그들은 독립했다가 실패할까 봐 두려워서 누군가 다른 사람 밑에서 일하고 있었다. 그런가 하면 스스로 자신의 상전이 되고 싶어서 다른 사람에게 충성하지 못하는 사람들도 보았다.

나는 하나님의 뜻 밖에서 결혼해 그만 소명이 꺾인 사람들도 보았고, 친구들에게 영향을 받아 자기 소명과 멀어진 사람들도 보았다. 레크리에이션, 스포츠, 물욕, 권력욕, 기타 다양한 시나리오에 얽매인 사람들을 나는 보았다. 그런 상황은 얼마든지 많으나 하나같이 신자들이 하나님의 집을 짓는 계획에서 자신의 역할을 다하지 못하도록 막고 있었다.

이것을 생각하면 두렵고 떨리지만, 좋은 소식이 있다. 하나님이 우리 앞에 두신 길에서 벗어날 필요가 없다는 것이다. 하나님은 우리 이야기의 저자이시며, 우리를 그 이야기의 완성으로 이끌어 주실 능력이 있으시다. 이 시점에서 우리가 던져야 할 질문은 우리가 하청업자로서 무엇으로 부름받았는지 어떻게 알아내느냐 하는 것이다. 이 중요한 질문은 다음 장에서 살펴보도록 하자. 하나님이 마련하신 길에서 벗어났을 때 돌아오는 방법에 관해서도 다음 장에서 살펴보자.

12

부름받은 곳에서
영광스러운 통로가 되다

하나님의 은사와 부르심에는 후회하심이 없느니라.
로마서 11장 29절

씨앗의 형태로만 남아 있다면 그 나무의 종류와 생김새와 형태와 힘 따위를
정확히 알 수 없는 것처럼, 교회 안에 심기지 않고는
하나님이 주신 자신의 참된 소명을 절대로 알 수 없다.
이것은 사람의 설계가 아니라 하나님의 설계다.
_

자신이 하나님의 계획에서 벗어나 다른 길로 갈 수 있다고 생각하면
그것이 설령 좋거나 혹은 경건한 길로 가는 것이라 해도 두려울 수 있다.
충분히 그럴 만하다. 하지만 우리가 실패나 형벌에 대한 두려움이 아니라,
하나님을 향한 두려움(경외)으로 부름받았다는 사실을 명심하라. 하나님을
경외하면 그분의 계획 안에 머물 수밖에 없다. 그분이 그렇게 해 주실 것이
기 때문이다. "너희가 오른쪽으로 치우치든지 왼쪽으로 치우치든지 네 뒤
에서 말소리가 네 귀에 들려 이르기를 이것이 바른 길이니 너희는 이리로
가라 할 것이며"(사 30:21). 그러니 지금은 하나님의 맞춤식 주택을 짓는 하
청업자로서 우리의 자리를 어떻게 알 수 있는지에 관심을 집중하자.

하나님을 간절히 구했는가

당신은 자신의 소명에 충실하고 있는가? '하지만 나는 내가 무슨 일로

부름받았는지 모른다!' 그런 생각이 들 수도 있다. 거기에는 몇 가지 이유가 있을 수 있다. 스스로에게 물어보라. 첫째, 하나님을 간절히 구했는가? 성경에 보면 하나님은 호기심이나 의심 때문에 그분을 대강 찾는 사람들이 아니라 믿음으로 간절히 찾는 사람들에게 상을 주신다고 했다(히 11:6). 누구든지 응답을 온전히 기대하며 하나님을 간절히 구하면, 무슨 일을 하라고 자신을 이 땅에 두셨는지 알게 된다.

퍼듀대학교 기숙사에서 예수를 구주요 내 인생의 주인으로 영접하고 거듭남을 경험한 때가 기억난다. 나는 즉시 하나님이 내 인생에 어떤 뜻을 품고 계신지 구하기 시작했다.

나는 공학도였고 1년에 한 학기는 IBM에서 일했다. 그러다 단순히 하나님께 순종하고 싶은 마음 외에, 내 소명을 알고 싶은 동기를 불러일으킨 계기가 하나 있었다. 구원받은 지 불과 몇 달 뒤에 일어난 일이다. 여남은 명의 엔지니어들과 함께 사무실에서 한 직원의 38년 근속을 축하하고 있었다. 다 같이 가볍게 이야기를 나누는데 그 직원이 우리 모두에게 말한 요지는 이렇다. "나는 38년 동안 하루도 빼지 않고 날마다 이 회사 문을 들어서는 것이 정말 싫었다." 나만 빼고 그 안에 있는 모든 사람들은 그 말에 수긍하거나 낄낄 웃었다. 나는 적잖이 충격을 받았다.

노련한 전문가들 틈에 낀 신참내기였던 나는 왜 아무도 다르게 반응하는 사람이 없는지 의아했다. 그래서 내가 불쑥 물었다. "그렇게 싫은데 왜 38년 동안 이 일을 하셨습니까?"

그는 나를 보며 말했다. "직장이니까."

나도 그 길로 들어선 것이 싫었던 때가 있긴 있었다. 우리 아버지는 엔지니어였는데, 이쪽이 안정적이고 수입이 좋다고 말했다. 하지만 그날 이

후로 내 시각이 바뀌었다. 돈, 안정, 다른 어떤 것도 내가 이 땅에 있는 이유를 막을 수는 없다는 생각이 들었다. 내가 부름받은 일이 무엇이며 그쪽으로 가려면 다음 단계로 무엇을 해야 하는지 알아내기로 나는 그 자리에서 결심했다.

하나님과 처음 동행할 때부터 일찍 그분을 구하면, 그분이 우리 인생의 소명의 전체 그림을 보여 주신다는 것을 나는 배웠다. 다시 말해서 그분은 처음부터 당신에게 끝을 보여 주신다. 요셉이 장차 큰 지도자가 되어 그의 부모형제들까지도 그 밑에서 섬기게 될 것을 하나님은 그가 어렸을 때부터 보여 주셨다. 그것이 성취된 것은 오랜 세월이 지나서였다. 모세는 자신이 이스라엘의 지도자가 될 것을 자신의 때가 되기 적어도 40년 전부터 알았다. 다윗이 장차 왕이 될 것을 하나님은 그가 어린 목동이었을 때부터 보여 주셨다. 그가 정말 이스라엘의 통치자가 된 것은 그로부터 세월이 한참 흐른 뒤였다. 그런 예들은 얼마든지 더 있다.

내 계획은 퍼듀에서 공학 공부를 마치고 하버드에서 MBA를 받은 후에 미국 유수의 기업체에서 고위 경영직으로 올라가는 것이었다. 또한 결혼해서 해마다 휴가를 몇 번씩 즐기고, 모든 수입의 10분의 1을 하나님께 드릴 것이었다. 그렇게 나 나름대로 그분을 섬기는 삶을 정립했다.

그런데 하나님을 구할수록 나는 더욱 사역 쪽으로 끌렸다. 나도 그 어감이 좋지는 않았지만 그러나 하나님께 순종할 때에 보람과 만족이 온다는 것을 알 만큼은 똑똑했다. 무슨 일이 있어도 순종하기로 일단 내가 그분께 헌신하고 나자, 그분은 나를 불러서 이 땅에서 내게 하게 하신 일이 무엇인지 그 전체 그림을 보여 주셨다. 1980년대 초에 이미 하나님은, 내가 그분께 계속 순종하기만 하면, 어느 날 하나님 말씀으로 많은 나라들에 영향력을 미치게 되리라고 보여 주셨다. 말할 것도 없이 무척 당황스러웠다. 왜냐하면 당시 나는 전국적 차원이나 국제적 차원의 사역에 아무도 아는 사람이 없는 작은 지역 출신이었으므로 행여라도 그런 일이 이루어질 수 있는 길이 전혀 보이지 않았다.

요셉이나 모세나 다윗의 예와 같이 하나님은 우리에게 최종 그림을 보여 주시되, 단 그것을 이루는 모든 단계들은 아직 감추어 두신다. 그 덕에 우리는 논리가 아니라 믿음 안에 거하게 된다. 우리는 그분의 음성을 구하고 순종해야 한다. 그리고 그 목표를 향해 전진해야 한다. 그러나 다음 걸음이 마치 우리가 그 목표를 향하지 않고 오히려 반대 방향으로 가는 것처럼 보일 때가 있다. 지도자가 되는 꿈을 꾼 뒤로 노예로 팔려서 10년을 지내는 것은 논리적 단계와는 거리가 멀다. 그래서 성경은 우리에게 "마음을 다하여 여호와를 신뢰하고 네 명철을 의지하지 말라 너는 범사에 그를 인정하라 그리하면 네 길을 지도하시리라"(잠 3:5-6)라고 말한다.

몇 달이 흘렀다. 대학 졸업반이었던 나는 학교 기숙사에 남아 있었다. 다른 학생들은 다 나흘간의 추수감사절 휴가를 맞아 집에 가고 없었다. 나는 그동안 금식 기도하며 내 인생을 하나님이 어떻게 인도하실지 그분의 뜻을 구했다. 그리고 몇 달 뒤 다음 걸음의 인도를 받았는데, 사역자의 길로 가기 위해 취할 자연스러운 방향과는 정반대로 보였다. 나로서는 성경 대학에 가는 것이 논리에 맞아 보였지만 주님은 내가 어떤 엔지니어 자리를 놓고 면접을 보아야 한다고 일러 주셨다. 그래서 하나님은 우리의 명철을 의지하지 말라고 하시는 것이다.

캠퍼스에 와 있는 많은 회사들을 만나 본 나는 내가 텍사스주 댈러스에 있는 로크웰 회사에서 일해야 한다는 확신이 들었다. 그런데 댈러스에는 내가 아는 성경학교가 하나도 없었으므로 전혀 말이 되지 않는 상황이었다. 게다가 다른 여러 도시의 열세 군데 직장에서 내게 일자리가 들어왔는데 그중에는 성경학교가 있는 도시들도 있었고, 회사마다 전부 로크웰보다 보수가 좋았다. 그러나 나는 그냥 순종했다. 댈러스에 도착한 뒤 어떤 교회에 들어갔는데 주님은 내가 왜 그곳에 심겨야 하는지 보여 주셨다. 바로 그 교회에서 나는 섬기면서 자랐고, 그것이 이어져서 지금의 내 자리까지 왔다.

지역교회에 심겼는가

많은 사람들이 자신의 인생을 향한 하나님의 뜻을 발견하지 못하는 두 번째 이유가 거기서 나온다. 그들은 지역교회에 심기지 않는다. 하나님의 말씀은 우리에게 "여호와의 집에 심겼음이여 우리 하나님의 뜰 안에서 번성하리로다"(시 92:13)라고 말한다.

하나님의 집에 심긴 사람들은 우리 하나님의 뜰에서 흥왕할 것이다. 그런데 이생에서 하나님의 집은 곧 지역교회다. 그리고 그리스도의 심판대는 하나님의 뜰의 한 부분이다. 그러므로 지역교회에 단단히 심기면 우리는 지금도, 그리고 심판 때에도 흥왕할 것이다. 그것이 하나님의 설계다.

교회는 인간들이 아니라 주님이 제정하신 것이다. 예수님은 "내가 …… 내 교회를 세우리니 음부의 권세가 이기지 못하리라"(마 16:18)라고 하신다. 세운다는 표현에 주목하라. 몸으로 그곳에 계시지 않는 예수님이 어떻게 자신의 교회를 세우실 수 있을까? 답은 그분의 몸을 통해서, 즉 우리를 통해서다. 다시 말하지만 그래서 하나님은 우리를 동역자들(하청업자들)이라고 하셨다. 은혜와 능력과 은사도 그분이 주시고, 초자연적인 권능을 공급하시는 분도 그분이다. 그러나 순종하고 복종하면서 그분의 일을 수행할 그릇들이 그분께 필요하다. 문제는 이것이다. 우리는 그분과 협력하여 그분의 교회를 세우고 있는가, 아니면 결국 우리 자신의 뜻이 우리의 동기인가?

예수님은 전체 교회를 지역교회들로 세분하신다. 그 많은 예들 가운데 하나가 에베소, 서머나, 버가모, 두아디라, 사데, 빌라델비아, 라오디게아 등 요한계시록에 나오는 일곱 지역교회에 주신 그분의 말씀이다.

교회는 또한 그리스도의 몸으로 지칭된다. 바울은 "그는 몸인 교회의 머리시라"(골 1:18)고 했다. 전체 교회가 지역교회들로 세분된 것처럼 그리스도의 전체 몸도 각 지체로 세분된다.

자신의 사람들을 각 자리에 두시는 분은 주님이시다. "그러나 이제 하나님이 그 원하시는 대로 지체를 각각 몸에 두셨으니"(고전 12:18). 당신에게 충격적인 말일지 모르지만, 어느 교회에 다닐지 정하는 것은 우리가 아니다. 그분이 하신다.

잠시 멈추어 생각해 보라. 하나님이 내가 어디 있기를 원하시는지 기도 중에 그분의 뜻을 구하기보다 옷이나 식당을 고르는 것처럼 교회를 고르는 사람들이 얼마나 많은가? 당신이 그분의 몸 중에서 제 위치에 있지도 않는다면 어떻게 자신의 운명에 충실할 수 있겠는가? 인간 몸의 모든 부분은 철저히 하나님의 설계에 따라 서로 연결되어 있다. 만약 손이 무릎 뼈에 연결되어 있다면 여간 불편하지 않을 것이다. 그래서 다른 도시로 이사할 때나 지역교회에 등록할 때 반드시 하나님의 뜻을 구해야 한다.

그리스도인은 저마다 지역교회에서 각자 맡은 역할이 있다. 성경에 보면 "너희는 그리스도의 몸이요 지체의 각 부분이라 하나님이 교회 중에 몇을 세우셨으니 첫째는"(고전 12:27-28)이라고 했다.

이어서 바울은 지역교회 내에 있는 몇 가지 중요한 직분을 나열한다. 여기에 모든 직분이 다 나오는 것은 아니지만, 모든 신자는 그리스도의 몸의 일부이며 저마다 중요한 역할을 맡고 있음을 신약의 다른 말씀들을 보아서 안다. 물리적인 우리 몸의 각 지체와 다를 바 없다. 우리가 자신이 처한 몸 안에서 제 기능을 다하지 못하면 그 지역교회는 불완전해진다. 다리, 눈, 신장 등 당신 몸의 지체 가운데 하나나 그 이상이 제 역할을 하지 않거나 제멋대로 움직일 때와 같다.

서글픈 사실은, 심각한 장애를 입은 지역교회들 때문에 우리의 지역사회들 내에서 예수 그리스도의 사역의 많은 부분이 이루어지지 않고 있다는 것이다. 그 교회들은 왜 불구가 되었을까? 대개는 부실한 지도자들 때문이 아니라, 말로는 믿음이 있다고 큰 소리 치면서 실상은 제멋대로 살아가는 신자들 때문이다. 내 눈이나 다리나 발이나 기타 내 몸의 다른 부분이 자기 마음대로 행동하기로 작정한다면 어떻게 될지 상상해 보라. 우리의 교회가 이 모양인데도 하나님이 그간 미국에서 능히 행해 오신 일들을 생각하면 정말 놀랍다.

초대 교회는 어쩌면 그토록 빠르게 폭발적으로 성장했을까? 한번 살펴보자.

그들이 사도의 가르침을 받아 서로 교제하고 떡을 떼며 오로지 기도하기를 힘쓰니라 …… 믿는 사람이 다 함께 있어 모든 물건을 서로 통용하고 또

재산과 소유를 팔아 각 사람의 필요를 따라 나눠 주며 날마다 마음을
같이하여 성전에 모이기를 힘쓰고 집에서 떡을 떼며 기쁨과 순전한 마음으로
음식을 먹고 하나님을 찬미하며 또 온 백성에게 칭송을 받으니 주께서 구원
받는 사람을 날마다 더하게 하시니라(행 2:42, 44-47).

신자들이 지역교회에 심긴 것이 보이는가? 그들은 함께 예배했고, 지
도자들에게 복종했고, 가난한 자들에게 여분의 재산을 나눠 주었다. 그리
고 그 결과로 교회가 건강하게 성장했다. 사람들은 지역교회에서 주님을
섬겼고 가정생활 또한 여기에 포함되었다. 지역교회의 일부분이 되는 것
이 그들의 삶이었다. 사실, 나중에 일부 과부들을 빠뜨리고 양식을 주지
않는 문제가 생겼다. 사도들은 지역의 몸인 신자들을 불러 놓고 자기들이
하나님 말씀 사역을 제쳐 두고 음식을 접대하는 것이 마땅치 않다고 말했
다. "형제들아 너희 가운데서 성령과 지혜가 충만하여 칭찬받는 사람 일
곱을 택하라 우리가 이 일을 그들에게 맡기고"(행 6:3).
  "우리에게 자원봉사자들이 몇 명 필요하다. 시간을 내서 이 과부들을
섬길 사람이 있는가?"라고 하지 않았다. 아니, 모든 신자들이 섬기는 일
에 헌신했다. 지역교회에 심겼기 때문이다. 개인적으로 나는 각 멤버마
다 그 섬기는 일에 자기가 뽑히기를 바랐을 거라고 믿는다. 일곱 사람이
뽑혔다.

사도들 앞에 세우니 사도들이 기도하고 그들에게 안수하니라 하나님의
말씀이 점점 왕성하여 예루살렘에 있는 제자의 수가 더 심히 많아지고〔크게
배가되고, NKJV〕 허다한 제사장의 무리도 이 도에 복종하니라(행 6:6-7).

사도들은 일곱 명에게 안수했다. 이 기름부음은 강단에서 사역하거나 구역 모임을 가르치거나 찬양과 예배를 인도하거나 외부 사역을 다니는 것이 아니라, 교회의 과부들에게 음식을 대접하기 위함이었다.

그러나 잘 보라. 사소해 보이는 일인데도 일단 그 일곱 명이 몸 안의 자기 자리에서 일을 시작하자 하나님의 말씀이 점점 왕성하여 예루살렘에 있는 제자의 수가 크게 배가되었다. 여기서 우리는 놀라운 사실을 보게 된다. 사도행전 1-5장에 보면 예루살렘 교회의 성장을 묘사하면서 '더하다'는 단어가 여러 번 나온다. 몇 가지 예를 보자.

> 그 말을 받은 사람들은 세례를 받으매 이 날에 신도의 수가 삼천이나 더하더라(행 2:41).

> 하나님을 찬미하며 또 온 백성에게 칭송을 받으니 주께서 구원받는 사람을 날마다 더하게 하시니라(행 2:47).

> 믿고 주께로 나아오는 자가 더 많으니[더하니, NKJV] 남녀의 큰 무리더라(행 5:14).

지금까지는 사도들만 지역교회 사역을 했고, 설교했다고 기록된 사람은 베드로뿐이다. 그러나 어느 시점에서부터 신자들은 자기들 모두에게 두 가지 큰 책임이 있음을 깨달았다. 첫째, 다른 개인들에게 복음을 전하고 가르치는 것이었다. 둘째, 그들은 지역교회 안에서 맡은 역할이 있었다. 신자라면 누구나 예수님이 부활하신 놀라운 이야기를 말해야 한다는 깨달음은 사도행전 5장 42절-6장 1절에 나온다. "그들이 날마다 성전에 있든지 집에 있든지 예수는 그리스도라고 가르치기와 전도하기를 그치지 아니하니라 그때에 제자가 더 많아졌는데[배가되었는데, NKJV]." 라디오나 텔레비전이나 인터넷이 없었으므로 베드로가 집집마다 다 전할 방도가 없었다. 이제 모든 신자들이 이웃들에게 예수 그리스도의 복음을 전하고 가르쳤다. 그러자 이제 교회는 더하기 수준이 아니라 배가로 성장했다. 여기가 사도행전에서 배가의 성장이 처음 등장하는 곳이다.

그러나 이 역동적인 배가는 거기서 그치지 않는다. 일단 신자들이 교회 안의 자기 자리에서 섬기자(가난한 과부들을 섬긴 사람들이 그 예다) 이제 성경은 제자의 수가 그냥 배가된 정도가 아니라 크게 배가되었다고 말한다. 크게 배가된다는 것은 기하급수적인 성장이다. 더하는 것과 크게 배가되는 것(기하급수적인 성장)의 차이를 살펴보자.

어떤 목사가 매달 만 명의 사람들을 주님께 인도한다고 하자. 성과가 대단한 사역인 것 같은가? 그가 세상 모든 사람들에게 복음을 전하려면 시간이 얼마나 걸릴까? 자그마치 5만 년이나 걸린다. 그나마 그 5만 년 동안 아무도 태어나지 않고 아무도 죽지 않을 때에 그렇다. 이것은 인류가 지구상에 존재한 기간의 여덟 배가 넘는 시간이다. 불가능하다!

이번에는 큰 배가의 예를 들어 보자. 당신이 두 명을 주님께 인도해 당신의 지역교회에 연결시킨다고 하자. 다음 달에 그 두 명이 다른 두 명을 각각 주님께 인도해 교회에 연결시킨다. 다음 달에 그 네 명이 각각 똑같이 하고, 다음 달에 그 여덟 명이 각각 두 명씩 주님께 인도해 교회에 연결시킨다. 이런 식으로 계속 가면 지구상의 모든 인구에게 복음을 전하는 데에 얼마나 걸릴까? 단 33개월이면 가능하다. 3년도 안 걸린다. 이것이 큰 배가다.

이제 당신은 다음 성경 말씀을 어떻게 읽어야 할지 알겠는가? "두 해 동안 이같이 하니 아시아에 사는 자는 유대인이나 헬라인이나 다 주의 말씀을 듣더라"(행 19:10).

거기 사는 사람들이 다 들었다고 했다. 성경에 다라고 하면 그것은 각각의 사람 전부를 뜻한다. 지금 이것은 한 도시가 아니라 한 지역 전체에 관한 이야기다. 그들은 위성이나 텔레비전이나 라디오나 자동차나 심지어 자전거도 없었다. 이것이 기하급수적인 성장이다.

큰 배가를 경험하려면 신자들의 건강한 몸, 곧 교회가 있어야 한다. 건강한 몸은 지역교회에 심긴 신자들로 구성되며, 여기에는 그 지역교회에서 섬기는 것도 포함된다(구제, 예배 안내, 주차장 봉사, 교도소 선교, 어린이 사역에 참여하는 등 할 일은 얼마든지 많다). 그들은 또 자기가 살거나 일하는 곳에서도 사람들에게 전도해 그들을 자기네 지역교회에 연결시킨다. 예수님이 우리에게 회심자들만 아니라 모든 나라들을 제자로 삼으라고 명하신 것을 잊지 말라. 우리는 자기가 전도한 사람들을 교회에 연결시켜야 한다. 그래야 예수님이 우리에게 분부하신 모든 것을 그들에게 가르칠 수 있다(마 28:20). 사람들을 그리스도 안에서 성숙하게 세우려면 지역교회 전체와 그 안에 있는 모든 은사들을 써야 한다.

열쇠는 지역교회에 심기는 것이다. 거기서 우리는 흥왕할 것이다. 잘 보면 빌립은 과부들의 식탁에서 시중을 들도록 뽑힌 일곱 사람 가운데 하나다. 그런데 사도행전 뒷부분에서 그는 전도자 빌립으로 불린다. 그의 사역은 이제 확장되어 많은 도시를 아우르게 되었다. "이튿날 (바울 일행이, NKJV) 떠나 가이사랴에 이르러 일곱 집사 가운데 하나인 전도자 빌립의 집에 들어가서 머무르니라"(행 21:8).

빌립이 이제 큰 전도자가 되어 주께서 그를 다른 도시로 옮기셨음에도 불구하고, 그는 여전히 과부들을 섬기던 그 일곱 집사 가운데 하나다. 그가 평생의 소명에 들어서는 데에는 지역교회에서 섬기는 것이 중대한 역할을 했다. 나는 사람들에게 이렇게 말한다. "당신에게 뭔가 큰 일을 해야 할 평생의 소명이 있을지 모르지만, 먼저 그것이 지역교회에 심겨 태어나지 않으면 제대로 성숙할 수 없다."

시편 기자의 말을 되풀이한다. "여호와의 집에 심겼음이여 우리 하나님의 뜰 안에서 번성하리로다"(시 92:13). 심겼다는 말을 생각해 보라. 하나님 나라의 원리를 알려면 파종기와 수확기의 법칙을 생각해야 한다. 예수님은 제자들에게 씨앗과 땅과 수확의 원리를 모르면 모든 비유를 이해할 수 없다고 하셨다(막 4:13). 간단히 말해서 하나님 나라 전체는,

사람이 씨를 땅에 뿌림과 같으니 그가 밤낮 자고 깨고 하는 중에 씨가 나서 자라되 어떻게 그리되는지를 알지 못하느니라 땅이 스스로 열매를 맺되 처음에는 싹이요 다음에는 이삭이요 그다음에는 이삭에 충실한 곡식이라 열매가 익으면 곧 낫을 대나니 이는 추수 때가 이르렀음이라(막 4:26-29).

내게 여러 종류의 씨앗이 한 줌 있다고 하자. 모두 과실수의 씨앗인데 무슨 종류인지 통 알 수가 없다. 무슨 종류인지 알 수 있는 유일한 길은 심어 보는 것이다. 일단 심으면 시간이 지나면서 각기 다른 씨앗의 정체를 알게 된다. 하나님은 우리 각자 안에 미리 정하신 소명을 두신다. 그리고 그것을 이룰 수 있는 은사들을 우리에게 주신다. "우리는 그가 만드신 바

라 그리스도 예수 안에서 선한 일을 위하여 지으심을 받은 자니 이 일은 하나님이 전에 예비하사 우리로 그 가운데서 행하게 하려 하심이니라"(엡 2:10). "하나님의 은사와 부르심에는 후회하심이 없느니라"(롬 11:29).

예수님에 따르면 내 부르심과 은사는 씨앗의 형태다. 내가 교회에 심기면 하나님이 주신 내 운명을 이루게 된다. 그렇지 않으면 자칫 나는 내 삶의 은사들을 창조주께서 의도하신 대로가 아니라 다른 목적으로 쓸 수 있다. 그러니 세상이 정한 기준의 성공에 속지 말라. 당신은 자신의 은사들로 크게 성공할 수 있으나 주님의 계획에 순종해서 하는 일이 아닐 수 있다.

예를 들어 보자. 세상에서 당신은 매혹적인 목소리로 사람들의 심금을 울릴 수 있는 이들을 많이 볼 것이다. 그들의 은사는 하나님을 영화롭게 하고 사람들을 감동시켜서 그분의 마음과 소원을 좇게 하라고 주신 것이다. 그러나 그들은 구원받거나 교회에 심기지 않은 탓에 자신의 운명을 이루지 못했다.

평생 예수님께 오지 않는 사람들의 예를 많이 들 수 있으나 이것은 그중 하나다. 그러나 예수님께 마음은 드렸으나 교회에 나오다 말다 하는 사람들도 있다. 그들도 자신의 지고한 천국 소명을 이루지 못하고 있다. 심기지 않았기 때문이다. 그들은 교회 바깥의 인생들에게 영향을 미치도록 부름받았을 수도 있고, 어느 정도 그 일을 하고 있을 수도 있다. 그러나 교회 안에 심겨졌더라면 그들의 영향력은 보다 더 커졌을지도 모른다.

사람이 자신에게 있는 은사들을 식별하고 나름대로 최선의 방식으로 그것들을 사용할 수 있으나, 씨앗의 형태로만 남아 있다면 그 나무의 종류와 생김새와 형태와 힘 등을 정확히 알 수 없는 것처럼, 교회 안에 심기지 않고는 하나님이 주신 자신의 참된 운명을 절대로 알 수 없다. 이것은 사람의 설계가 아니라 하나님의 설계다.

문제가 생겼다고 교회를 옮기는 신자들도 문제다. 오늘날 남녀들은 뭔가 잘못된 것이 보이면 금세 교회를 떠난다. 지도자들의 잘못을 발견하면 특히 더하다. 그 잘못은 지도자들과 교역자들이 교회를 운영하는 방식일 수도 있고, 헌금을 거두는 방식이나 돈을 지출하는 방식일 수도 있다. 또한 목사의 가르침이 마음에 들지 않으면 그들은 떠난다. 목사가 거리를 두거나 반대로 목사가 너무 허물없을 수도 있다. 아니면 다른 교인들한테 인정받지 못하는 것일 수도 있다. 이유는 차고 넘친다. 어려움에 맞서서 희망을 지키기보다 그들은 갈등이 없어 보이는 곳으로 달아난다.

사실을 직시하자. 교회에서 완벽한 목사나 교인은 예수님밖에 없다. 그런데 우리는 왜 문제에 맞서서 헤쳐 나가기보다는 문제를 피해 달아나는 것일까? 그러고는 흠 없는 지도자나 교인들이 있는 곳을 찾아서 이 교회 저 교회 옮겨 다닌다.

하나님이 우리를 두시는 곳이 곧 마귀가 우리를 실족하게 해서 내보내기 원하는 곳임을 잊지 말라. 마귀는 사람들을 하나님이 두신 곳에서 뿌리 뽑기 원한다. 당신을 내보낼 수 있다면 마귀는 성공한 것이다. 심한 갈등 속에서도 당신이 굽히지 않는다면 당신은 마귀의 계획을 무산시키고 하나님의 계획을 이루는 것이다.

다시 말한다. "여호와의 집에 심겼음이여 우리 하나님의 뜰 안에서 번성하리로다." 식물을 3주 단위로 옮겨 심으면 어떻게 될까? 뿌리가 약해질 것이고, 꽃이 피거나 무성하지 못할 것이다. 계속 옮겨 심으면 결국 죽을 것이다.

자신의 소명을 키워 보려고 이 교회 저 교회 옮겨 다니는 사람들이 많이 있다. 하나님이 두신 곳에서 인정받지 못하면 그들은 쉽게 실족할 수 있다. 어떤 일이 자기 의견과 다르게 진행되면 그들은 상처를 받고 떠난다. 지도자를 탓하면서 떠난다. 그들은 자신의 성격 결함은 전혀 보지 못하며, 그런 문제들을 통해서 하나님이 자신을 연단하고 계시다는 것도 깨닫지 못한다. 이것은 비단 사역에만 국한된 이야기가 아니라 결혼생활, 직장, 그 밖의 인간관계에서도 마찬가지다.

하나님이 주시는 식물과 나무의 예들에서 교훈을 배우자. 과실수를 땅에 심으면 나무는 폭우와 땡볕과 바람을 견뎌야 한다. 어린 나무가 말할 수 있다면 이렇게 말할지 모른다. "제발 저를 여기서 벗어나게 해 주세요! 찌는 듯한 무더위도 없고 폭풍도 불지 않는 곳에 놓아 주세요!"

정원사가 나무의 청을 들어준다면 그는 사실 나무를 해치는 것이다. 나무들은 뿌리를 더 깊이 내려서 땡볕과 폭풍우를 견딘다. 닥쳐오는 역경이 결국은 든든한 안정성을 이루는 근원이 된다. 자연의 맹위에 에워싸이기에 나무들은 생명의 근원을 더 깊이 구하게 된다. 어느 날 나무들은 아무리 사나운 풍파에도 결실의 능력을 빼기지 않는 경지에 이르게 된다. 그러니 우리의 부르심을 굳게 하시려고 하나님이 삶에 허락하시는 바로 그 일들을 우리는 무작정 거부해서는 안 되리라.

무엇에 얽매여 있는가

사람들이 자신의 소명을 찾아 이루지 못하는 이유로 우리가 마지막으로 살펴볼 것은 얽매임이다. 무거운 것들이 매달려 있어서 그들은 뛰지 못하고 완주하지 못한다. 바울은 이렇게 말한다.

내가 달려갈 길과 주 예수께 받은 사명 곧 하나님의 은혜의 복음을 증언하는 일을 마치려 함에는 나의 생명조차 조금도 귀한 것으로 여기지 아니하노라(행 20:24).

그는 자신의 평생의 사명을 민감하게 인식했다. 그에게는 마쳐야 할 일이 있었다. 그 일이 아직 끝나지 않았다는 것도 그는 알았다. 어떻게 알았을까? 예수님이 아셨고 베드로가 알았던(벧후 1:14) 것처럼 알았다. 하나님을 구하고, 교회에 심기고, 견디는 사람들은 모두 그렇게 안다. 자신의 생명을 하나님의 뜻보다 귀한 것으로 여기지 않는 모든 사람에게 주님은 그것을 계시해 주신다. 거기에 마지막 열쇠가 있다.

하나님이 원하시는 계획을 이루기 위해서 우리의 목숨을 완전히 버리면 우리는 자신의 소명을 발견할 뿐만 아니라 그것을 이루게 된다. 복음서에서 한 예를 찾아볼 수 있다. 어느 날 예수님이 이 마을에서 다른 마을로 가고 계셨다. 성경에 보니 "길 가실 때에 어떤 사람이 여짜오되 어디로 가시든지 나는 따르리이다"(눅 9:57)라고 했다. 이 사람은 흥분 상태이고 열정적이고 진실하다. 끝까지 예수님을 따르기 원한다.

그러나 예수님은 열정을 꿰뚫어 보시고 마음속 진짜 동기나 함정으로 직행하시는 버릇이 있으시다. 그 사람을 막아서 자신의 운명을 이루지 못하게 할 얽매임을 그분은 보셨다. 그래서 예수님은 이렇게 말씀하셨다. "여우도 굴이 있고 공중의 새도 집이 있으되 인자는 머리 둘 곳이 없도다"(눅 9:58).

　분명히 이 사람은 자신이 구축해 둔 이 땅의 안전장치들에서 위안을 얻었을 것이다. 아마도 그는 좋은 직장이 있었을 것이고, 주택의 순자산 비율도 높았을 것이고, 노후를 위한 은퇴 프로그램도 마련되어 있었을 것이다. 예수님은 이 땅에서의 안전을 꾀하려는 이 욕심을 정면으로 지적하시면서, 자신은 머리 둘 안전한 곳이 없다고 말씀하신다.

　이 남자가 천천히 뒷전으로 물러나서 결국 슬그머니 꽁무니를 빼는 모습이 눈에 선하다. 무리 중에 다른 많은 사람들도 마찬가지였을 것이다. 그의 말은 거의 이런 것이나 같다. "예수님, 저는 주님의 집회에서 안내를 맡고, 오케스트라에서 연주하고, 우리 고장의 집회에 참석하는 노인들을 위해 주차장 봉사도 하겠습니다." 그러나 그분을 따르는 삶의 영화는 이제 막 빛을 잃었고, 그분을 섬기려는 선한 의도도 어느새 시들해졌다. 그래서 그는 여전히 그분을 지원할 용의는 있으나 전부 헌신할 생각은 없고, 그래서 다른 사람들과 함께 떨어져 나간다.

　그때 예수님이 아직도 열의가 있는 다른 사람을 보시며 말씀하셨다. "나를 따르라." 예수님의 부름에 "나로 먼저 가서 내 아버지를 장사하게 허락하옵소서"라고 답하는 그에게 예수님은 말씀하신다. "죽은 자들로 자기의 죽은 자들을 장사하게 하고 너는 가서 하나님의 나라를 전파하라"(눅 9:59-60).

　얼마나 강력한 대답인가. 예수님이 둔감하고 약간 가혹하다고 생각할 사람들도 있을 것이다. 그러나 우리는 당시 문화를 이해해야 한다. 학자들한테 들은 말인데, 당시에는 아버지가 죽으면 장남이 의무를 다하여 장례를 치렀고, 그러면 그는 유산의 두 몫을 받고 다른 아들들은 한 몫만 받는 것이 전통이었다. 그러나 만일 장남이 아버지의 장례를 치르는 의무를 저버리면 그 두 몫은 차남에게 가도록 되어 있었다. 지금 이 사람은 돈을 생각하고 있었다. 그는 부를 거머쥘 욕심에 빠져 있었고, 결국 그것이 걸림돌이 되어서 예수님을 따르지 못했다. 그는 빗나갔다. 하나님의 계획보다 돈에 기초해 결정을 내린 것이다.

주님이 그와 같은 지시를 내리자 십중팔구 이 남자도 다른 많은 사람들과 함께 뒷걸음질 쳤을 것이다. 이 명령에 그가 내놓은 답변은 이랬다. "예수님, 저는 우리 도시에서 열리는 주님의 집회에서 섬기고 있습니다. 성가대에서 노래를 부르거나 드럼도 치겠습니다. 그거라면 할 수 있습니다. 기꺼이 하겠고 봉사료를 한 푼도 받지 않겠습니다." 이 남자와 다른 많은 사람들에게, 그분을 따르려던 흥분은 매력을 잃고 말았다.

이 남자도 예수님을 따르지 않겠다고는 하지 않았다. 그는 따르겠다고 했으나, 그것을 놓친 이유는 "나로 먼저"라는 말 속에 있다. 그는 예수님께 그의 삶을 내드리기 전에 자기가 원하는 일부터 확실히 이루려고 했다. 우리의 인생을 향한 하나님의 계획을 발견하고 이루려면 아무것도 하나님의 뜻보다 앞설 수 없다. 자신의 우선적인 일들부터 먼저 챙기려는 의지 때문에 순종을 저버린 신자들을 나는 수없이 보았다. 자신의 소명을 놓쳤으니 얼마나 슬픈 일인가. 누군가 다른 사람이 와서 그들의 역할을 대신해야 했다. 그들은 심판대에서 어떤 결과를 당할 것인가?

무리가 점점 줄어드는데 또 다른 열성파 하나가 자원하며 나섰다. "주여 내가 주를 따르겠나이다마는 나로 먼저 내 가족을 작별하게 허락하소서." 예수님은 말씀하신다. "손에 쟁기를 잡고 뒤를 돌아보는 자는 하나님의 나라에 합당하지 아니하니라 하시니라"(눅 9:61-62).

이번에도 "먼저"라는 말을 눈여겨보라. 이 남자는 분명히 가족들과 아주 가까웠거나 집에 친구들이나 애인을 두고 왔을 것이다. 그래서 갈릴리의 그분을 따르겠다는 자신의 결정을 그들이 허락해 주기를 바랐을 것이다. 그의 긴밀한 인간관계가 그가 예수님을 어떻게 섬길 것인가를 결정짓는 최후의 요인이 될 것이었다. 그래서 주님은 그가 하나님 나라의 일에 합당하지 못하다고 대놓고 지적하신다.

이제 이 사람도 다른 큰 무리의 사람들과 함께 뒷걸음을 치는 모습이 눈에 선하다. 그의 이런 말도 들릴 것만 같다. "예수님, 저는 대외 홍보와 인적 자원에 능합니다. 주님을 정말 좋은 일꾼들과 연결시켜 드릴 수 있습니다. 우리 도시의 다음번 집회를 위해서 지역 회관을 확보하는 일도 도와드릴 수 있습니다. 그리고 주님이 오실 때에 제가 집회에서 일하는 모든 안내위원들을 총괄하겠습니다. 참, 필요하다면 주님도 안내해 드리겠습니다. 저는 주님을 위해 있습니다!"

아마도 이 시점에서 예수님은 열렬히 따르던 큰 무리가 대략 70명쯤으로 줄어든 것을 보셨을 것이다. 처음에는 아마 수천 명쯤 되었겠지만 그분은 사람들을 방해해 자신의 운명을 이루지 못하게 하는 세 가지 굵직한 얽매임의 영역을 직접 다루셨다. 바로 안전, 돈, 관계였다. 쾌락, 하나님의 뜻 바깥의 다른 것들에 대한 욕심 등 다른 영역들도 있지만, 내 오랜 사역 경험으로 보아 그 셋이 가장 중심이 된다.

복음서를 읽다가 대부분의 사람들이 장이 새로 바뀌는 것 때문에 누가의 중요한 그다음 말을 놓친다. 그러나 누가복음이 하나의 긴 편지이며 장절 표시는 나중에 교회에서 찾아보기 쉽게 더한 것임을 잊지 말아야 한다. 누가가 그다음에 뭐라고 말하는지 보라.

그 후에 주께서 따로 칠십 인을 세우사 친히 가시려는 각 동네와 각 지역으로 둘씩 앞서 보내시며 이르시되 추수할 것은 많되 일꾼이 적으니(눅 10:1-2).

이 말씀 속에 참으로 많은 것이 들어 있다. 먼저 "그 후에"라는 말을 보라. "무엇 후에"라는 말인가? 답은 무리가 줄어드는 것을 예수님이 보신 이후다. 이제는 아직도 그 자리에 서서 스스로에게 "그분을 따르는 데에 어떤 대가를 치르도 나는 좋다. 나는 따르고 싶고, 따를 것이다"라고 말하는 사람들만 남았다. 그들은 안전, 돈, 관계의 문제들에 그분이 나타내시는 반응을 들었다. 그리고 그 어떤 것에도 아랑곳없이 하나님 안에서 자신의 운명에 충실하기로 결단했다.

그러자 예수님이 새로운 팀 멤버 70명을 세우셨다. 아마도 남은 사람들은 그게 전부였을 것이다. 세운다는 말과 택한다는 말은 신약 성경에서 동의어로 쓰인다. 세움받은 사람은 택함받은 사람이고, 택함받은 사람은 세움받은 사람이다. 예수님이 마태복음의 각기 다른 두 곳에서 하신 말씀이 있다. 그분이 같은 복음서 두 곳에서 똑같은 말씀을 하신다면 우리는 예의 주시할 필요가 있다. 바로 이것이다.

청함을 받은 자는 많되 택함을 입은 자는 적으니라(마 20:16, NKJV; 22:14).

많은 사람이 청함을 입었다. 얼마나 많은 사람일까? 정확히 모든 사람이다. 모든 신자들은 인생의 소명이 있고 그것을 이룰 은사들을 가졌다. 그러나 당신에게 충격일지 모르지만 그 소명을 이루도록 선택 내지 세움을 입은 사람은 소수뿐이다. 왜 소수만 세움을 입을까? 자신의 욕심, 안전,

313

물욕, 방해되는 관계를 다 버릴 사람들, 그리하여 자기 인생의 소명을 이룰 사람들이 소수뿐이기 때문이다. "추수할 것은 많되 일꾼이 적으니"(마 9:37)라고 하신 예수님의 말씀을 잘 보라. 우리 세대가 복음을 듣지 못하는 것은 하나님의 잘못이 아니다. 하나님은 "모든 사람이 구원을 받으며 진리를 아는 데에 이르기를 원하"신다(딤전 2:4). 그분의 심판대 앞에 서서 왜 우리 세대가 복음을 듣지 못했는지 직고해야 할 사람은 바로 우리들이다. 자신의 소명을 다한다면 우리는 심판받지 않을 것이다. 그러나 얽매이는 것들이 우리를 방해하도록 그냥 둔다면 심판 때에 두려워질 것이다.

당신은 '나 하나쯤이야'라고 생각할지 모른다. 당신의 간(肝)이 "나는 몸의 시시한 부분이고, 나나 내 일을 눈여겨보는 사람도 아무도 없다. 그러니 나는 지음받은 본연의 일보다는 내가 하고 싶은 일을 하겠다"고 말한다면 어떻게 될까? 알다시피 간이 없으면 몸은 심각한 문제에 빠진다. 허파나 다리나 발이나 기타 몸의 다른 부분이 그렇게 말한다면 어떻게 될까? 몸의 지체가 다 각각 중요하듯이 교회의 지체도 다 각각 중요하다.

여기 아찔한 사실이 있다. 예수님은 하나님의 집을 짓는 하청업자들 가운데 각자의 운명을 이룰 사람들이 소수뿐이라고 말씀하신다. 건축의 소명은 모든 신자에게 있지만 그것을 이룰 사람들은 소수뿐이다. 심판대 앞에 서서 영광스러운 상급을 얻지 못할 신자들이 태반이라는 뜻이다. 물론 이것은 좋은 소식이 아니다. 그러나 좋은 소식도 있다. 당신은 지금부터 시작할 수 있다. 당신은 무릎 끓고 기도할 수 있다. 당신의 인생을 향한 하나님의 뜻에 순종하지 못하도록 당신이 방치했던 모든 것들을 두고 하나님께 용서를 구할 수 있다. 그리고 한 걸음씩 앞으로 나아갈 수 있다. 20세기의 위대한 전도자 스미스 위글스워스는 50대가 되어서야 사역을 시작했다. 당신도 아직 늦지 않았다.

잘 건축하기 위한 열쇠들을 잊지 말라. 첫째, 믿음으로 하나님을 구하는 것이다. 둘째, 하나님이 보여 주시는 지역교회에 심기고, 그렇게 함으로써 그 지역교회의 지도자 내지 위임받은 지도자에게 늘 복종하고 순종하는 것이다. 셋째, 당신의 삶을 얽매는 모든 것들을 버리는 것이다. 하나님이 당신에게 "무거운 것"(히 12:1)들을 보여 주시거든, 그분의 검을 구해 당신의 영이나 육을 동인 그 끈들을 끊어 버리라. 그분의 은혜는 당신을 해방시키기에 충분하다.

온전한 상[1]

다음 장으로 넘어가기 전에 마지막으로 한 가지 이야기만 더 해 보자. 하나님의 집을 짓는 일을 아예 시작도 하지 않았거나 그 일에서 벗어난 사람이 많다. 그들은 이 세상의 부, 영향력, 권세, 쾌락, 사람의 인정처럼 결국 썩을 일시적인 영광에 한눈을 팔고 있다. 속지 말라. 곁길로 빠지지 말라. 그릇된 길로 이끄는 자들을 따라가지 말라. 당신에게는 그리스도 안에서 해야 할 일이 있다. 그 일을 완수해야만 한다. 그 일에서 눈을 떼지 말라.

한동안 해 온 일, 심지어 평생 해 온 일이 무너지는 꼴을 당할 사람이 많다. 그들의 일은 무너져서 하나님의 영광스러운 집의 일부가 되지 못할 것이다. 이 얼마나 큰 비극인가.

이 진술이 얼마나 엄중한지 잘 느껴지지 않는가? 그렇다면 우리 가족이 지었던 맞춤식 주택에 관한 이야기로 돌아가 보자. 내가 매일 공사 현장을 찾아가다 보니까 하청업자들과 꽤 친해졌다. 그들은 나를 "설교자님"이라고 불렀다.

내가 차를 타고 도착할 때마다 공사 현장에는 시끄러운 록 음악이 가득했다. 하지만 하청업자들은 나를 보자마자 재빨리 포터블 카세트로 달려가 음악을 껐다. 나는 그들이 하나님께 품은 경외심에 속으로 미소를 지었다. 그곳에서 나는 그들과 자주 한담을 나누었고, 그들과의 대화 시간은 귀한 목양의 기회가 되었다.

한번은 그렇게 대화를 나누던 중 하청업자들이 이전에 지었던 멋진 집들에 관한 이야기를 해 주었다. 영광스러운 작업에 동참했다는 이야기를 하는 동안 그들의 얼굴에는 뿌듯함이 그득했다. 자신들의 노동이 다른 가족들에게 유익을 끼치고, 지나가는 사람들에게도 기분 좋은 광경을 선사한다는 사실이 그들 안에 말할 수 없는 기쁨을 일으켰다.

여기서 한 걸음 더 나아가 보자. 워싱턴 D.C.에 있는 백악관을 지은 인부들의 기분은 어떠할까? 그들 가운데 한 명의 자녀가 학교에서 돌아와 수업 시간에 미국에서 가장 유명한 집에 관해 배웠다고 말한다고 해 보자. 자녀는 곧 그곳으로 견학을 간다고 신이 나서 말한다.

그 인부가 자녀에게 바로 자신이 그 집을 지었다고 말할 때 느낄 뿌듯함을 상상해 보라. 만약 그가 자녀의 반 학생들의 백악관 견학을 인솔하게 된다면? 미국 대통령이 사는 집을 짓는 일에 자신의 아버지가 참여했다는 사실을 같은 반 친구들이 알게 될 때 자녀의 얼굴에 피어오를 흥분감과 자랑스러움, 그리고 그 모습을 바라볼 때 그가 느낄 벅찬 감정을 상상해 보라.

우리가 처한 상황이 이와 비슷하다. 단, 우리는 결국 해체되고 교체될 집을 짓고 있는 것이 아니다. 우리는 영원무궁토록 온 우주의 중심이 될 집을 짓고 있다. 그렇다! 미가 선지자의 말을 기억하라. "많은 이방 사람들이 가며 이르기를 오라 우리가 여호와의 산에 올라가서 야곱의 하나님의 전(집, NIV)에 이르자 그가 그의 도를 가지고 우리에게 가르치실 것이니라 우리가 그의 길로 행하리라 하리니 이는 율법이 시온에서부터 나올 것이요"(미 4:2).

우주의 만사가 이 집을 중심으로 이루어질 것이다. 온 피조세계를 다스리는 지혜와 율법이 이 집에서 흘러나올 것이다. 그리고 정말 놀라운 사실은 이 집이 완공 당일이나 그로부터 10조 년 뒤나 똑같이 아름다울 것이라는 점이다.

마지막 숨을 내쉬는 날까지 충성을 다했던 위대한 목사가 있었다. 그는 60년 넘게 열심히 목회를 하다가 새 천 년으로 넘어갈 무렵 하늘나라로 갔다. 그가 세상을 떠나고 1년 뒤, 나는 미국 중서부에 있는 한 대형 교회를 방문했다. 그곳에서 찬양을 인도하던 성도가 하나님이 생생한 꿈을 주셨다는 이야기를 했다. 꿈속에서 그는 천국에 가서 이 위대한 목사와 대화를 나누었다. 목사는 입이 귀에 걸린 채로 이 찬양 리더에게 말했다. "상상했던 것보다 훨씬 좋습니다."

두 사람이 진리와 사건들에 관한 이야기를 나누던 중 갑자기 목사는 몸을 돌려 시온에서 자신이 공사한 부분을 가리켰다. 그 부분은 실로 거대했다. 그의 충성은 그가 생전에 꿈꾸었던 것보다 훨씬 멀고도 폭넓은 영향을 끼쳤다. 바로 그 영향의 결과물이 이제 그의 눈앞에 놓여 있었다. 그 하청업자들이 내게 자신들의 성과를 이야기했던 것처럼 그 목사는 자신의 성과물을 가리킬 수 있었다. 이 영원한 상이 얼마나 놀라운가!

당신의 자손들만이 아니라 시온이라고 하는 하나님의 영광스러운 집을 보기 위해 열방에서 찾아오는 수많은 사람들에게 당신이 지은 부분을 영원토록 보여 줄 수 있다고 상상해 보라. 영원토록 사방에서 사람들이 찾아와 하나님의 아름다운 집을 보며 당신의 기여를 두고 이야기한다고 상상해 보라.

이번에는 반대 경우를 생각해 보라. 마무리를 잘못해서 보여 줄 것이 하나도 없다고 생각해 보라. 당신의 자손이나 선조들이 당신이 노동한 결과물을 보러 왔는데 보여 줄 것이 전혀 없다고 상상해 보라. 열국이 당신이 무엇을 했는지 보려고 왔지만 당신이 지으려고 했던 것이 모두 허물어지고 교체되어 영원토록 창피를 당해야 한다고 상상해 보라. 메시지 성경에서 바울의 말을 기억하라.

여러분이 지은 것이 검사를 통과하면 잘된 일입니다. 그러나 검사에
통과하지 못하면, 여러분이 지은 것을 뜯어내고 다시 시작해야 할
것입니다(고전 3:14-15).

이 얼마나 큰 손해, 아니 영원한 손해인가. 안타깝지만 이것이 현실이다. 부디 당신이 이렇게 되지 않기를 바란다. 하나님도 그것을 바라지 않으신다. 그러니 이런 꼴을 당하지 않겠다고 지금 결단하라. 하나님은 당신이 시온을 지을 만한 은혜를 베푸셨다. 사도 요한은 다음과 같이 말한다.

너희는 스스로 삼가 우리가 일한 것을 잃지 말고 오직 온전한 상을

받으라(요이 1:8).

하나님은 모든 자녀에게 그분의 집을 지은 데 상응하는 온전한 상을 받을 기회를 주기로 정하셨다. 당신이 노동한 결과가 썩거나 낡거나 교체되지 않도록 해야 한다. 하나님의 은혜를 의지하면서 당신이 맡은 부분을 잘 건설하면, 수많은 천사와 사람들이 당신이 기여한 바를 영원토록 기억하고 칭찬할 것이다.

DRIVEN
BY ETERNITY

PART 6

시시했던 날들이
영생의 은혜를
입어

13

받은 복을
배가하며

거두는 자가 이미 삯도 받고 영생에 이르는 열매를 모으나니
이는 뿌리는 자와 거두는 자가 함께 즐거워하게 하려 함이라
그런즉 한 사람이 심고 다른 사람이 거둔다 하는 말이 옳도다.

요한복음 4장 36-37절

심는 이와 물 주는 이는 한가지이나 각각 자기가 일한 대로 자기의 상을 받으리라.

고린도전서 3장 8절

하나님 앞에는 슈퍼스타 지위가 없다.
이 뜻을 이해하면 교회에서 다른 사람의 자리를 탐내지 않는다.
더 높은 지위를 얻으려고 권위에 대항하지도 않는다.
우리가 계속 심겨 있기만 하면 우리의 높아짐은 위에서 온다.
-

하나님 나라에서 그분의 집을 짓는 일에 충성을 다한 사람은 영원한 품삯을 후하게 받는다. 우리는 각자의 수고에 따라 개인적으로 상을 받는다. 우리가 맡은 책임은 각기 다르지만, 각기 다른 그 모든 소명은 하나의 결과를 낳는다. 바로 다른 누군가의 영원한 삶에 영향을 준다.

공적 사역 활동으로 수많은 인생에게 감화를 끼치는 사역자들만 천국의 앞줄에 서서 최고의 상을 받는다고 믿는 사람들이 많이 있다. 그렇지 않다. 인간과는 달리 하나님은 의로운 순종의 행위에 따라서 상을 주신다. 만일 그분이 인간적인 기준으로 상을 주신다면 업무를 성취하는 일이 사역의 초점이 될 것이다. 앞 장에서 말한 것처럼 그것은 천만부당한 일이다. 하나님은 '우리를 부르셔서 행하게 하신 일, 우리에게 능력을 주셔서 이루게 하신 일'을 근거로 우리를 심판하시고 상을 주신다.

은혜로 받은 모든 것

이 땅에서의 경주를 마치기 10년 전쯤인 AD 56년에 바울은 자신이 "사도 중에 지극히 작은 자"(고전 15:9)라고 썼다. 교회사를 공부해 본 사람들에게는 그 말이 이상하게 들릴 것이다. 그는 알려진 세계 전체에 영향력을 미쳤고 당대의 누구보다 많은 일을 이루었다. 그가 최고라는 데는 의심의 여지가 없었다. 그런 그가 어떻게 그런 말을 할 수 있단 말인가? 짐짓 겸손한 척하는 것일까? 그럴 수는 없다. 성경을 쓸 때 거짓말을 할 수는 없다. 그가 실제로 그렇게 생각하지 않았다면 성령이 그런 말을 하도록 허락하시지 않았을 것이다.

이어지는 그의 말에 답이 있다. "그러나 내가 나 된 것은 하나님의 은혜로 된 것이니 내게 주신 그의 은혜가 헛되지 아니하여 내가 모든 사도보다 더 많이 수고하였으나 내가 한 것이 아니요 오직 나와 함께하신 하나님의 은혜로라"(고전 15:10).

흥미롭게도 바울은 자신이 이룬 일이 다른 어떤 사도보다도 더 많음을 인정하면서도 여전히 자신을 지극히 작은 자로 여겼다. 이 모순어법의 설명을 "내가 나 된 것은 하나님의 은혜로 된 것이니"라는 고백에서 찾을 수 있다. 그는 하나님이 자기를 통해 하신 모든 일과 자기 자신을 구분할 줄 알았다. 자신의 인생을 향한 하나님의 소명에 자신이 아무것도 더할 수 없음과 또 자신에게 주어진 능력 밖에서는 자신이 아무것도 이룰 수 없음을 바울은 너무나 잘 알았다. 그 모든 것이 은혜라는 한 단어로 압축된다. 이것은 모든 신자들의 소명에 똑같이 적용된다.

지금까지 내가 쓴 책들은 전 세계 90개가 넘는 언어로 번역되었다. 간행 부수는 수백만 부에 달하며, 그 책들을 읽고 삶이 변화되었다는 간증도 헤아릴 수 없이 많다. 종종 사람들은 내게 다가와서 글 쓰는 비결을 묻는다. 그러면 나는 속으로 웃음이 난다. 하나님의 은혜가 내 삶에 임하기 전에 내가 영어와 작문에 얼마나 형편없는 학생이었는지 생각이 나서 말이다. 두 페이지짜리 영어 리포트를 쓰는 데도 몇 시간씩 걸리기 일쑤였고, 첫 문단이 나오기까지 공책이 절반은 뜯겨 나가곤 했다. 지금은 글을 쓰면 단어가 술술 흘러나온다. 이 책들을 쓰는 분이 누구신지 나는 누구보다도 잘 안다. 정말이지 나는 그 책들을 제일 처음 읽는 사람일 뿐이다.

미국 전역으로 방송이 나가는 어느 텔레비전 토크쇼에서 나를 인터뷰한 일이 있다. 내 저서에 담긴 메시지 자체에 초점을 맞추기로 하고 참여를 결정한 터였다. 그런데 시간이 가면서 인터뷰하는 사람은 메시지 자체보다 나와 내 업적에 더 초점을 두기 시작했다. 나는 몹시 불편해져서, 어떻게 하면 초점을 돌릴 수 있을지 내 안의 성령께 지혜를 구했다.

잠시 후 대화가 잠깐 끊겼다. 성령께서 주신 말씀을 끼워 넣을 수 있는 절호의 기회였다. 그래서 나는 솔로몬의 말을 인용했다. "하나님께서 행하시는 모든 것은 영원히 있을 것이라 그 위에 더할 수도 없고 그것에서 덜할 수도 없나니 하나님이 이같이 행하심은 사람들이 그의 앞에서 경외하게 하려 하심인 줄을 내가 알았도다 이제 있는 것이 옛적에 있었고 장래에 있을 것도 옛적에 있었나니 하나님은 이미 지난 것을 다시 찾으시느니라"(전 3:14-15).

그리고 나서 말했다. "저마다 하나님의 부르심을 묵묵히 수행하고 있는 목사들과 사역자들이 수없이 많습니다. 시골 지역에서 교인이 300명 정도 되는 교회를 이끄는 분들도 있습니다. 개발도상국의 잃어버린 영혼들, 상처받은 영혼들을 상대로 사역하는 분들도 있습니다. 선교 현장에 일생을 바친 분들이지요. 그런가 하면 세상의 눈으로는 무가치해 보이는 사람들을 도우려고 날마다 목숨을 걸고 도심에서 일하는 분들도 있습니다. 시장에서 신실하게 하나님을 섬기는 분들도 있습니다. 꼽자면 한이 없습니다. 그런 분들을 이 프로그램에 모실 일은 아마 없겠지요. 하지만 그중 다수가 천국의 앞줄에 설 것입니다. 부르심을 받는 일에 순종했고, 순전한 동기에서 그랬으니까 말입니다."

나는 계속 말을 이었다. "저로 말하자면 하나님이 저를 특정한 일로 부르셔서 그분을 위해 일하게 하셨고, 그 범위가 넓다 보니 많은 사람들이 영향을 입었습니다. 그래서 이렇게 이 프로그램에도 초대받았지요. 하지만 저는 그분이 하라고 부르신 일에 무엇 하나도 더할 수 없습니다. 내 능력으로는 그것을 조금도 더 키우거나 높이거나 더 진전시킬 수 없습니다. 내가 할 수 있는 거라고는 일을 망치는 것뿐이지요. 그래서 두려워집니다."

인터뷰 분위기가 금세 숙연해졌다. 나를 인터뷰한 사람도 국제적인 사역을 하는 사람인데, 내 말뜻을 확실히 파악하고는 나머지 인터뷰의 초점을 올바른 방향으로 돌렸다.

누구나 마찬가지다. 당신의 부르심이 만일 현모양처가 되고 지역교회 영아부에서 섬기고 골방에서 중보기도하는 것이라면, 그래서 그 일을 끝까지 충실히 했다면, 당신은 그 순종 덕분에 큰 상을 받을 것이다. 당신의 부르심이 만일 교도소 재소자 사역을 하고 일터에서 영혼들을 돕고 사역기관에 후히 헌금하는 것이라면, 그래서 그 일을 주께 하듯이 끝까지 충실하게 마음으로 했다면, 당신은 허다한 무리를 충실하게 주께 인도한 어느 전도자와 똑같은 상을 받을 것이다. 예를 들자면 한이 없다. 앞줄에서 주님께 최고 상을 받을 어머니들, 사업가들, 블루칼라 노동자들이 우리의 생각보다 훨씬 많을 거라고 나는 개인적으로 그렇게 믿는다.

이 땅에 있는 하나님의 군대

예수 그리스도의 교회는 이 땅에 있는 하나님의 군대다. 우리는 다 계급별 지위가 있고 각자의 사명을 이룰 은사가 있다. 오래전에 주께서 내 아내를 깨우셔서 성령 안에서 그 큰 군대를 보여 주셨다. 아내는 새벽 네 시에 즉시 나를 깨우고는, 방금 전 환상 중에 본 내용을 들려주었다.

"존, 모든 사람이 자기의 계급과 지위와 책임을 아는 하나의 군대였어요. 그들이 일사불란하게 행진을 하는데 대열 여기저기에 자리가 비어 있었어요. 그런데 그 자리를 속속 채우는 사람들이 보이더군요. 당신과 나도 각자 섬김의 자리로 들어가는 게 보이고요. 아무도 다른 사람을 쳐다보며 어디로 행진해야 할지 살필 필요가 없었어요. 시선을 주님께 두다 보니 모두 혼연일체가 되어 있었던 거예요."

아내가 한 그다음 말에 특히 관심이 갔다. "아무도 다른 사람의 지위를 탐내지 않았어요. 모두가 주께서 자신에게 마련해 주신 그 자리에서 섬기는 데에 만족했지요." 그렇다. 그 군대에서는 아무도 다른 사람의 자리를 부러워하지 않았다. 모두가 자신의 자리에 만족하며 행복하게 섬겼다.

이것을 염두에 두고서 맞춤형 주택의 예로 다시 돌아가 보자. "집은 지혜로 말미암아 건축"됨을 잊지 말라(잠 24:3). 우리는 두 종류의 지혜로 집을 지을 수 있다. 하나는 위에서 난 지혜이고 하나는 그렇지 못한 지혜다.

너희 중에 지혜와 총명이 있는 자가 누구냐 그는 선행으로 말미암아 지혜의 온유함으로 그 행함을 보일지니라 그러나 너희 마음속에 독한 시기와 다툼〔이기적인 야망, NIV〕이 있으면 자랑하지 말라 진리를 거슬러 거짓말하지 말라 이러한 지혜는 위로부터 내려온 것이 아니요 땅 위의 것이요 정욕의 것이요 귀신의 것이니 시기와 다툼이 있는 곳에는 혼란과 모든 악한 일이 있음이라(약 3:13-16).

무슨 일을 하든 그리고 그것이 아무리 좋아 보이든 그 배후에 시기나 이기적인 야망이 있다면 우리는 육신과 마귀에게서 난 비성경적인 동기로 집을 짓는 것이며 상이 없음은 두말할 것도 없다.

웹스터 사전은 시기를 "타인의 우위, 성공, 재산 등과 관련된 불만이나 탐심의 감정"[1]으로 정의한다. 하나님의 부르심을 세상의 눈으로 본다면 시기가 불가피하다. 바울의 평생의 직분을 시기한 설교자들이 있었다. 그는 "어떤 이들은 투기와 분쟁으로, 어떤 이들은 착한 뜻으로 그리스도를 전파하나니 이들은 내가 복음을 변증하기 위하여 세우심을 받은 줄 알고 사랑으로 하나 그들은 …… 순수하지 못하게 다툼〔이기적인 야망, NIV〕으로 그리스도를 전파하느니라"(빌 1:15-17)라고 썼다.

이들 사역자들은 하나님이 각자의 삶에 두신 부르심에 만족하지 못했고 바울의 성공을 부러워했다. 이 시기가 그들의 이기적인 야망에 불을 지폈다. 야망은 뭔가를 이루고자 하는 강하고 간절한 갈망이다. 야망이 이기적이면 그 초점이 다른 사람들의 유익이 아니라 나 자신에게 있다. 이런 동기는 소요와 다툼을 일으킬 뿐이며, 모든 악한 일을 틈타게 한다.

반면 경건한 지혜는 이기적인 야망이 아니라 하나님 나라의 열정을 불러일으킨다. 그 지혜는 계획을 짜신 분의 소원에 맞추어 집을 짓는다. 그분이 마음으로 갈망하시는 바가 곧 수고의 동기가 되는 것이다. 이 지혜에 관해 성경은 이렇게 말한다.

> 오직 위로부터 난 지혜는 첫째 성결하고 다음에 화평하고 관용하고 양순하며 긍휼과 선한 열매가 가득하고 편견과 거짓이 없나니(약 3:17).

하나님의 지혜는 첫째, 성결하다. 다시 말해서 겉모양은 경건한데 시기나 이기적인 동기가 섞여 있는 양면성이 없다. 그 동기는 주인께 충성하며 맡겨 주신 일을 기쁘게 받아들이는 것이다. 그 목표는 가장 큰 자가 되는 것이 아니라 부르심에 순종하는 것이다. 이 지혜는 하나님 나라가 확장되면 그것으로 기뻐한다. 그 진보가 나를 통해 이루어지든 다른 사람을 통해 이루어지든 상관없다.

경건한 지혜는 언제나 다른 사람들에게 돌아갈 유익에 초점을 둔다. 그것은 화평을 도모한다. 다투거나 군림하지 않고 고압적이거나 비판적이지 않다. 그 근본 동기는 다른 사람들이 경건함 가운데 행하며 각자의 운명을 이루는 것을 보는 것이다. 사역은 사랑하는데 사람들을 마지못해 견디는 이들도 있고, 반대로 사람들을 사랑하고 사역은 그들을 섬기는 통로로 보는 이들도 있다. 후자의 동기는 경건한 지혜다.

경건한 지혜의 또 다른 특성은 복종이다. 자신의 소명에 만족하는 사람은 하나님의 직접적인 권위와 위임받은 권위에 복종한다. 하나님의 집이 지어져 가는 큰 그림을 보게 된다. 주관하시는 건축가, 설계사, 시공자는 오직 한 분이시다. 그분은 자신의 권위와 능력과 직분을 자신의 교회의 여러 개인들에게 위임하셨다. 심판대에서 큰 상을 받을 사람들은 자기보다 높은 지위에 있는 이들에게 늘 복종한 사람들이다. 교회를 갈라놓은 부목사들, 회사의 월급을 받으면서 자기 사업을 벌인 직원들 등은 다 심판날에 엄청난 충격을 받을 것이다. 설령 그런 반항의 결과로 큰 성과를 이루었다고 할지라도 말이다.

성과에 속아서는 안 된다. 우리는 큰 성과를 내고도 여전히 하나님의 권위에 반항하고 있을 수 있다. 모세를 생각해 보라. 주님은 그에게 명하시기를 반석에 명하면 기적처럼 물이 나올 거라고 하셨다. 그러나 모세는 순종하지 않고 홧김에 반석을 쳤다. 그래도 물은 나왔다. 광야에서 300만 명의 사람들이 마실 만큼 충분히 나왔다. 백성은 물을 마시면서 아마도 이런 말을 주고받았을 것이다. "와, 하나님께서 정말로 모세의 말을 들으신다. 대단한 권능이다!"

그러나 모두 물을 마신 후에 하나님은 모세를 따로 부르셔서, 그가 순종하지 않았으므로 약속의 땅에 들어갈 수 없다고 말씀하셨다. 모세에게는 성과가 있었다. 그것도 기적적인 성과였다. 그러나 성공의 지표는 성과가 아니라 순종이다. 경건한 지혜의 뿌리는 주를 경외하는 마음에 있는데, 주를 경외한다는 것은 그 무엇이나 누구보다도 '하나님의 뜻'을 우위에 두는 것이다. 하나님을 경외하는 사람들은 그분의 권위에 온전히 복종한다.

다시 내 아내가 본 환상으로 돌아가 보자. 그날 새벽에 아내는 내게 "존, 모든 전사들의 얼굴이 똑같았어요"라고 말했다. 다시 말해서 얼굴 없는 군대였다. 하나님 앞에는 슈퍼스타 지위가 없다는 뜻이다. 이 뜻을 이해하면 교회에서 다른 사람의 자리를 탐내지 않는다. 더 높은 지위를 얻으려고 권위에 대항하지도 않는다. 우리가 계속 심겨 있기만 하면 우리의 높아짐은 위에서 온다.

맡은 소망과 은사대로 충성할 것

복음서에 두 가지 비슷한 비유가 나온다. 그러나 각 비유는 심판대와 관련해 서로 다른 진리를 예를 들어 보여 준다. 첫 번째 달란트 비유에서는 소명과 은사의 차원이 신자들이라고 다 똑같지 않음이 강조된다. 예수님은 천국을 이렇게 비유로 알려 주신다.

> 또 어떤 사람이 타국에 갈 때 그 종들을 불러 자기 소유를 맡김과 같으니 각각 그 재능대로 한 사람에게는 금 다섯 달란트를, 한 사람에게는 두 달란트를, 한 사람에게는 한 달란트를 주고 떠났더니(마 25:14-15).

타국에 간 사람은 예수님이고, 그 종들은 우리를 의미한다. 나는 여기서 달란트가 우리의 소명과 은사의 차원을 상징한다고 믿는다. 사역의 차원이 국가에 미치는 사람들도 있고, 도시에 미치는 사람들도 있고, 교회 내 구역 모임에 미치는 사람들도 있다. 글을 쓰는 사람들의 예도 가능하다. 대상 독자가 수백만일 수도 있고, 수천일 수도 있고, 수백일 수도 있다. 그런가 하면 어떤 사역을 대형 교회 차원으로 키울 만한 행정의 은사가 있는 사람도 있고, 중형이나 소형 교회만 관리할 수 있는 사람들도 있다. 하나님 나라를 위해 기업가치가 수만 달러나 되는 회사를 키울 능력이 있는 기업가들이 있다. 기업가치가 수백만 달러인 회사를 일굴 수 있는 기업가들도 있다. 그런가 하면 어떤 이들은 수십억 달러 규모의 계열사들을 거느린 그룹의 총수로서 하나님 나라에 기여한다.

다시 비유로 돌아가 보자. 두 가지 주안점에 주목하라. 첫째, 모든 종이 뭔가를 받았다. 이로써 우리는 인생의 소명과 그에 따른 은사가 없는 사람은 교회 안에 단 하나도 없음을 알 수 있다. 둘째, 각각의 종에게 주어진 소명과 은사의 차원은 각자의 능력에 따라 다르다. 그러나 그 능력도 하나님이 주시는 것임을 잊어서는 안 된다. 우리에게 있는 귀한 것 가운데 그분께 받지 않은 것은 하나도 없다. "누가 너를 남달리 구별하였느냐 네게 있는 것 중에 받지 아니한 것이 무엇이냐"(고전 4:7).

비유에 보면 소명과 은사의 차원이 다섯인 사람은 수고를 투자해서 두 배로 늘렸다. 차원이 둘인 사람도 똑같이 했다. 나는 이 말씀을 하나님이 우리에게 은사를 주실지라도 주께서 원하시는 수익을 내려면 우리가 수고하여 협력해야 한다는 뜻이라고 믿는다.

그러나 소명과 은사의 차원이 하나인 사람은 틀림없이 자기에게 맡겨진 위탁금이 시시하게 느껴졌을 것이다. 그는 주인을 불공평하고 불합리하고 엄한 사람으로 보았다. '왜 나한테는 다른 사람들보다 적게 주었을까? 왜 그들은 국가나 도시 차원의 영향력을 받았을까? 왜 그들은 설교나 노래나 글쓰기 능력이 있는데 나한테는 없을까? 왜 우리 회사는 그들의 회사가 성장하듯 성장하지 못할까?' 그런 식이다. 그래서 그는 자신의 달란트를 숨겼다. 자신의 소명을 이루지 않았다. 자신의 은사를 자신을 위해 썼거나 하나님 나라에 유익이 되지 않는 쪽으로 썼다.

오랜 세월이 흐르고 종들의 주인이 돌아와 그들과 회계했다. 맡겨진 것을 두 배로 늘린 두 사람은 똑같은 칭찬으로 상을 받았다. "잘하였도다 착하고 충성된 종아 네가 적은 일에 충성하였으매 내가 많은 것을 네게 맡기리니 네 주인의 즐거움에 참여할지어다"(마 25:21). 차원이 다섯인 사람이라고 차원이 둘인 종보다 더 칭찬받지 않았다. 둘 다 부지런히 충성했기 때문이다. 하나님은 자신이 맡기신 것과 관련해서만 우리에게 충성을 요구하신다는 것을 이로써 또다시 확증할 수 있다.

한 달란트 받은 사람은 호된 책망을 들었다. 주인은 그에게 있는 것까지도 빼앗아 다른 사람들 중의 하나에게 주라고 명했다. 충성하지 못한 종은 엄청난 손해를 보았고, 충성했던 종은 더 받았다.

이 말씀을 듣노라니 1992년에 하나님이 내게 글을 쓰라고 명하시던 일이 떠오른다. 기도 중에 마음속에 그 말씀이 들려왔을 때에 나는 불신으로 거의 웃음이 날 뻔했다. 나는 글쓰기라면 질색이었다. 만일 누가 나더러 내가 책을 쓸 거라고 말했다면, 나는 웃으면서 그 사람을 방에서 쫓아냈을 것이다. 그러나 10개월 후에 한 자매가 나를 찾아와서는 예언의 말을 했다. 그리고 나서 두 주가 채 지나기도 전에 다른 자매가 내게 동일한 예언을 전했다. "존, 하나님이 쓰라고 하신 것을 당신이 글로 쓰지 않는다면 그분은 그 메시지를 누군가 다른 사람에게 주실 것이고, 당신은 그 일로 심판받을 것입니다."

마침내 나는 부르심에 떨면서 믿음으로 나아갔다. 그 뒷일은 이미 알려진 바와 같다. 내가 순종하지 않았더라면 누군가 다른 사람이 이 메시지들을 썼을 것이고 나는 맡겨진 달란트를 잃었을 것이다.

받은 복음과 사랑을 배가시키는 삶

자신의 소명이나 은사에 우리가 뭔가를 더할 수 없다는 사실은 지금까지 자세히 살펴보았다. 이제 신자라면 누구에게나 있는 것을 배가하는 쪽으로 우리의 관심을 돌려 보자. 달란트 비유와 비슷하지만 크게 다른 두 번째 비유에 그 진리가 들어 있다. 예수님은 이렇게 말씀하신다.

> 어떤 귀인이 왕위를 받아 가지고 오려고 먼 나라로 갈 때에 그 종 열을 불러 은화 열 므나를 주며 이르되 내가 돌아올 때까지 장사하라 하니라(눅 19:12-13).

달란트처럼 므나도 화폐 단위다. 그러나 이 비유에서는 각자에게 주어진 양이 똑같이 한 므나씩이다. 그러므로 므나는 달란트처럼 우리의 소명이나 은사의 차원을 나타내는 것이 아니다. 그보다 므나는 하나님 말씀의 진리, 우리의 근본적인 믿음, 우리의 마음에 흠뻑 뿌려진 하나님의 사랑, 각 신자에게 주어진 언약과 같은 축복이다. 이것은 누구나 똑같이 받는다. 처음부터 더 받는 사람은 아무도 없다.

이 비유는 신자로서 우리 각자가 그리스도 안에서 소유한 것들을 말한다. "그런즉 누구든지 사람을 자랑하지 말라 만물이 다 너희 것임이라"(고전 3:21). "찬송하리로다 하나님 곧 우리 주 예수 그리스도의 아버지께서 그리스도 안에서 하늘에 속한 모든 신령한 복을 우리에게 주시되"(엡 1:3). 이 복들은 그리스도 안에서 우리의 것이다. 그러나 그것을 내 것으로 삼아서 이 땅에 나타내는 것은 우리의 믿음이며, 그것이 배가되게 하는 것은 우리의 순종과 기도와 베풂이다. 그래서 예수님을 상징하는 그 귀인은 종들 곧 우리들에게 "내가 돌아올 때까지 장사하라"고 말한다. 우리는 주어진 것을 가져다가 하나님의 영광을 위해 배가시켜야 한다.

이 종들이 얻은 결과를 잘 보라.

> 귀인이 왕위를 받아 가지고 돌아와서 은화를 준 종들이 각각 어떻게
> 장사하였는지를 알고자 하여 그들을 부르니 그 첫째가 나아와 이르되
> 주인이여 당신의 한 므나로 열 므나를 남겼나이다 주인이 이르되 잘하였다
> 착한 종이여 네가 지극히 작은 것에 충성하였으니 열 고을 권세를 차지하라
> 하고 그 둘째가 와서 이르되 주인이여 당신의 한 므나로 다섯 므나를
> 만들었나이다 주인이 그에게도 이르되 너도 다섯 고을을 차지하라 하고 또
> 한 사람이 와서 이르되 주인이여 보소서 당신의 한 므나가 여기 있나이다
> 내가 수건으로 싸 두었었나이다(눅 19:15-20).

귀인은 마지막 사람을 엄히 꾸짖었다. 그리고 그에게 있던 므나를 빼앗아 한 므나를 열 므나로 배가시킨 사람에게 주었다. 주인은 말했다. "내가 너희에게 말하노니 무릇 있는 자는 받겠고 없는 자는 그 있는 것도 빼앗기리라"(눅 19:26).

이 비유에서 예수님은 종들 열 명 가운데 세 명만 거론하신다. 다시 말하지만 이 비유의 중요한 차이는 각자가 똑같은 양으로 출발했다는 것이다. 그러나 한 사람은 그것을 열 배로 늘렸고, 한 사람은 다섯 배로 늘렸고, 한 사람은 전혀 배가시키지 않았다. 또 종들이 사업을 얼마나 잘했느냐에 따라 상이 달라진다. 몇 고을을 다스리게 될지가 정확히 그들의 성공

에 기준하여 결정되었다. 천년왕국과 새 하늘 새 땅에서 우리에게 얼마나 큰 권세가 맡겨질지는 정확히 지금 우리에게 맡겨진 것을 어떻게 배가시키느냐에 따라 정해진다. 충성된 자들은 그리스도와 함께 다스리겠지만 모두의 권세가 똑같은 것은 아니다. 이 땅에서 얼마나 근면했느냐에 따라 영원토록 그분과 함께 다스릴 범위가 결정된다. 우리 모두가 한 므나라는 같은 조건에서 출발한다는 그 전제에 주목하라. 그러므로 교회에서 부지런히 섬기는 충실한 아내들과 어머니들도 수많은 영혼들을 주께 이끄는 전도자가 받은 대로 보상을 받을 똑같은 기회가 있는 것이다.

이 비유를 보면 각 사람에게 자신의 므나를 몇 배로 배가시킬 수 있는 잠재력이 있음을 알 수 있다. 우리는 각자의 개인적인 생활에서 자기가 원하는 만큼 많이 혹은 적게 하나님 나라를 세우고 영향을 미칠 수 있다. 선택은 우리 몫이다. 사실 어떤 면에서 우리는 무한한 존재다. 그 말에 선뜻 수긍이 가지 않을지 모르지만, 예를 들어서 설명해 보겠다. 많은 예를 들 수 있지만 몇 가지만 보아도 이 영적인 원리에 당신의 마음 문이 열릴 것이다. 우선 사도 베드로의 말을 보자.

> 하나님과 우리 주 예수를 앎으로 은혜와 평강이 너희에게 더욱
> 많을지어다〔배가될지어다, NKJV〕 그의 신기한 능력으로 생명과 경건에 속한 모든
> 것을 우리에게 주셨으니〔벧후 1:2-3〕.

우리 삶에 은혜가 배가될 수 있다. 야고보는 "그러나 더욱 큰 은혜를 주시나니"(약 4:6)라고 말한다. 우리는 은혜로 하나님 나라에서 뭔가 가치 있는 일을 할 수 있다. 이 능력은 하나님을 친밀하게 알 때에 배가된다. 그

래서 모든 신자는 하나님과 양질의 시간을 함께 보내야 한다. 우리는 기도하고, 성경을 읽고, 영감이 있는 책들을 읽고, 기름 부음이 있는 메시지를 들어야 한다. 그리고 그 모든 일을 하는 동안 계속 성령을 바라보고 그분의 계시에 귀 기울여야 한다. 이렇게 할 때에 우리 삶에 은혜가 배가되고, 거기서 더 많은 일을 할 수 있는 능력이 나온다.

그분과 그분의 길을 더 깊이 알게 될수록 내 효율성이 더 높아지는 것을 나는 깨달았다. 내게 있는 도끼의 날이 아주 뭉툭하다면 나무 한 그루를 베느라 온종일이 걸릴 수 있다. 그러나 날을 갈면 똑같은 에너지로 하루에 다섯 그루를 벨 수 있다. 우리 삶에 은혜가 배가되면 바로 그런 일이 벌어진다. 수고의 효율성이 높아지는 것이다.

오래전에 내가 텍사스주 댈러스의 게이 축제 현장에서 노방전도를 하던 일이 기억난다. 그 잃어버린 영혼들에게 두 시간 동안 예수님을 전했으나 그들은 나를 마치 딴 세상에서 온 사람 보듯 쳐다볼 뿐이었다. 내가 성경 말씀을 말하면 순식간에 그대로 되받아 쏘는 사람들도 있었다. 왠지 내가 불가능한 일을 시도하고 있는 것 같은 기분이 들었다. 콘크리트 바닥에 씨앗을 뿌리는 것 같았다. 그때 주께서 내게 속삭이셨다. "나를 의지하라. 내가 방도를 일러 주마." 그리고 30분 후에 그분은 나를 사람들에게 인도하셨고, 내게 할 말을 주셨다. 말씀이 쏙쏙 들어갔고, 세 사람이 예수 그리스도께 자신의 삶을 드렸다. 성령을 의지하고 내 심중에 들려주시는 그분의 음성에 순종했더니 내 수고의 효율성이 배가된 것이다.

나는 삶의 모든 영역에서 이런 현상을 보았다. 하나님 말씀 안에서 성장할수록 나는 더 적은 시간을 들여 더 많은 일을 할 능력이 생겼다. 몇 시간, 며칠, 심지어 몇 달을 절약할 수 있는 진리의 길들이 보였다. 기도는 더 강력해졌고, 하나님의 임재는 더 생생해졌고, 다른 사람들에게 미치는 영향력은 더 효율적이 되었다. 성경에 이런 약속이 있다. "여호와를 경외하는 것이 지혜의 근본이요 거룩하신 자를 아는 것이 명철이니라 나 지혜로 말미암아 네 날이 많아질(배가될, NLT) 것이요 네 생명의 해가 네게 더하리라"(잠 9:10-11).

두 가지 약속을 하셨다. 우선 생명의 해가 더한다고 했는데 이것은 장수를 뜻한다. 날이 배가된다는 약속도 있는데, 이는 해가 더한다는 뜻이 아니다. 그렇다면 불필요한 반복이 될 것이다. 오히려 이것은 같은 양의 시간 동안에 더 많은 일을 성취하는 능력을 뜻한다. 다른 곳에는 그것이 긴 날로 나와 있다. "그리하면 그것이 네가 장수하여 많은 해를(긴 날을, NKJV) 누리게 하며 평강을 더하게 하리라"(잠 3:2). 잠언 기자는 앞에서 말한 베드로처럼 하나님 말씀을 마음에 새기고 늘 묵상하라고 말하고 있다. 장수만 주시는 것이 아니라 날이 길어진다. 하나님 말씀을 귀 기울여 들으면 우리의 시간이 배가된다.

믿음의 헌금을 통한 배가

하나님이 후히 주시는 분이다 보니 하나님을 친밀하게 알게 되는 사람은 누구나 즐겁게 후히 드리게 된다. 그분은 가장 큰 선물인 자신의 독생자를 주셨다. 그분께 예수님보다 더 귀한 것은 없었다. 하나님은 건성으로 시시한 선물을 주시는 법이 없다. 그분은 배가된 수확을 바라며 예수님을 주셨다. 그 수확은 그분의 집에 들어오는 수많은 아들딸들인데, 지금도 계속 들어오고 있다.

믿음의 헌금은 우리가 가진 것을 배가시키는 또 다른 확실한 길이다. 그것을 통해 우리의 소유가 배가되어 사람들의 영원한 삶에 영향을 미칠 수 있다. 아버지께서 예수님을 통해 하신 일도 그것이다. 예수님은 분명히 말씀하신다. "내가 너희에게 말하노니 불의의 재물로 친구를 사귀라 그리하면 그 재물이 없어질 때에 그들이 너희를 영주할 처소로 영접하리라"(눅 16:9). 돈을 제대로 쓰면 돈이 없어진 오랜 후에도 그것이 천국과 새 예루살렘에서 우리 삶의 질에 영향을 미칠 수 있다. "기록된 바 그가[베푸는 사람이] 흩어 가난한 자들에게 주었으니 그의 의[와 선과 자비와 덕의 행위, AMP]가 영원토록 있느니라 함과 같으니라"(고후 9:9).

여기에서 말하는 "가난한 자들"은 경제적으로 가난한 자들만이 아니라 심령이 가난한 자들도 된다. 억만장자인 사람도 심령이 가난할 수 있다. 삭개오를 보자. 예수님은 그분의 사명을 설명하면서 이렇게 말씀하셨다. "주의 성령이 내게 임하셨으니 이는 가난한 자에게 복음을 전하게 하시려고"(눅 4:18). 나중에 예수님은 한 성에 들어가 그곳에서 가장 큰 부자를 발견하신다. 그리고 큰 무리 앞에서 그를 부르며 이렇게 말씀하신다. "내가 오늘 네 집에 유하여야 하겠다"(눅 19:5). 삭개오는 그 성에서 가장 부유했지만 동시에 가장 가난하기도 했다. 다시 말해, 그는 자신에게 하나님이 얼마나 필요한지 누구보다도 잘 알았다. 예수님은 경제적으로 부유한 사람들도 목양하셨지만 그들은 어디까지나 하나님의 말씀이 필요하다는 점을 뼈저리게 인식하고 있는 사람들이었다.

사역 기관들이 세워지는 것은 예수님의 일을 뒤이어서 가난한 자들에게 하나님 말씀을 선포하고 가르치기 위해서다. 하나님의 일에 물질을 드릴 때에 이는 가난한 자들 속에 뿌리는 것이고, 그 행위는 영원히 남는다.

당신이 가진 물질이 얼마나 많고 적은지와 전혀 상관없다. 하나님은 당신에게 씨를 주겠다고 하시는데, 그 씨가 있는 한 하나님 나라를 세우는 당신의 수고는 배가될 수 있다. 어떻게 배가될까? 사과 씨를 생각해 보라. 사과 씨를 심으면 사과를 거둔다. 그러나 더 중요한 것은 그 모든 사과들 속에 한 개 이상 되는 씨가 있다는 것이다. 그 씨를 다 심으면 수확은 몇 배나 더 많아질 것이고, 그렇게 사이클은 계속된다. 우리의 물질도 그와 똑같다. 헌금과 관련하여 바울이 고린도 교인들에게 한 말을 보라.

> 이것이 곧 적게 심는 자는 적게 거두고 많이 심는 자는 많이 거둔다 하는
> 말이로다 각각 그 마음에 정한 대로 할 것이요 인색함으로나 억지로 하지
> 말지니 하나님은 즐겨 내는 자를 사랑하시느니라(고후 9:6-7).

배가된 우리의 수확량은 우리가 얼마나 많이 심느냐에 정비례한다. 하나님이 정하시는 것이 아니라 우리가 정한 대로 드린다는 점에 주목하라. 우리가 작정하고 믿음과 사랑으로 후히 드리면 우리의 헌금은 크게 배가된다. "심는 자에게 씨와 먹을 양식을 주시는 이가 너희 심을 것을 주사 풍성하게 하시고 너희 의의 열매를 더하게 하시리니"(고후 9:10).

앞에 말한 사과 씨 예와 비슷하게 주님은 우리에게 심을 것을 풍성히 주신다. 우리가 가진 것을 심으면 우리는 훨씬 더 많은 씨를 얻고, 그 과정을 거듭하며 결국은 곳간 가득 씨가 쌓인다. 그러면 다른 사람들을 축복할 수 있는 우리의 역량도 그만큼 더 커진다.

우리가 드린 헌금을 통해서 하나님은 또 우리 의의 열매를 더하신다.

여기가 아주 흥분되는 대목이다. 우리가 드린 헌금으로 삶이 변화된 사람들 때문에 우리가 수확할 영원한 상이 더 많아진다는 말이다. 요약하자면 지금 우리도 우리의 므나를 배가시키는 중이다.

복음의 동역을 통한 배가

다른 사람들에게 베풀면 이생에서는 물론 심판 때에도 상이 따른다. 우리에게 도로 갚을 수 없는 궁핍한 사람들에게 베풀면 특히 더 그렇다. 우리는 복음의 동역을 통해서도 그리할 수 있다. 바울의 사역을 재정적으로 후원한 빌립보 신자들에게 그가 뭐라고 말하는지 보라.

> 그러나 너희가 내 괴로움에 함께 참여하였으니 잘하였도다 빌립보 사람들아 너희도 알거니와 복음의 시초에 내가 마게도냐를 떠날 때에 주고 받는 내 일에 참여한(동역한, AMP) 교회가 너희 외에 아무도 없었느니라 데살로니가에 있을 때에도 너희가 한 번뿐 아니라 두 번이나 나의 쓸 것을 보내었도다(빌 4:14-16).

바울은 빌립보 신자들이 자신의 사역에 동역했다고 기록했다. 동역 관계란 "소정의 목표를 달성하고자 상호 협조와 책임을 특징으로 한 개인들 또는 그룹들 간의 관계"라는 뜻이다.[2] 하나님이 주시는 건강한 동역은 언제나 관련 당사자들에게, 혼자 힘으로는 꿈꿀 수 없는 많은 일들을 할 능력을 가져다준다.

누누이 말했듯이 예수님은 우리에게 온 세상에 가서 회심자들만 아니라 모든 나라들을 제자로 삼으라고 명하셨다. 이것은 신자라면 누구나 해야 할 일이다. 그러나 만일 모든 신자들이 현장에 나가서 전력으로 이 사명에 임한다면 복음 전파의 자금은 어디에서 날 것인가? (역시 하나님이 주시는 소명과 은사가 개인마다 다른 이유가 여기 있다.) 사역 기관들이 사역에 필요한 재정을 천사들의 배급이나 하늘에서 떨어지는 돈을 받아 충당하는 것은 주님이 의도하신 바가 아니다. 그보다 그분은 헌금의 특권을 몸 된 교회에 맡기셨다. 거기서 동역이 나온다.

하나님은 대중 사역의 은사를 주실 사람들을 정하시고 부르셨다. 앞서 말했듯이 그분은 그 목적을 이루시기 위해 특별한 은사와 능력과 기름 부음을 주신다. 단, 그 일을 모든 사람들에게 주신 것이 아니라 교회의 일부 사람들에게 주셨다(엡 4:11). 나머지에게는 다른 중요한 부분들을 명하시고 맡기셨다. 직장 일, 돈을 벌거나 월급을 받는 것, 자신의 영향권 내에 있는 사람들에게 복음을 전하는 것이 다 거기에 해당한다. 그러나 당신이 전임 사역자라면 어떻게 큰 무리에게 다 복음을 전할 것인가? 답은 동역이다.

만일 당신에게 삶을 획기적으로 변화시키는 어떤 제품이 있는데 매달 두 개밖에 생산할 수 없다면, 이 제품을 당신의 도시, 나라, 세계에 보급하기란 불가능할 것이다. 그러나 같은 제품을 매달 수천 개씩 생산하고 보급하는 데에 필요한 능력과 특수 장비를 겸비한 회사가 있다면, 당신은 그 회사와 동역해 목적을 이룰 수 있다. 그렇게 함으로써 당신은 매달 두 사람을 상대하는 것(개인전도와 제자 삼기)은 물론이고 그 회사가 상대하는 수천의 사람들까지 더 얻게 된다. 단순한 동역을 통해서 당신의 달란트와 수고가 효과적으로 배가되는 것이다. 바울이 빌립보 교인들에게 한 말에도 이

동일한 원리가 적용된다. 그의 말은 이렇게 이어진다.

> 내가 [너희의] 선물을 구함이 아니요 오직 너희에게 유익하도록 풍성한
> 열매를[축복의 수확이 너희의 공으로 돌아가 너희의 하늘의 계좌에 쌓이기를, AMP] 구함이라(빌
> 4:17).

"너희에게 유익하도록 풍성한 열매를"이라는 말을 눈여겨보라. 빌립보 신자들은 바울과 동역해 삶과 사역에 재정의 씨를 뿌림으로써, 영혼들에게 복음을 전하고 가르치는 자신들의 수고의 열매를 배가시켰다. 그들은 일시적인 것을 드려서 영원한 것으로 전환시켰고, 그 과정에서 그것이 배가되었다.

이런 식의 동역에 들어서면 바울은 "축복의 수확이 너희의 공으로 돌아가 너희의 하늘의 계좌에 쌓인다"고 말한다. 이것은 당신의 천국 계좌다. 그리스도의 심판대 앞에 설 때에 당신은 직장, 동네, 학교 등에서 당신이 개인적으로 영향을 끼친 사람들과 관련해서도 상을 받을 뿐 아니라 하나님이 세우신 사역 기관과 동역하여 전도하고 훈련시킨 수천 또는 수백만의 사람들에 대해서도 상을 받을 것이다. 그래서 성경은 우리에게 "후히 베풀라. 그러면 네 선물들이 나중에 네게 돌아올 것이다. 네 선물들을 많은 사람들에게 나누어 주라"(전 11:1-2, NLT)고 말한다.

하나님이 세우신 사역 기관들(당신의 지역교회를 포함해)에 꾸준히 헌금하면, 그들이 많은 사람들에게 전도하고 영향을 미칠 때에 당신도 거기에 동참하는 것이다. 당신도 그들과 동역하기 때문에 그들이 하는 모든 일에 한 몫하는 것이다. 여기 신나는 뉴스가 있다. 투자를 더 많이 할수록 당신의

상도 그만큼 더 커진다.

헌금을 판단하실 때 하나님은 금액보다는 신실하게 뿌리는 자세를 보신다. 하나님 아버지는 마음에서 우러난 정성 어린 헌금을 찾으신다. 그분은 금액만이 아니라 그런 속마음을 사랑하시고 축복하신다. 예를 들어서 어떤 사역에 매달 3만 원을 성실하게 헌금하는 사람이 있는데 그러느라고 개인적인 희생이 따른다고 하자. 하나님은 그 헌금을 그저 금액의 크기로만 보지 않으신다. 내는 사람의 삶의 필요에서 드려진 것이기 때문이다. 반면 매달 100만 원씩 드리는 사람이 있는데 이 헌금은 풍족한 중에서 나온다고 하자. 그렇게 드려도 개인적인 희생이나 대가가 따르지 않는다. 물론 둘 다 하나님께 아름답고 귀하지만, 하나님이 보시기에 더 많이 드린 사람은 3만 원을 드린 사람이다. 두 렙돈을 드린 과부에게서 이러한 원리의 예를 볼 수 있다(막 12:41-44).

아울러 하나님이 우리가 드린 헌금을 이 땅의 삶에서도 배가시켜 주심을 명심해야 한다. 이 흐름 때문에 당신은 더 많이 드릴 더 큰 역량이 생긴다. 성경에 "흩어 구제하여도 더욱 부하게 되는 일이 있나니"(잠 11:24)라고 했다. 생각해 보라. 당신의 투자금은 영원히 불어날 뿐만 아니라 이생에서도 늘어난다. 그래서 당신은 더 많은 사람들을 섬길 역량이 생긴다. 계속 자체적으로 일신되고 증식되는 사이클이다.

22년 전에 내가 아는 한 무리의 사업가들이 함께 모여서 사업 수익의 일정 부분을 복음의 진보를 위해 바치기로 작정했다. 처음에는 작게 시작했으나 해가 갈수록 성장했다. 그들은 헌금과 동역을 꾸준히 계속했다. 그 모임이 결성되고 이후 12년 동안 복음을 위해 드린 돈만 해도 1억 2천만 달러가 넘을 정도로 헌금 규모가 커졌다. 그들은 자신들의 므나를 가져다가 하나님 나라를 위해 배가시켰다. 그들이 받을 상은 클 것이다.

교회 안에도 사업에 크게 성공한 사람들이 아주 많건만, 하나님 나라에 드리는 것은 수익의 극히 일부에 지나지 않는 사람들이 많다. 사회의 눈으로 보기에는 크게 성공했을지라도 그들이 움켜쥔 부분을 주님은 어떻게 보실까? 비록 수백만 달러를 벌었어도 그들도 므나를 숨겨 둔 사람처럼 심판받지는 않을까? 그들은 자신에게 맡겨진 것을 하나님 나라를 위해서 배가시키지 않았다. 이렇게 사는 삶은 '영원'이 이끄는 삶이 아니다.

최근 우리 사역에 자주 재정적인 지원을 해 온 한 사업가와 골프를 쳤다. 골프가 끝나고 그가 나를 호텔까지 태워다 주었는데, 차 안에서 그가 이런 말을 했다. "목사님, 벌써 오십을 바라보는 나이가 되었습니다. 저희 회사의 가치를 900만 달러까지 끌어올리기 위해 밤낮 없이 일했습니다. 모든 일이 순조롭게 풀리고 있습니다. 사업이 알아서 굴러가고 있습니다. 온 가족이 평생 먹고 살 만한 돈을 벌어놓았습니다. 그런데 회사를 3천만-4천만 달러 가치로 키워 보겠다고 또다시 10년간 뼈 빠지게 일할 필요는 없지 않습니까?"

나는 그가 자신을 하나님의 집을 짓는 데 꼭 필요한 일꾼이라고 생각하지 않는다는 사실을 깨달았다. 그는 전임 사역자인 내가 하나님 나라에서 더 중요한 역할을 맡고 있다고 생각하면서 사업가로서의 자신의 가치는 보지 못하고 있었다.

나는 그의 질문을 재빨리 다른 질문으로 받아쳤다. "제가 선생님께 이렇게 묻는다면 어떠하시겠어요? '저는 열일곱 권의 책을 쓰느라 밤을 새워가며 일했고 거의 천만 킬로미터를 돌아다녔고 수천 편의 설교를 했습니다. 일이 순조롭게 풀려서 사역이 알아서 굴러가고 있습니다. 온 가족이 평생 부족함 없이 살 만한 여건을 마련해 놓았습니다. 그런데 더 많은 책을 쓰고 더 돌아다니면서 더 많은 메시지를 전하겠다고 또다시 10년간 뼈 빠지게 일할 필요는 없지 않습니까?' 제가 이렇게 말한다면 과연 예수님은 뭐라고 하실까요?"

그는 크게 웃으며 말했다. "예수님 앞에서 그런 식으로 말하고 싶지는 않네요."

나는 곧바로 이렇게 말했다. "선생님은 방금 바로 그런 말을 했습니다!"

나는 그에게 잠시 생각할 시간을 주고 나서 계속해서 말했다. "예수님이 그분의 나라를 건설하라고 제게 주신 은사는 설교와 저술입니다. 예수님이 그분의 나라를 건설하라고 선생님께 주신 은사는 그 나라를 재정적으로 지원하기 위해 돈을 버는 것입니다. 이 점을 헤아리지 못하셨네요. 만약 선생님이 불순종한다면 제가 예수님을 위해 제 일을 능력껏 하지 못할 겁니다. 제 다리가 제 메시지를 들어야 할 사람들에게 걸어가기를 거부하면 제 입술이 아무리 떠들어 봐야 소용이 없는 것처럼 말입니다." 그는 충격을 받은 표정이었다.

6개월 뒤 그에게 전화를 걸어 어떻게 지내냐고 물었다. 그러자 이런 대답이 돌아왔다. "여섯 달 전에 목사님이 해 주신 말씀이 매일같이 제게 좋은 자극을 주고 있습니다. 하나님의 일에 더 많이 드릴 수 있도록 더 많이 벌기 위해 일하고 있습니다." 그의 겸손이 실로 아름답다.

반면에 우리 부부가 아는 한 사업가는 우리 교회에 심겨 아주 열심히 활동했고 자기가 필요한 곳이면 어디서나 섬겼다. 그는 자신의 부르심이 전임 사역이 아니라 일반 일터에서 일하는 것임을 알았다. 그는 수입의 90퍼센트는 헌금하고 10퍼센트만 가지고 살기로 목표를 정했다. 그리고 그 목표를 이루었다. 그러나 그 10퍼센트로도 그는 아주 좋은 차를 몰고 아름다운 집에서 살았다. 하나님 나라에 동역했더니 사업이 번창하여 10퍼센트의 규모가 점점 커졌던 것이다. 그는 작은 일에 충성하는 자들은 큰일에도 충성한다는 예수님의 원리를 적용했다.

동역의 또 다른 이유는 그것이 우리에게 선한 영적 영향을 준 사역 기관에 보답할 기회가 된다는 것이다. 바울은 "우리가 너희에게 신령한 것을 뿌렸은즉 너희의 육적인 것을 거두기로 과하다 하겠느냐 다른 이들도 너희에게 이런 권리를 가졌거든 하물며 우리일까 보냐"(고전 9:11-12)라고 썼다. 이것은 일반 세계에서도 나타난다. 당신이 어떤 친구한테서 선물을 받았다면 당신에게 복을 끼친 그 사람한테 감사를 표할 것이고, 그렇게 함으로써 관계가 형성될 것이다. 하나님께서 일부러 그런 식으로 설계하셨다. 한 사역 기관이 전도하여 영향을 미치는 사람들이 많아질수록 그 기관을 운영하는 데 필요한 재정도 늘어난다. 그래서 그 사역으로 변화를 입은 모든 사람들이 물질로 보답한다면(과부의 두 렙돈일지라도) 그 사역을 그 수준으로 유지하는 것은 물론 더 확장시킬 수 있는 비용이 충당될 것이다.

바울은 빌립보 교인들에게 하는 말을 이렇게 맺는다.

내게는 모든 것이 있고 또 풍부한지라 에바브로디도 편에 너희가 준 것을 받으므로 내가 풍족하니 이는 받으실 만한 향기로운 제물이요 하나님을 기쁘시게 한 것이라 나의 하나님이 그리스도 예수 안에서 영광 가운데 그 풍성한 대로 너희 모든 쓸 것을 채우시리라(빌 4:18-19).

그 풍성한 대로 모든 쓸 것을 채우신다는 하나님의 약속은 복음 사역에 동역하는 자들에게 주신 약속이다. 당신도 십일조를 드리고 사역 기관에 동역한다면 하나님의 이 약속 위에 든든히 서 있는 것이다. 또한 절대로 부족함이 없을 것이다.

중보기도를 통한 배가

배가의 또 다른 길은 기도다. 사역 기관에 드리는 헌금을 통해서와 마찬가지로 개인, 가정, 교회, 도시, 나라를 위한 기도를 통해서도 우리는 천국에 갈 때까지 만나 보지 못할 많은 사람들의 영원한 삶에 영향을 끼칠 수 있다. 사역 기관을 위한 기도로도 우리는 사람들의 삶에 영향을 줄 수 있다. 우리 사역 기관인 메신저 인터내셔널에는 재정 동역자들도 있고 기도 동역자들도 있다. 기도 동역자란 날마다 우리 기관을 위해서 기도하기로 작정한 사람이다.

사람들은 종종 내게 와서 "당신을 위해 날마다 기도합니다"라고 말한다. 그들이 진정으로 그러는지 아니면 말로만 그러는지 나는 언제나 분간이 된다. 진정으로 우리를 위해 중보하는 사람들에게 나는 "그것이 우리를 도울 수 있는 최고의 일입니다"라고 말한다. 사실이다! 사람들이 기도하면 더 많은 인생들이 만짐을 입고 그 영향력도 더 커진다. 기도하면 또한 하나님이 사람들의 마음에 감화를 주셔서 그분의 일에 헌금하게 하신다. 그래서 나는 만일 기도 동역자와 재정 동역자 중에서 택해야 한다면 기도 동역자를 먼저 택하겠다. 하지만 둘 다 꼭 필요하다.

배가의 또 다른 길은 사역 기관에서 섬기는 것이다. 우리 기관에는 간사들과 직원들이 많이 있다. 우리 기관의 영향을 입은 모든 영혼들로 인해 그들도 심판대에서 공을 얻을 것이라고 리사와 나는 그들에게 늘 일깨운다. 나는 그것을 다윗이 전쟁터에서 돌아온 모든 부하들에게 한 말을 보고서 안다.

사무엘상 30장에 보면 다윗이 아말렉을 뒤쫓아가 포로들과 탈취당한 물건을 진에서 되찾아 오는 기사가 나온다. 다윗과 부하들이 진에서 돌아오자 다윗과 함께 갔던 용사들 가운데 더러는 뒤에 남아서 장비를 지켰던 사람들과 상을 나누려고 하지 않았다. 그러나 다윗의 반응을 들어 보라. "이 일에 누가 너희에게 듣겠느냐 전장에 내려갔던 자의 분깃이나 소유물 곁에 머물렀던 자의 분깃이 동일할지니 같이 분배할 것이니라 하고 그날부터 다윗이 이것으로 이스라엘의 율례와 규례를 삼았더니 오늘까지 이르니라"(삼상 30:24-25).

다윗은 그리스도의 모형이다. 그러므로 "그날부터 다윗이 이것으로 이스라엘의 율례와 규례를 삼았더니 오늘까지 이르니라"는 말을 나는, 그것이 오늘날 예수님과 그분의 교회에도 여전히 적용된다는 의미로 본다. 하나의 사역 기관을 통해서 변화되는 모든 영혼들의 공은 심판대에서 그 기관의 지도자에게만 돌아가는 것이 아니다. 설령 전투 현장에 없었을지라도 신실하게 섬기고 헌금하고 기도한 모든 사람들에게 돌아간다.

태도가 중요하다

섬김의 상을 받는 데 없어서는 안 되는 요소는 당신의 '태도'다. 행위만 중요한 것이 아니라 그 행위의 배후 동기도 중요하며, 그 동기에 영향을 미치는 것이 곧 우리의 태도다. 하나님은 "너희가 즐겨 순종하면 땅의 아름다운 소산을 먹을 것이요"(사 1:19)라고 하신다.

내가 하나님과 동행하다가 아주 고갈되었던 시절이 생각난다. 나는 우리 교회의 예배에서, 특히 담임목사의 설교에서 아무것도 얻지 못하는 것 같았다. 나는 교인 8천 명인 그 교회의 교역자로 목사의 바로 밑에서 일하고 있었으나 그를 비판하는 마음이 있었다. 하루는 아침 기도 중에 하나님이 내게 말씀하셨다. "문제는 네 목사가 아니다. 문제는 너한테 있다."

깜짝 놀랐다. "제 문제가 무엇입니까?"

그러자 주님은 내게 이사야 1장 19절에 뭐라고 되어 있느냐고 물으셨다. 나는 평소에 암송하고 있던 그 구절을 외웠다. 그러자 주님이 말씀하셨다. "네 문제가 거기 있다. 네가 공급받지 못하고 있다고 입버릇처럼 하는 말은 맞는 말이다. 너는 아름다운 소산을 먹지 못하고 있다."

나는 즉시 항변했다. "저는 순종하고 있습니다. 담임목사가 시키는 대로 다 하고 있습니다."

그러자 주님은 대답하셨다. "순종은 네 행동의 문제지만 즐겨 순종하는 것은 네 태도의 문제다. 지금 네 태도는 불손하다!"

계속해서 주님은 비록 내가 순종했고 복종적으로 보이기까지 했지만 내 태도에는 비판과 불만과 판단이 가득했고, 그래서 그것이 내 섬김의 동기에 영향을 주고 있음을 보여 주셨다.

나는 즉시 회개했다. 그러자 다음 주에 천국이 열렸다. 나는 다시 천국에서 받고 있었다. 담임목사가 설교하는 동안 나는 내 태도 때문에 지난 몇 달 동안 놓친 모든 것들을 생각하며 눈물을 흘렸다. 얼마 후에, 성령의 감동으로 쓴 바울의 이 말이 내게 아주 생생해졌다. "너희가 범사에 순종하는지 그 증거를 [너희의 태도를] 알고자[시험하고자, AMP] 하여 내가 이것을 너희에게 썼노라"(고후 2:9).

우리에게 우리를 향한 하나님의 뜻에 복종하는 태도가 있는지 하나님이 시험하신다(test)는 것을 나는 깨달았다. 지금 나는 마귀가 우리한테 던져 주려는 것들을 가만히 참고 있어야 한다고 말하는 것이 아니다. 그거라면 예수님이 이미 값을 치르시고 우리를 자유케 하셨다. 우리는 믿음과 기도와 하나님의 말씀으로 마귀를 단호히 물리쳐야 한다. 지금 나는 하나님이 정해 주신 인생길을 대하는 우리의 태도를 말하는 것이다. 바울은 "너희의 태도는 그리스도 예수의 태도와 같아야 한다"(빌 2:5, NLT)고 말한다. 그분은 아버지께서 예비하신 자신의 잔을 마셨을 뿐만 아니라 즐겨 그리하셨다. 그래서 바울은 우리에게 '심령이 새롭게 되어야 한다[정신적, 영적으로 새로운 태도를 가져야 한다, AMP]'(엡 4:23)고 말한다.

왜 그럴까? 우리의 태도가 동기에 영향을 미치고, 심판대에서 행위만이 아니라 그 내면의 동기를 보고 심판을 받기 때문이다. 바울의 말을 다시 한 번 보자.

이는 우리가 다 반드시 그리스도의 심판대 앞에 나타나게 되어 각각

선악간에 그 몸으로 행한 것을 따라[목적과 동기가 무엇이었고, 무슨 일을 성취했고, 무슨

일로 바빴고, 무슨 일을 이루려고 자기 자신과 관심을 쏟았는지 등을 감안하여 각자의 삶을, AMP]

받으려 함이라(고후 5:10).

하나님을 섬기다가 마음에 쓴 뿌리가 생긴 사람들을 보면 가슴이 아프다. 그들은 '영원'이라는 시각을 잃은 채로 계속 일한다. 그들의 태도는 지칠 대로 지쳐 있고, 시기와 이기심이 동기가되었다. 열정으로 시작한 많은 사람들이 끝을 잘 맺지 못하는 원인으로 나는 이보다 더 큰 것을 생각할 수 없다. 그래서 성경은 "너희는 하나님의 은혜에 이르지 못하는 자가 없도록 하고 또 쓴 뿌리가 나서 괴롭게 하여 많은 사람이 이로 말미암아 더럽게 되지 않게 하며"(히 12:15)라고 경고한다.

"많은 사람"이라고 한 부분을 눈여겨보라. 30년 넘게 전임 사역을 하면서 나는 그런 일을 수없이 보았다. 그때마다 가슴이 무너진다. 이 권고의 말씀을 AMP 역본은 "앞을 내다보며 각별히 서로 돌아보라"라고 옮겼다. 이런 쓴 뿌리가 발을 디디지 못하게 우리는 서로 말해 주어야 한다. 우리가 사랑하는 이들이 근본적인 태도를 지적받지 못해서 실족하거나 상을 다 받지 못하는 것은 우리가 원하는 바가 아니지 않은가!

우리 부부는 특히 이 영역에서 우리 자녀들과 교역자들에게 주의를 기울여 왔다. 전임 사역자로서 여러 곳을 돌아다니며 사역하는 것이 우리의 소명이다 보니, 우리 자녀들의 삶에도 그로 인한 은혜가 있다. 우리는 아이들이 그 은혜에 이르지 못하는 자가 되기를 원하지 않는다. 우리는 이런저런 말로 그들을 격려하고, 태도를 지도하고, 강건하게 지켜 왔다.

내가 우리 네 아들과 함께 앉아서 이렇게 말하던 날이 기억난다. "애들아, 너희도 잘 알다시피 아빠는 매달 출장을 다니는 날이 많고 엄마도 한 달에 며칠씩은 집을 비우잖니? 아빠 엄마가 이렇게 하는 것은 이것이 우리 삶을 향한 하나님의 부르심이기 때문이야. 하나님은 아빠 엄마가 이런 식으로 그분의 영광을 위해 사람들의 삶을 돕고 그분의 나라를 세우도록 정하셨어. 아빠 엄마의 삶을 향한 하나님의 부르심을 너희는 두 가지 방식으로 볼 수 있는데…… 하나는 아빠 엄마를 빼앗기고 정상적인 가정생활을 잃어버린 것으로 보는 것이고, 다른 하나는 이걸 아빠 엄마만의 사역이 아니라 너희의 사역으로 보는 거야. 이것이 너희의 사역이 되려면 너희가 아빠 엄마를 씨앗으로 심는다는, 그러니까 하나님의 목적을 위해 수많은 영혼들의 삶으로 아빠 엄마를 파송한다는 마음가짐이 필요해. 그것이 너희의 태도가 된다면, 우리를 통해 변화되는 모든 영혼들로 인해 너희도 심판대에서 상을 받을 거란다. 하지만 그냥 아빠 엄마를 빼앗긴 것으로 본다면 너희는 아빠 엄마가 만나는 영혼들로 인해 상을 하나도 받지 못할 거야. 그러니 얘들아, 너희 마음의 태도가 모든 걸 결정한단다."

우리 아이들은 감사하게도 그 말을 꼭 붙들었고, 그 결과 우리의 사역과 관련해 한 번도 불평한 적이 없다. 사실 아내와 내가 초빙을 수락하지 못하고 망설이면 오히려 아이들이 우리더러 가라고 권해 준 때가 많다. 우리는 자녀들과 아주 좋은 관계를 누리고 있다. 또 그들은 모두 하나님을 사랑하고, 우리의 사역 안에서 우리와 함께 섬긴다. 이 놀라운 은혜를 인해 하나님께 감사드린다. 이제 그 결과로 그들은 아주 어린 나이 때부터 자신들의 므나를 배가시키고 있다.

우리 교역자들에게도 나는 똑같이 해 왔다. 나는 그들에게 말하곤 한다. "여러분은 여기서 일하는 것을 그저 직업으로 볼 수도 있습니다. 그러면 여러분은 결국 지치고 쓴 뿌리가 생겨서 심판대에서 상을 받지 못할 것입니다. 반대로 여러분은 이것을 수많은 영혼들을 섬기는 특권으로 볼 수도 있습니다. 매번 책 한 권을 발송하고, 이메일 하나에 답신을 보내고, 다른 사람의 소셜미디어에 들어가고, 집회 하나하나를 주선할 때마다 여러분은 하나님이 영혼들을 만져 주시려고 행하시는 일의 중요한 일부분입니다. 그분은 그 영혼들을 만져 주시려고 이 사역을 세우셨습니다. 여러분은 장비를 지키던 다윗의 사람들과 같습니다." 교역자들은 이 말을 꼭 붙들었고, 훌륭한 태도를 보이고 있다. 궁극적인 책임은 그들에게 있지만, 생명의 말들을 해서 그들 자신의 개인적인 태도를 지켜 주는 것이 지도자로서 내 본분이다.

훌륭한 태도를 지키면 우리의 므나를 배가시키고 끝까지 집짓기를 잘 마치는 데 도움이 된다. 하나님은 자신의 맞춤식 주택을 짓고 계신다. 우리가 그분의 동역자라니 이 얼마나 큰 특권인가. 그러니 당신이 맡은 부분이 아무리 시시해 보일지라도 모든 부분이 다 중요하다는 것을 잊지 말라. 당신의 효율성은 스스로 마음먹는 만큼 높아질 수도 있고 떨어질 수도 있다. 당신을 향한 내 바람은 사도 요한과 똑같다. "너희는 스스로 삼가 우리가 일한 것을 잃지 말고 오직 온전한 상을 받으라"(요이 1:8).

구주 예수를
온 삶으로 외치며

나의 교훈과 행실과 의향과 믿음과 오래 참음과 사랑과 인내(를) ……
네가 과연 보고 알았거니와.
디모데후서 3장 10-11절

성령이 나를 인도하셔서 하게 하신 가장 시시한 일들이
나중에는 내 인생에서 가장 중요한 배가 요인들이 되었다.
하나님은 그 배가에 마땅한 상을 당신에게 주고 싶어 하신다.
−

그 날에, 이 땅에서 다른 사람들의 삶에 끼친 영향력과 관련해 우리는 상을 받거나 반대로 타격을 입을 것이다. 그런데 그것은 우리의 사역의 결과일 뿐만 아니라, 또한 우리의 개인적인 행보, 즉 다른 사람들을 어떤 방식으로 대하고 그들과 어떻게 더불어 살아왔는지를 보여 주는 결과이기도 하다. 후자도 전자 못지않게 중요하다.

다른 사람들을 보는 시각은 우리가 그들을 대하는 동기가 된다. 그래서 우리는 그들을 세우는 쪽으로 대하기도 하고, 무너뜨리는 쪽으로 대하기도 한다. 사람들을 나보다 아래로 본다면 우리는 그들을 하대할 것이다. 그들의 필요를 가볍게 여기고, 말할 때도 하대할 것이다. 그러나 만일 사람들을 귀한 존재로 본다면 우리는 긍휼과 사랑의 마음으로 그들의 삶을 굳건히 세워 주려고 할 것이다.

사람들을 도구로 본다면 우리는 그들을 이용할 것이다. 우리의 소원이나 필요나 욕구를 그들의 가치보다 더 우위에 둔다면 특히 더할 것이다. 그러나 사람들을 하나님의 형상대로 지음받은 지극히 소중하고 가치 있는 존재로 본다면, 심지어 우리 자신을 희생하게 되더라도 그들을 축복하는 행동을 할 것이다. 그것이 그리스도를 닮아 가는 삶이다.

나의 이기적인 요새들

예수님을 알기 전에 나는 아주 자기중심적인 사람이었다. 1979년에 회심한 후로 성령께서 내 행동 방식들 속에 숨은 이기적인 요새들을 공격하셔야만 했다. 그리스도 안에서의 처음 10년은 모질고 모진 지적의 시기였다. 내 삶의 요새들 가운데 하나는 성적인 정욕이었다. 포르노의 유혹이 오면 나는 그것을 떨치기가 아주 힘들었다. 6년간 씨름하다가 1985년에 나는 금식 나흘째에 거기서 건짐받았다. 일단 해방되자 내 생각의 근본이 새로워지는 과정이 시작되었다.

내 안에 숨은 정욕의 뿌리를 발견하는 데 이후로도 몇 년의 시간이 걸렸다. 그 시간들 동안 내 안에서는 하나님을 사랑하는 마음이 계속 자랐고 사람들을 소중히 여기는 마음도 계속 커졌다. 그러는 사이 정욕 중독이 이기심의 극단임을 깨달았다. 한 여자를 포르노 보듯이 또는 정욕의 눈으로 본다는 것은 그녀를 살점 덩어리로 격하시키는 것이었다. 그 사실이 내 마음에 점차 역겨워졌다.

여성이 영광과 영예의 관을 쓰고 하나님의 형상대로 지음받았다는 계시가 내 안에서 계속 더 강해졌다. 물론 오래전부터 알기는 했지만 그것은 내 존재의 일부라기보다는 머릿속에만 있는 지식일 뿐이었다. 시간이 흐르면서 나는 하나님이 변화시켜 주시는 과정의 실체를 보았다. 광고판이

나 잡지 표지나 텔레비전에서 포르노 영상들이 내 앞에 휙 나타나면 나는 공격당하는 기분이었고, 예수님이 위하여 피를 흘리신 그 사람이 살점 덩어리로 격하되는 데 분노가 치밀었다. 계시가 강해지면서 내가 여자들을 대하는 방식도 현저히 달라졌다.

일부 사람들이 여자들을 대하는 방식을 보면 충격적이다. 교회에서도 마찬가지다. 그들은 여자들을 업신여기고, 가치가 떨어지는 사람처럼 보고, 심지어 경멸한다. 절대 그래서는 안 된다. 남자와 여자는 하나님 나라를 대등하게 상속받을 존재이며, 남자는 더 강한 그릇인 만큼(영혼이나 심령이 아니라 몸이 더 강하다는 뜻이다) 자신보다 여자를 더 높여야 한다. 남자는 마땅히 여자를 존중하고, 귀히 여기고, 아끼고, 보호하며, 늘 세워 주어야 한다.

남편들이여, 당신은 부부의 머리지만 하나님 나라에서 머리의 자리란 처자식 위에 군림하는 것이 아니라 섬김으로써 가족들을 위해 목숨을 버린다는 뜻이다. 머리의 역할을 아내보다 자기를 높이는 것으로 본다면 당신은 아내를 세우기보다는 상처를 입히고 허무는 식으로 대할 것이다. 그리고 심판 날 거기에 관해 하나님께 직고하게 될 것이다.

거부당하는 것이 두려워서

하나님이 들추어내신 이기심의 영역이 또 하나 있었는데, 그것은 내게 훨씬 더 기만적이었다. 1980년대에 나는 교역자와 직원이 400명쯤 되는 교회 교역자로 섬겼다. 우리 교회는 교인이 8천 명이 넘었고, 전국에 있는 수천 개 교회를 지원하고 있었다. 그때만 해도 나는 누군가에게 지적받는 것이 못내 싫었고, 그래서 어떻게든 그것을 피하려고 했다. 나는 사람들에게 극도로 친절하고 공손했다. 기회 있을 때마다 사람들에게 듣기 좋은 말을 했는데, 그중에는 사실이 아닌 내용도 있었다. 그렇게 나는 교인들에게 가장 잘해 주는 교역자 가운데 하나로 평판이 났다. 그런 평들이 들릴 때마다 나는 쾌재를 불렀다.

그러던 어느 날, 기도 중에 하나님이 물으셨다. "고린도전서 13장 어디에 내가 '사랑은 잘해 주는 것'이라고 했더냐?"

나는 약간 당황하여 대답했다. "아무 데도 없습니다."

그러자 그분은 말씀하셨다. "아들아, 네가 다른 사람들에게 사실이 아닌데도 듣기 좋은 말만 하는 이유를 알겠느냐?"

나는 대답했다. "아니, 모르겠습니다. 생각해 본 적이 없습니다."

그분이 곧바로 되받으셨다. "너는 거부당하는 것을 두려워하는구나! 그렇다면 네 사랑의 초점은 누구냐? 너냐, 그들이냐? 사람들을 정말로 사랑한다면 너는 그들에게 진실을 말할 것이다. 그들이 그것을 좋아하든 말든 말이다. 설령 그들에게 거부당한다 할지라도 그들을 도와서 잘되게 하는 것에 더 관심을 가질 것이다."

공손함의 탈을 쓴 내 이기심이 똑똑히 보였고, 괴로운 진실이 밝히 드러났다. 나는 받아들여지고 싶은 욕구를 위해 사람들을 이용했던 것이다. 인정받아서 내 정서 불안을 달래고 싶었고, 그래서 다른 사람들을 돕는 데에 우선순위를 두지 않았다. 그들의 수용을 원했을 뿐이다.

수많은 사역자들이 하나님 말씀의 긍정적인 면만 전하는 것이 그 때문이다. 그들은 좀처럼 경고나 교정이나 책망을 하지 않는다. 그들은 교인들을 진정으로 사랑하는 일보다는 교회 크기가 줄어들지 않도록 그들의 심기를 건드리지 않는 데 더 관심이 있다. 당신의 사랑의 초점은 누구인가? 당신인가, 다른 사람들인가? 눈을 가리고 벼랑으로 달려가는 사람을 본다면 당신은 그 해로운 길에서 방향을 돌리게 하려고 그에게 소리를 지르지 않겠는가? 나는 이 '사랑의 사역자들' 가운데 일부가 사석에서 말하는 것을 들은 적이 있는데, 그들이 사람들에 관해 말하는 방식은 가히 놀라웠다. 그들은 종업원 같은 서비스직 종사자들을 무슨 천민들 대하듯이 대한다. 공적인 사역 현장 바깥에서 그들은 사람들에게 어떤 영향을 끼치고 있는가? 살면서 만나는 사람들에게 어떤 영향을 끼쳤는지 그들은 하나님 앞에서 직고하게 될 것이다.

옳은 것에 집착해 회중을 들볶다

그런데 이 계시가 내 삶에 들어오자 이번에는 추(錘)가 완전히 반대쪽으로 기울었다. 냉혹한 설교자가 된 것이다. 내 마음에는 아직도 사람들을 향한 하나님의 사랑이 불타오르지 않았다. 나는 사람들이 영원히 잘되는 것보다 내가 옳은 것에 더 집착했다. 때로는 회중들을 들들 볶기도 했다. 초점은 여전히 나였다. 내 이기심이 나타나는 방식만 달라졌을 뿐이다. 내 행동은 다음 성경 구절을 나타내는 전형적인 예였다. "너희는 모든 사람이 너희의 완벽한 지식에 동의해야 한다고 생각한다. 지식이 있으면 스스로 대단한 사람처럼 느껴질 수 있지만 교회를 정말로 세우는 것은 사랑이다"(고전 8:1-2, NLT).

우리가 했던 순회 사역 초창기를 지금 와서 돌아보면, 내가 떠난 후에 뒷수습을 해야 했던 목사들에게 정말 면구스럽기 짝이 없다. 내가 그 당시에 담임목사였다면, 우리 교회에 와서 말씀을 전해 달라고 존 비비어를 초빙하는 일은 절대로 없었을 것이다. 한참 미성숙했음에도 하나님과 그분의 사람들을 섬기려는 내 진실한 열망을 보고 나를 불러 준 그 지도자들에게 그저 고마울 따름이다.

더 이상 나는 수용을 얻고 거부를 피하려고 사람들을 추켜세우지 않았고 진실을 말하며 잘못을 지적하고 있었으나, 그 동기는 여전히 이기적이었다. 하나님은 내 안에 숨어 있는 그 동기를 씻어 내고 계셨다. 몇 년 후에 어느 저명한 목사가 아주 영향력 있는 어떤 지도자들 앞에서 나를 비판했다. 이후 그가 내놓은 나에 관한 평이 각기 다른 세 개의 대륙에서 내 귀에 들어왔다. 처음에는 분노가 치밀고 참담했으나, 원한을 품어 봐야 내가 하나님에게서 멀어질 뿐이라는 것을 알았다.

결국 그 사람이 나를 공격한 덕에 하나님께 나를 더 사랑해 달라고 전에 없이 부르짖을 수 있었다. 내 삶에 긍휼이 더 많아지게 해 달라고 하나님께 간절히 구했다. 그렇게 시간이 흐르는 사이 하나님은 내 마음속에 그분의 소중한 사람들을 향한 그분의 사랑이 무르익게 하셨다.

그 과정에서 주님은 내게 하나의 계시를 주셨는데 그것이 내 사역을 바꾸어 놓았다. 당신은 혹 아주 깊고 심오한 말을 예상할지 모르지만, 정말 아주 단순한 것이다. 곰곰이 생각해 보기까지는 아예 우스워 보일 수도 있다. 바로 "설탕을 한 숟갈 넣으면 약이 잘 내려간다"는 것이었다. 단것과 함께 주어도 약의 효능이 떨어지지 않음을 나는 배웠다. 오히려 먹기가 더 쉬워질 뿐이고, 대부분의 경우는 아예 즐거워지기까지 한다. 그간 수많은 지도자들이 내게 이런 말을 해 주었다. "존, 하나님의 말씀이 우리 죄를 도

려내는 중에도 당신이 어찌 그리 우리 모두를 웃길 수 있는지 놀랍습니다. 심각한 주제를 당신은 정말 생명력 있게 전달했어요." 이 말을 처음 들었을 때, 내가 하나님의 은혜로 자라고 있음을 깨달았다. 그분께 깊은 감사를 드린다!

다른 지도자들에게 나를 비판한 그 목사는 필시 나를 축복하려는 의도는 아니었겠지만, 실제로 그는 내 삶에 주신 큰 축복이었다. 때로 하나님은 사람들의 악한 의도까지도 선하게 사용하셔서 당신이 당신의 인생을 향한 그분의 뜻 가운데 들어가게 하심을 잊지 말아야 한다. 그분은 가룟 유다를 사용하셔서 예수님의 십자가를 연출하셨다. 그분은 요셉의 형들의 악의를 사용하셔서 친히 요셉에게 주셨던 꿈을 이루셨다. 그런 예는 얼마든지 많이 있다.

'하나님 사랑'이 기준이자 목표

이 모두는 다른 사람들을 바라보는 우리의 시각으로 귀결된다. 하나님의 사랑과 긍휼이 우리의 삶에 자란다면 우리는 다른 사람들을 업신여기지 않을 것이다. 사람들을 나보다 아래로 보면 비판적인 대우, 판단하는 태도, 냉정한 행동 등이 나오는 것은 당연하다. 바울이 로마 신자들에게 하는 말을 보라.

네가 어찌하여 네 형제를 비판하느냐 어찌하여 네 형제를 업신여기느냐 우리가 다 하나님의 심판대 앞에 서리라 …… 이러므로 우리 각 사람이 〔심판 때에) 자기 일을 하나님께 직고(답변, AMP)하리라(롬 14:10, 12).

서로 사랑하라는 두 번째 지상 계명을 놓친다면 우리는 바울이 말한 비판의 덫에 빠져 서로 업신여길 수밖에 없다. 특히 성경 지식은 있는데 성령의 열매라는 기초가 없을 때에 그런 사고방식이 나타난다.

성경은 우리에게 하나님은 사랑이시라고 말한다. 다만 사랑이 하나님은 아니라는 점을 짚고 넘어갈 필요성이 있다. 하나님의 성품, 길, 목적은 우리가 정의하는 사랑에 국한되지 않는다. 예수님을 알기 전까지는 아무도 사랑을 알 수 없다. 하나님은 사랑의 본체이시다.

하나님께 사랑이 있다는 말은 어디서도 볼 수 없다. 하나님께는 능력도 있고 은사도 있고 권세도 있고 그 밖에 많은 것들이 있다. 그러나 예수님은 사랑의 본질 자체이시다. 그러므로 우리도 달라서는 안 된다. 그분의 성품 안에서 다시 태어났기 때문이다. 그래서 바울은 이렇게 말한다.

> 내가 사람의 방언과 천사의 말을 할지라도 사랑이 없으면 소리 나는 구리와 울리는 꽹과리가 되고 내가 예언하는 능력이 있어 모든 비밀과 모든 지식을 알고 또 산을 옮길 만한 모든 믿음이 있을지라도 사랑이 없으면 내가 아무것도 아니요 내가 내게 있는 모든 것으로 구제하고 또 내 몸을 불사르게 내줄지라도 사랑이 없으면 내게 아무 유익이 없느니라(고전 13:1-3).

사랑은 말에서 나오지 않는다. 우리는 말로 누구를 아낀다고 할 수 있지만 우리의 행동이 그것을 부정하기 쉽다. 사랑은 행동에서 나오는 것도 아니다. 그래서 이 말씀에서 바울은, 우리가 최고의 사랑처럼 보이는 행위

(내게 있는 모든 것으로 구제하고, 내 몸을 불사르게 내주는)를 할 수 있으나 그것이 사랑과 무관할 수 있다고 말한다. 이로써 우리는 참된 사랑은 마음에서 나온다는 것을 알 수 있다.

사랑하면 우리는 다른 사람들을 오래 참아 주고 친절하게 된다. 다른 사람들이 잘되는 모습을 보는 것이 우리의 소원이므로 그들의 성공을 시기하지 않는다. 절대로 나 자신을 자랑하지 않고, 모든 오만과 교만을 삼간다. 자기 방식을 강요하지 않는다. 자신의 조급한 태도 때문에 짜증 내지 않는다. 남이 내게 잘못해도 그것을 마음에 담아 두지 않고 기꺼이 용서하며 모든 빚을 탕감해 준다. 불의를 보고 웃지 않으며, 자비와 진리에만 열정을 품게 된다. 사람들을 포기하거나 믿음을 잃지 않고, 늘 최선을 바라고 믿는다.

다른 사람들을 성급히 정죄하지 않으며, 설사 유죄로 드러나더라도 그들이 회개하고 회복하리라는 희망을 버리지 않는다. 늘 희망에 차 있고, 하나님 나라의 유익이나 다른 사람의 행복을 위해서 모든 고생을 견딘다. 결론적으로 우리는 다른 사람들을 경건하게 세우기 위해서 살게 되며, 그러한 건덕(健德)은 그들이 그리스도께 순종하고 자신의 삶을 향한 그분의 뜻을 이룰 때에만 이루어진다.

나는 어떤 영향력을 끼치고 있는가

몇 년 전에 나는 아주 친한 친구의 장례식에 참석했다. 그의 이름은 잭 윌리스다. 그는 미시간주 디트로이트에 디트로이트세계선교교회를 창립했다. 다양한 인종이 모이는 이 교회는 10년 만에 4천 명이 출석하는 교회로 성장했다. 한 전도 집회에서 설교하기 위해 짐바브웨로 가던 잭은 비행기에서 내리자마자 심장마비로 쓰러졌다.

미국 전역에 있는 각종 사역 기관 지도자들, 지역사회 지도자들, 유수한 기업들의 부사장들은 물론이고 사회에서 말하는 블루칼라 일꾼들, 노숙인들, 정부에서 제공하는 식량 배급표를 받아서 생계를 유지하는 사람 등 수천 명의 사람들이 그의 장례식에 참석했다. 그의 교회에는 바로 이렇게 다양한 사람들이 다니고 있었다. 그뿐만 아니라 예수님을 주님으로 알지 못하는 사람들도 다수 장례식에 왔다. 호텔과 식당 사람들을 비롯해 고인이 개인적으로 만나 큰 영향을 끼쳤던 지역사회 사람들도 있었다.

교회 밖의 사람들이 장례식에 참석한 사실에 나는 놀라지 않았다. 잭과 나는 교회 밖에서 함께 꽤 많은 만남을 가졌기 때문이다. 누구를 만나든 예의를 갖추던 그의 모습은 내게 큰 귀감이 되었다. 그는 모든 사람 하나하나를 소중하고 가치 있는 존재로 대했다. 그는 모든 서비스직 종사자들에게 팁을 후하게 주었다. 나는 약간 지나친 듯한 생각이 들어서 조금 멈칫할 때가 있었으나 어느 날 그의 말을 듣고는 그 미련한 사고방식을 고쳤다. 그는 그들 모두가 하나님께 한없이 소중하고 귀한 존재들이라고 말했다. 잭은 자기와 함께 있는 사람에게 마치 그 사람이 가장 중요한 사람인 듯한 '기분만 들게 하는 것'이 아니었다. 잭과 함께 있으면 그 사람은 잭에게 '정말로 가장 중요한 사람'이었다.

장례식은 네 시간 반이나 걸렸다. 잭과 가까이 지낸 많은 지도자들에게 잠시 일어나서 몇 마디 나누어 달라는 당부를 했던 것이다. 그가 우리와 얼마나 가깝고 우리에게 어떤 의미가 있는지 우리 네댓 명한테서 듣고

난 뒤에, 아주 저명한 지도자 하나가 일어나서 말했다. "나는 내가 잭의 가장 친한 친구인 줄 알았소!" 모두가 웃었다.

잭이 우리 각자를 자신의 가장 친한 친구로 보았고, 또 그렇게 대했음을 우리 모두는 알고 있었다. 이 훌륭한 지도자는 전도 집회와 텔레비전 방송을 통해서 여러 나라에 영향을 끼쳤을 뿐 아니라 개인적으로 접하게 된 그 모든 사람들에게도 영향을 끼쳤다. 상대가 큰 기업체 대표든 구호금을 받아서 사는 사람이든 상관없었다. 잭은 그 사람을 한 인간으로 사랑하고 그 사람과 소통할 줄을 알았다. 잭은 자신의 소명과 은사에 충실했을 뿐 아니라 삶의 모든 영역에서 자신의 므나를 배가시켰다.

한편 내 삶에 매우 깊은 영향을 미친 사람들 가운데 일부는 설교 강단에서 볼 수 없는 사람들이다. 그중 하나는 로크웰 인터내셔널에서 일하는 금융 담당 사원 마이크였다. 나는 그리스도인이 된 지 2년 만에 그를 알게 되었다. 그의 자리는 내 자리와 가까웠고, 우리는 휴식 시간과 점심시간에 하나님 이야기를 하곤 했다. 나중에 우리는 서로의 집도 오가고 교회에서도 몇 시간씩 어울렸다. 내게 가장 큰 영향을 준 것은 마이크의 성실함과 그가 가진 성경적이고 실제적인 지혜였다. 자신의 아내와 자녀들을 비롯해 마주치는 모든 사람들을 높이고 사랑하고 존중하던 모습도 내게 큰 영향을 주었다.

이후 나는 로크웰을 나와서 사역의 길에 들어섰다. 얼마 후에 그도 나와서 회계 회사를 창업했는데 그 회사는 지금도 건재하다. 사업은 크게 성공했다. 지금까지 그가 세금 보고와 회계 장부를 도와준 고객은 12,000명이 넘고, 단골 고객도 5천 명에 달한다. 그의 정직성과 성실함을 높이 산 고객들은 해마다 그를 찾는다.

최근 그에게, 고객 가운데 그가 하나님의 말씀을 전한 사람이 몇이나 되느냐고 물어보았다. "줄잡아서 90퍼센트는 될 거야." 그러니까 자그마치 만 명이 넘는다는 말이다.

놀라웠다. 이어서 나는 그중 구원으로 인도한 사람들은 몇이냐고 물었다. 그는 수백 명이라고 하면서, 지난주에도 쿠바 사람 한 명을 주님께 인도하고 암을 치유해 달라고 함께 기도했다고 답했다.

그는 또 많은 사역 기관들이 회계 장부를 처음 만드는 일을 도왔다. 우리도 초기부터 그의 도움을 받았다. 그는 내 인생의 소명을 보고는 몇 년간 무료로 세금 보고를 해 주었다. 마이크의 삶은 여러모로 사람들에게 선한 영적 영향을 끼쳐 왔다.

한번은 마이크가 자기 인생에 가장 큰 영향을 미친 한 수위 아저씨에 대해 말해 준 적이 있다. 최근 나는 마이크에게 연락해 그분에 대해 다시 물어보았다. 그러자 이내 수화기 너머로 울음 섞인 목소리가 들려왔다.

"존, 나는 삼촌과 숙모가 아홉인데 그중 여섯은 정신병원에 가셨어. 내 어머니도 결국 정신병원에 가셨고. 내 친할아버지와 외할아버지는 둘 다 다른 사람이 쏜 총에 맞아 돌아가셨지. 우리 집안은 엉망이었고 나도 그 운명을 향해 가고 있었어.

집안 형편이 너무 어려워지자 어머니는 나를 다른 집으로 보내면서 나를 보살펴 달라고 부탁하셨지. 한 7년 정도 그 집에서 함께 살았는데, 그 집 아저씨가 바로 내가 말한 그 아저씨야. 아저씨는 인근 제지 공장에서 건물 관리(수위) 일을 하셨고, 이름은 찰리였어. 찰리 아저씨의 정직함, 예수님께 대한 헌신, 사람들을 향한 사랑이 내 삶의 저주를 끊어 주었어. 매주 아저씨는 나를 교회에 데리고 가서 하나님의 길을 가르치셨지. 아저씨

덕에 오늘의 내가 있게 된 거야. 언젠가 우리 딸이 리포트를 썼는데 제목이 '내가 아는 가장 위대한 사람'이었어. 바로 찰리였지."

필시 당신은 이 세상 뉴스에서는 찰리 이야기를 듣지 못할 것이다. 그러나 그의 영향력은 마이크가 섬긴 수많은 사람들에게까지 미쳤다. 또 그의 영향력은 마이크를 통해서 나에게까지 이르렀다. 그러니까 내가 그동안 섬기는 특권을 누렸던 사람들 수백만 명도 간접적으로 찰리의 영향을 받은 셈이다. 이 한 사람이 어떻게 자신의 므나를 배가시켰으며, 그리하여 장차 얼마나 큰 상을 받게 되었는지 알겠는가?

작은 말과 행동이 일으키는 돌풍

그 이야기를 하다 보니 최근에 우리 직원 하나가 내게 읽어 준 실화가 떠오른다. 맥스 주크스라는 무신론자와 조나단 에드워즈라는 경건한 사람에 관한 것인데, 사연은 이렇다.

무신론자 맥스 주크스는 신앙 없는 삶을 살았다. 그는 신앙 없는 여자와 결혼했는데 그 후손 중에 거지로 죽은 사람이 310명, 범죄자가 150명, 살인자가 일곱 명, 술고래가 100명이었고, 여자들은 절반 이상이 매춘부였다. 그의 후손 540명은 주 정부의 돈을 125만 달러나 축냈다.
그러나 주께 감사하게도 이 원리는 양쪽으로 다 통한다! 미국의 위대한 하나님의 사람 조나단 에드워즈에 대한 기록이 있다. 그는 맥스 주크스와 같은 시대를 살았으나 경건한 여자와 결혼했다. 조나단 에드워즈의 알려진 후손 1,394명을 조사해 보니 대학 총장이 13명, 대학 교수 65명, 미국 상원의원 3명, 판사 30명, 변호사 100명, 의사 60명, 육해군 장교 75명, 목사와 선교사 100명, 유명한 저자 60명, 미국 부통령 한 명, 각 분야에서 일하는 공무원 80명, 대졸자 295명이 나왔고 그중에는 주지사들과 외교관들도 있었다. 그의 후손들은 주 정부의 돈을 단 한 푼도 쓰지 않았다.[1]

이것은 므나가 배가된 또 하나의 사례다. 찰리, 마이크, 조나단 에드워즈는 헤아릴 수 없이 많은 사람들의 삶에 영향을 끼쳤다. 그들의 영향력은 위대한 유산으로 이어졌다. 그러나 지금 말하는 그 많은 무리에게 영향을 끼친 것은 그들의 공적인 사역이 아니라 개인적인 생활이었다. 이것은 하나님이 우리 모두에게 주시는 특권이다.

당신이 경찰관에게 대응하는 방식, 목사에게 말하는 방식, 어린아이를 대하는 방식, 재정 문제를 처리하는 방식, 사람들한테 말할 때 쓰는 단어들, 이 모두가 주변 사람들의 삶에 영향을 끼친다. 그 밖에도 얼마든지 많이 있다. 당신은 세우는 자가 될 것인가 걸림돌이 될 것인가?

이러므로 우리 각 사람이 자기 일을 하나님께 직고하리라 그런즉 우리가 다시는 서로 비판하지 말고 도리어 부딪칠 것이나 거칠 것을 형제 앞에 두지 아니하도록 주의하라 …… 그러므로 우리가 화평의 일과 서로 덕을 세우는 일을 힘쓰나니 (롬 14:12-13, 19).

바울은 지금 하나님의 심판대와 직결시켜서 이 말을 하고 있다. 우리가 개개인에게 끼친 모든 영향이 투명한 조사를 받는다. 이것을 늘 염두에 두고 사는 것이 대단히 중요하다. 그것이 동기가 되면 우리는 자신을 챙기기보다는 승리에 힘쓰게 된다.

19세기에 살았던 레베카 루터 스프링거는 자신의 상급을 받으러 최종적으로 떠나기 전에 장시간 천국에 다녀올 기회가 주어졌다. 돌아와서 그녀가 남긴 책에, 그녀가 천국에서 많은 시간을 함께 보냈던 사람에게 들은 말을 인용했다. 그는 그녀 남편의 형제였는데, 천국에서 그가 주님과 가까이 있었다고 했다.

날마다 우리가 영원을 위해 집을 짓고 있다는 사실을 아직 현세에 있을 때에 알 수만 있다면 우리 삶이 여러모로 얼마나 달라지겠어요! 모든 부드러운 말, 모든 너그러운 생각, 모든 사심 없는 행동이 다 내세에 영원히 아름다운 기둥이 될 텐데![2]

사람들을 그리스도께 인도하는 삶

우리가 한 개인에게 끼칠 수 있는 가장 크고 선한 영향은 그 사람을 그리스도께 인도하는 것이다. 영원한 심판을 알면 그것이 당신 지인들에게 구원의 계획을 말해 주고 싶은 동기가 될 것이다. "지혜로운 자는 〔하나님을 위하여〕 사람을 얻느니라〔사람 낚는 어부로서 영원을 위해 사람들을 모으고 받느니라, AMP〕"(잠 11:30).

초신자 시절, 나는 만나는 사람 모두에게 복음을 전해야 한다는 압박감을 느꼈다. 그러다 나중에야 언제 무엇을 말해야 할지 성령의 인도를 구하는 법을 배웠다. 예수님도 아버지의 행하심을 본 것만 행하신다고 말씀하셨음을 나는 깨달았다. 하나님과 동행하면 자연스러운 흐름이 있다. 좌절을 낳고 사람들을 등 돌리게 만드는 강박증이 아니다.

그러나 다른 사람들을 영생으로 인도하고픈 충동은 우리가 본향에 갈 때까지 항상 있을 것이다. 하나님의 사랑이 그런 갈망을 자극한다. 누군가를 그리스도께 인도하면 하나님은 물론 모든 천사들까지 말할 수 없는 기쁨으로 즐거워한다. 거기에는 일정한 상이 따른다. 예수님은 "거두는 자들은 후한 삯을 받으며, 그들이 거두는 열매는 영생에 이른 사람들이다"(요 4:36, NLT)라고 말씀하신다.

나는 데이트 첫날에 지금의 내 아내 리사를 주님께 인도하는 특권을 누렸다. 예수님께 온 지 얼마 안 되었을 때에 나는 하나님이 내게 아내를 보내 주실 때까지 다른 여자와 데이트하지 않기로 다짐했다. 하나님이 아담에게 하와를 데려오셨으니 내게도 똑같이 하실 수 있다는 생각이 들었다. 그리스도인이 되기 전에 나는 많은 여자들과 데이트했고, 후에도 몇몇 신앙이 있는 여자들과 데이트했지만 하나님과의 동행에 방해가 된다는 것을 느꼈다. 헤어지고 나면 영혼에 상처와 생채기가 남았다. 오래지 않아서 나는 그것이 건강치 못한 일임을 깨달았다. 그래서 나는 기도하지 않고는 데이트를 나가지 않기로 다짐했다.

리사는 당시 친구들과 놀러다니기 좋아하는 여학생이었다. 캠퍼스의 어떤 남학생은 리사가 캠퍼스 여학생들 가운데 가장 왈가닥이라고 했다. 그 말이 전적으로 사실인지는 모르겠지만 거의 정확했다. 리사와 만나기 시작할 무렵, 나는 데이트를 나가지 않은 지 1년 반이 된 터였다. 매번 여쭐 때마다 주님께서 가지 말라고 하셨기 때문이다. 그러나 이번에는 성령께서 그녀를 성경공부 피크닉에 청하라고 강권하시는 것 같았다. 그녀는 수락했다.

나중에 캠퍼스를 걸으면서 자정부터 새벽 한 시 반까지 그녀에게 복음을 전했다. 그러자 그녀는 내 말을 가로막고는 당장 구원받게 해 달라고 했다. 얼마 후 우리는 우리의 결혼이 하나님의 뜻임을 둘 다 알았다. 내 쪽에서 수지맞은 거라고 나는 솔직히 말할 수 있다. 그녀가 아니었다면 나는 오늘의 내가 아닐 것이다.

리사는 어마어마하게 많은 사람들의 삶에 선한 영향을 미치고 있다. 책을 쓰는 작가이며, 부당함에 맞서 변호하고, 전 세계 각종 집회에서 강사로 선다. 하나님이 아내에게 주신 사역을 통해 무수히 많은 여성들이 해방을 얻었고, 혼전 순결을 서약했고, 헤아릴 수 없이 많은 사람들이 치유와 구원을 얻었다. 내가 모험을 무릅쓰고 그녀에게 복음을 전하지 않았다면 어떻게 되었을까? 그녀가 비웃을까 봐 두려워서 그녀에게 예수님을 말해 주지 않았다면 어떻게 되었을까? 분명히 하나님은 누군가 다른 사람을 보내셨을 것이고, 나는 하나님이 골라 주신 최고의 아내를 놓쳤을 것이고, 영원을 위해 그 모든 사람들을 섬긴 아내의 사역에 한몫하지 못했을 것이다. 하나님이 허락하신 선물들에 감사드린다!

잊지 말라. 씨는 결국 배가되지만 한 알의 씨 자체는 시시해 보인다. 성령의 인도하심을 절대로 당연시하지 말라. 성령을 무시해서는 더더욱 안 된다. 그분이 나를 인도하셔서 하게 하신 가장 시시한 일들이 나중에는 내 인생에서 가장 중요한 배가 요인들이 되었다. 하나님은 당신이 배가시키기를 원하신다. 또한 그 배가에 마땅한 상을 당신에게 주고 싶어 하신다.

너무나 많은 것이 걸려 있다. 이 땅에서 우리에게 맡겨진 시간을 우리는 가벼이 여길 수 없다. 우리가 하나님의 계획에 순종느냐에 따라 사람들의 영원한 운명이 달라진다. 모든 사람이 구원받고 예수님의 형상을 닮는 것이 그분의 뜻이다. 그분은 아무도 뒤에 남겨지기를 원하지 않으신다.

애굽을 탈출한 후에 한 세대 전체가 광야에서 유리했다. 역사상 가장 위대한 지도자들 가운데 하나가 그들에게 있었건만 그래도 그들은 실패했다. 우리에게 굉장한 지도자들이 있을 수 있으나 건축의 대가이신 그분의 계획을 이루는 것은 한 세대로서 우리 모두에게 달려 있다. 그분은 "이 천국 복음이 모든 민족에게 증언되기 위하여 온 세상에 전파되리니 그제야 끝이 오리라"(마 24:14)고 선언하셨다. 우리의 사명을 놓치지 말자! 지금이 그때요 우리의 추수철이다. 그분이 문 밖에 계신다. 우리가 우리의 소명을 다하지 않으면 하나님은 여호수아 세대를 일으키신 것처럼 다른 세대를 일으키셔서 그분의 집을 완성하셔야 한다. 그분의 집을 다 채우시겠다고 이미 선고하셨기 때문이다.

우리는 하나님의 계획을 이루기 위해 각자 자신의 몫을 담당함으로써 그분께서 맡겨 주신 것을 배가시키기만 하면 된다. 낙심하지 말라! 당신이 맡은 부분을 시시하게 여기지 말라. 열정을 잃지 말라. 신약 성경에 분명히 나와 있고 이 책에 약술한 천국의 비전을 놓치지 말라. 이 세대를 사는 다른 사람들만 당신에게 의지하는 것이 아니라(당신이 한시가 급하게 예수님을 알려 주어야 할 사람들도 있고, 그분의 격려와 힘을 전해 주어야 할 사람들도 있다), 당신의 영원한 운명이 당신을 기다린다. 그분의 은혜에 전적으로 의지하면 성공할 수 있다. 그분은 신실하신 분이다!

하나님 나라에서 함께 살 동료 시민으로서 당신에게 호소한다. 당신의 부르심을 이루고 당신의 택하심을 굳게 하라. 당신의 경주를 끝까지 완주하라. 지금으로부터 천만 년 후에 당신은 뒤돌아보면서, 그러기를 잘했다고 기뻐할 것이다. 하나님의 뜻에 헌신하는 것은 아무리 해도 지나치지 않다. 그러니 이기기 위해 달리라! 모든 성도를 위한 바울의 간절한 기도를 당신에게 마지막 격려의 말로 남기고자 한다.

또 주께서 우리가 너희를 사랑함과 같이 너희도 피차간과 모든 사람에 대한 사랑이 더욱 많아 넘치게 하사 너희 마음을 굳건하게 하시고 우리 주 예수께서 그의 모든 성도와 함께 강림하실 때에 하나님 우리 아버지 앞에서 거룩함에 흠이 없게 하시기를 원하노라(살전 3:12-13).

DISCUSSION QUESTIONS

영원한 생명을 누리기 위한
인생 체크

1. 이 책을 읽기 전에는 '성공'을 어떻게 정의했는가? 이 정의에 따라 어떤 목표와 우선순위, 습관을 갖고 있었는가? 1부를 읽고 나서 시각이 변했는가? 그렇다면 어떻게 변했는가? 혹은 기존에 가지고 있던 시각이 어떤 면에서 옳다는 것을 확인했는가?

2. 영원이라는 개념의 중대성을 생각하면, 자신의 영원한 운명을 결정할 심판에 대해 확신한다는 것은 터무니없어 보인다. 하지만 요한일서 4장 17절에서 바로 이런 확신을 약속하셨다. 계속해서 이 개념을 살펴보겠지만, 일단 1부에서 배운 내용을 바탕으로 이런 확신이 어디에서 오는지 설명할 수 있겠는가?

3. 1부에서 나는 이 땅에서의 삶과 우리의 영원한 운명 사이의 관계를 보여 주는 애퍼벨 나라를 소개했다. 어떤 점이 가장 눈에 들어왔는가? 그 나라에 뭔가 흥미롭거나 놀라운 요소가 있었는가? 성경은 이 이야기의 그런 요소를 어떻게 설명하는가?

4. 엔델 거주민들에 관해 이야기해 보자. 처음 네 인물에게 내려진 심판을 당신은 어떻게 생각하는가? 그 심판이 다르게 이루어질 수도 있다고 예상했는가? 그렇다면 이유는?

5. 2부로 넘어가는 지금, 당신이 알고 싶은 가장 시급한 질문 혹은 관심사는 무엇인가?

1. 2부를 읽기 전, '영원한 심판'이 그리스도인들이 이해해야 할 기초적인 교리라는 생각이 들었는가? 이 주제를 제대로 다루지 않고서 제자 훈련을 시키면 어떤 일이 벌어질까?

2. 부정적이거나 비판적으로 보일까 두려워 사람들에게 지옥의 현실을 말하지 않는 그리스도인들이 많다. 하지만 이런 이야기를 해 주는 것은 오히려 그들을 향한 긍휼한 마음에서 나오는 행위다. 개인적으로 혹은 교회 안에서 어떻게 하면 신자들이 이 주제를 사랑의 마음으로 다룰 수 있을까?

3. 믿음과 열매(혹은 공적) 사이의 관계를 어떻게 설명하겠는가? 구원이 선물이라면 우리의 행위가 우리의 믿음과 왜 상관이 있는가?

4. 5장에서는 우리가 '예수님을 따르겠다는 결단이 삶에 미치는 영향'을 밝히지 않고 '복음이 주는 약속'들만 나누는 경우가 많음을 논했다. '그리스도의 주되심에 순종하는 삶'이 '삶의 변화 없이 영적 혜택만 누리는 삶'보다 사실상 훨씬 더 부요한 이유는 무엇인가?

5. 구원, 심판, 현재의 삶이 영원에 미치는 영향에 관해서 지금까지 배운 모든 것을 생각해 보라. 은혜의 본질에 관한 5장의 통찰이 이런 주제를 바라보는 당신의 시각에 어떤 영향을 미쳤는가?

LESSON 3
(6-7장)

1. 당신의 경우, 예수님을 따름으로써 얻는 많은 혜택 가운데 예수님과의 친밀함보다 더 추구하고 싶은 유혹이 가장 강하게 드는 혜택은 무엇인가?

2. 신자가 믿음을 버리는 선택을 할 수 있다는 사실을 생각하면 정신이 번쩍 든다. 이 개념이 당신이 믿어 온 것과 상충하는가? 당신의 반응을 다음 진리에 비추어 돌아보라. "신자로서 우리는 그냥 두려움이 아닌 하나님을 두려워하는 마음, 곧 경외로 반응해야 한다."

3. 마태복음 18장 23-35장에 기록된 배은망덕한 종의 비유에 관해 생각해 보라. 하나님이 용서의 문제를 왜 이토록 심각하게 여기신다고 생각하는가?

4. 거룩한 두려움 없이 하나님의 자비에만 초점을 맞추면 왜 신자가 기만에 빠질 수 있는지 설명해 보라.

5. 우리의 영원한 시각은 우리 자신에게만 영향을 미치지 않고 다른 사람들에게도 영향을 미친다. 어떻게 하면 하나님을 따르는 데 따라오는 이생의 혜택들(건강이나 성공, 성취 등)을 전하면서도 가장 중요한 것을 가장 강조할 수 있을까?

378

LESSON 4
(8-10장)

1. 애퍼벨 시민들을 심판하는 여러 심판에서 가장 인상 깊은 장면 가운데 하나는 그들이 잴린왕에게서 새로운 이름을 받는 순간일 것이다. 당신이 그리스도 앞에 나아오기 전에 어떤 사람으로 어떻게 살았고, 예수님이 그런 삶을 어떻게 변화시켜 주셨는지 생각해 보라. 당신 자신의 이름으로 써 온 이야기가 그리스도를 영접한 뒤로 어떻게 바뀌었는가?

2. 왜 신자들이 살면서 아무리 큰 고통을 겪어도 천국이 그 모든 눈물을 닦아 주는 기쁨의 장소가 될 수 있다고 생각하는가?

3. 심판대에서 참사랑은 어떤 점에서 다른 친구들과 구별되는지 설명해 보라. 그녀의 삶에서 무엇을 배웠는지 말해 보라.

4. 9장에서 천국을 성경적으로 묘사한 대목이 있는데, 그중에 뜻밖이었던 점이 있는가? 어떤 점이 그랬는가?

5. 10장에는 이런 글이 포함되어 있다. "사실 우리를 하나님 나라에 들어가지 못하게 하는 모든 죄는 예수님의 피로 깨끗이 씻긴다. 그러나 신자로서 우리의 선악 간의 행위에 대한 심판까지 면제되는 것은 아니다." 이 주장을 어떻게 생각하는가? 그 생각이 4부를 공부하고 나서 어떻게 달라졌는가?

1. 하나님은 그분을 위해 뭔가를 해 줄 사람을 필요로 하시지 않는다. 단지 하나님은 그분과 함께 일할 사람을 원하신다. 이것이 그분에 관한 어떤 사실을 말해 주는가? 그분의 나라에 관해서는? 우리 자신에 관해서는?

2. 시편 139편 16절은 하나님이 우리가 태어나기 전에 우리 삶의 모든 순간을 기록한 책을 쓰셨다고 말한다. 하나님이 우리 개개인의 이야기를 위해 무엇을 쓰셨는지 어떻게 알 수 있는가?

3. 얼핏 좋아 보이는 것들에 삶을 쏟다가 정작 부름을 받은 일은 놓칠 수가 있다. 아니, 그러기가 쉽다. 혹시 두려워서, 혹은 실패할까 봐 시작하지 못하는 일이 있는 일이 있는가? 하나님이 어떤 일에 당신 안의 열정을 다시 키워 주시기를 원하는가?

4. 12장에서는 하나님의 뜻에 맞는 삶을 살 수 있는 세 가지 열쇠를 살펴보았다. 하나님을 간절히 구하고, 하나님의 집에 심기고, 얽매임에서 해방되는 것이 그 세 가지 열쇠다. 개인적으로 이 가운데 어떤 영역에서 특히 성장해야 한다고 생각하는가? 어떻게 하면 이런 영역에서 자랄 수 있을까?

5. 영원한 천국에서 우리는 온전한 상이나 부분적인 상을 받을 수 있고 아예 아무런 상도 받지 못할 수 있다. 당신에게는 무엇이 온전한 상인가?

1. 중요하지 않거나 별 볼 일 없어 보이는 삶의 측면이 있는가? 심지어 삶의 핵심적인 측면 중에서도 그런 측면이 있는가? 그런 측면을 하늘의 시각에서 생각해 보라. 우리가 하찮아 보이는 그런 영역에서도 충성하는 것이 하나님께 왜 중요할까?

2. 우리 대부분은 경쟁하고 비교하고 싶은 본능을 갖고 있다. 우리가 다른 사람과 비교하는 데 집착하지 않으면 하나님 나라에 접근하는 법이 어떻게 달라질까?

3. 당신의 삶은 배가로 풍요로워졌는가? 청지기로서 당신의 시간, 기도, 재능, 자원을 어떻게 하면 더 잘 관리할 수 있을까?

4. 우리 여행의 출발점에서 요한일서 4장 17장에 관해 논했다. 그 구절은 우리가 그리스도의 심판대 앞에서 담대할 수 있다고 말한다. 지금까지 배운 내용으로 그 이유를 설명해 보라.

5. 영원한 가치가 있는 삶을 짓기 위해 지금 당신은 무엇을 할 수 있을까?

구원을 받고 싶다면

네가 만일 네 입으로 예수를 주로 시인하며
또 하나님께서 그를 죽은 자 가운데서 살리신 것을
네 마음에 믿으면 구원을 받으리라
사람이 마음으로 믿어 의에 이르고
입으로 시인하여 구원에 이르느니라.
로마서 10장 9-10절

하나님은 당신이 영원한 성공을 거두기를 원하신다. 하나님은 당신을 사랑하시기에 당신의 삶을 위해 놀라운 계획을 마련하셨다. 그리고 당신을 기다리는 최종 목적지로 가는 여행을 시작하는 방법은 오직 하나뿐이다. 바로 하나님의 아들 예수 그리스도를 통해 구원을 받는 것이다.

예수님의 죽음과 부활을 통해 당신이 사랑받는 아들이나 딸로서 그분의 나라에 들어올 수 있도록 하나님은 창세전부터 길을 예비하셨다. 예수님이 십자가에서 치르신 희생 덕분에 당신은 영원하고 풍성한 삶을 거저 누릴 수 있다. 구원은 하나님이 당신에게 거저 주시는 선물이다. 구원을 얻기 위해 당신이 무엇을 하거나 어떤 자격을 갖출 필요가 전혀 없다.

이 귀한 선물을 받고자 한다면 먼저 창조주를 떠나 살려고 했던 죄를 인정하라(이 죄가 당신이 지은 모든 죄의 뿌리다). 이 회개는 구원에 반드시 필요한 단계다. 사도행전을 보면 베드로는 5천 명이 구원을 받은 날 이 점을 분명히 했다. "너희가 회개하고 돌이켜 너희 죄 없이 함을 받으라"(행 3:19). 성경은 우리 모두가 죄의 노예로 태어난다고 말한다. 이 노예 상태는 자신의 의지로 불순종을 선택한 아담의 죄에 뿌리를 두고 있다. 회개는 '자신'과 '거짓의 아비인 사탄'을 따르던 당신이 그것을 떠나, 당신을 살리려 자기 생명을 내어 주신 새 주인 예수 그리스도를 따르고 순종하기로 선택하는 것이다.

삶의 주인 자리를 예수님께 내어 드려야 한다. 예수님을 '주님'으로 삼는 것은 당신의 삶(영, 혼, 육), 곧 당신의 온 존재와 당신이 가진 모든 것의 소유권을 그분께 드린다는 뜻이다. 이렇게 하는 순간 하나님은 당신을 어둠에서 건져 내 빛과 그분 나라의 영광 속으로 옮겨 주신다. 당신은 죽음에서 생명으로 넘어가 그분의 자녀가 된다.

예수님을 믿음으로써 구원받고 싶다면 다음과 같이 기도하라.

하늘에 계신 하나님, 저는 죄인이며 하나님의 의로운 기준에 이르지 못함을 인정합니다. 저는 제 죄 때문에 영원히 심판을 받아 마땅합니다. 저를 이 상태로 그냥 두지 않으시니 감사합니다. 저는 하나님께서 그 외아들 예수 그리스도를 보내신 것, 예수님이 동정녀 마리아에게서 나신 것과, 저를 위해 죽으시고 십자가에서 제 심판을 대신 당하신 것을 믿습니다. 그분이 사흘 만에 다시 살아나셔서 지금 제 구주와 주님으로서 하나님의 오른편에 앉아 계신 것도 믿습니다. 그래서 오늘부터 저는 제 삶을 예수님의 주권에 전부 다 드립니다.

예수님, 예수님을 제 구주와 주님으로 고백합니다. 성령을 통해 제 삶에 오셔서 저를 하나님의 자녀로 변화시켜 주옵소서. 지금까지 붙들고 살았던 어둠의 일들을 버립니다. 오늘부터 저는 더 이상 제 자신을 위해 살지 않고, 제게 영생을 주시려고 저를 위해 자신을 버리신 주님을 위해서 살겠습니다. 주님, 감사합니다. 제 삶은 이제 완전히 주님의 손과 마음 안에 있습니다. 주님의 말씀대로 저는 영영 부끄러움을 당하지 않을 것입니다.

하나님의 가족이 된 것을 환영한다! 이 기쁜 소식을 다른 신자에게 알리기를 바란다. 또한 성경을 믿는 지역교회에 등록해서 신앙생활을 잘하도록 격려해 줄 믿음의 형제자매들과 교제하는 것이 중요하다. 근처에 있는 교회를 찾는 데 도움을 받고 싶다면 언제든지 우리 사역 단체에 연락하라(MessengerInternational.org).

방금 당신은 가장 놀라운 여행을 시작했다. 당신이 하나님의 계시와 은혜, 그분과의 친밀한 사귐 안에서 날마다 자라 가기를 간절히 기도한다!

주

Part 1

1 오늘의 내 열심, 의미 있는 수고였을까?

1. *Webster's Encyclopedic Unabridged Dictionary of the English Language* (New York: Gramercy, 1993), "eternity" 항목.

2. *The American Heritage Dictionary of the English Language*, 4판 (New York: Houghton Mifflin, 2000), "eternity" 항목. 영원: 영원한 상태나 질. 영원한: 시간 바깥에 존재하는. 따라서 영원은 시간의 바깥에 존재하는 상태가 된다.

3. Merrill F. Unger, *The New Unger's Bible Dictionary*, R. K. Harrison 편집 (Chicago: Moody, 1988), BibleSoft PCStudyBible Version 4.

4. Robert Young, *Young's Literal Translation of the Holy Bible* (Grand Rapids, MI: Baker, 1986).

3 그 날에 내 이름, 생명책에 없다면?

1. 엡 2:8-9. 이야기에 맞게 "하나님"을 "잴린"으로 바꾸었다.

2. 딛 1:16. 이야기에 맞게 "하나님"을 "잴린"으로 바꾸었다.

3. 마 7:21-23. 이야기에 맞게 "천국"을 "애퍼벨"로 바꾸었다.

4. 약 2:14, 17-20. 이야기에 맞게 "하나님"을 "잴린"으로 바꾸었다.

5. 벧후 2:20-21. 이야기에 맞게 "예수 그리스도"를 "잴린"으로 바꾸었다.

6. 히 10:26-27, 30-31. 이야기에 맞게 "하나님"을 "잴린"으로 바꾸었다.

Part 2

4 사랑해서 '지옥'을 가르치시다

1. *The American Heritage Dictionary*, 3판 (New York: Houghton Mifflin, 1992), "elementary" 항목.

5 미혹의 시대, 당신도 가짜일 수 있다

1. 〈매트릭스〉(The Matrix) 영화 평론. http://www.pluggedinonline.com/movies/movies/a0000128. cfm. 2005년 9월 5일 접속.

2. Alexander Roberts and James Donaldson 편집. *The Ante-Nicene Fathers.* "Polycarb: Letter to the Philippians," 10권. (Grand Rapids, MI: Wm. Eerdmans Publishing Company, 1985), 1장.

3. 같은 책, 2장.

4. Alexander Roberts and James Donaldson 편집. *The Ante-Nicene Fathers.* "Clement of Rome Letter to the Corinthians," 10권. (Grand Rapids, MI: Wm. Eerdmans Publishing Company, 1985), 32장.

5. 같은 책, 34장.

6. David W. Bercot 편집. *A Dictionary of Early Christian Beliefs* (Hendrickson Publishers, Inc. 1998). 586.

7. 같은 책.

8. Josh McDowell, *Evidence That Demands a Verdict* (San Bernardino, CA: Here's Life Publishers, 1972), 50-52.

Part 3

6 끝까지 견디는 자가 적을 것이다

1. Kenneth E. Hagin, *I Believe in Visions* (Tulsa, OK: Faith Library Publications, 1984), 68-71 (재판 10쇄).

2. UBS Handbook Series. © 1961-1997 by United Bible Societyies.

3. David W. Bercot 편집, *A Dictionary of Early Christian Beliefs* (Hendrickson Publishers, Inc., 1998).

4. 같은 책.

5. 같은 책.

6. 같은 책.

7. 같은 책.

8. *The American Heritage Dictionary of the English Language*, 4판. Houghton Mifflin co., 2004 (소프트웨어판).

Part 4

8 '마음 깊은 곳'을 아시는 분께 충성할 때

1. 골 1:28. 이야기에 맞게 "그리스도"를 "잴린"으로 바꾸었다.

2. 렘 17:10. 이야기에 맞게 "여호와"를 "잴린"으로 바꾸었다.

3. 이 대화는 마태복음 25장 34-40절 말씀을 각색한 것이다. 단수 표현을 복수로 바꾸었다.

10 신자도 '그리스도의 심판대' 앞에 선다

1. James Strong, *Strong's Exhaustive Concordance of the Bible* (Peabody, MA: Hendrickson Publishers, 1988).

2. *Biblesoft New Exhaustive Strong's Concordance* (Seattle, WA: Biblesoft, Inc., ver. 4, 1994).

Part 5

12 부름받은 곳에서 영광스러운 통로가 되다

1. 이 부분은 내가 쓴 책 *Relentless: The Power You Need to Never Give Up* (Colorado Springs, CO: Waterbrook Press, 2011), 217-219에 처음 소개한 내용을 각색한 것이다. 존 비비어, 《끈질김》(두란노 역간).

Part 6

13 받은 복을 배가하며

1. *Webster's Encyclopedic Unagridged Dictionary of the English Language* (New York: Gramercy, 1993), "envy" 항목.

2. *The American Heritage Dictionary of the English Language*, 4판. Houghton Mifflin Co., 2004 (소프트웨어판).

14 구주 예수를 온 삶으로 외치며

1. Leonard Ravenhill, *Sodom Had No Bible* (Minneapolis, MN: Bethany House, 1971), 155.

2. Rebecca Ruter Springer, *My Dream of Heaven: A Nineteenth Century Spiritual Classic: Originally Known As Intra Muros* (Cincinnati, OH: Harrison House), 21.

성경에는 영원한 상에 관한 구절이 매우 많다. 이 책에서 다 소개하지 못할 정도로 많다. 영원한 심판과 상이 얼마나 중요한지 알려 주는 성경 구절들을 더 알고 싶다면 아래 주소로 오라.

DrivenByEternity.com/EternalRewards